红了春秋 绿了战国

浅泓 著

线装书局

图书在版编目（CIP）数据

红了春秋 绿了战国 / 浅泓著. —北京：线装书局，2014.12
ISBN 978-7-5120-1681-1

Ⅰ.①红… Ⅱ.①浅… Ⅲ.①中国历史—先秦时代—通俗读物
Ⅳ.①K220.9

中国版本图书馆 CIP 数据核字（2014）第 298149 号

红了春秋 绿了战国

作　　者：浅　泓
责任编辑：崔建伟　宁　静
装帧设计：史小怡
出版发行：线装書局
　　地　址：北京市西城区鼓楼西大街 41 号（100009）
　　电　话：010-64045283 64041012
　　网　址：www.xzhbc.com
经　　销：新华书店
印　　制：北京市玖仁伟业印刷有限公司
开　　本：710mm×1000mm　1/16
印　　张：16
字　　数：230 千字
版　　次：2015 年 2 月第 1 版第 1 次印刷
印　　数：0001—5000 册

定　　价：32.00 元

目录

红了春秋 绿了战国

第一篇

黄金时代——混沌之初

天地玄黄，宇宙洪荒

“天地玄黄，宇宙洪荒”，这是最初的世界。《圣经·创世纪》里也说得分明：“起初，上帝创造天地。地还没有定形、混混沌沌，黑暗在深渊上面；上帝的灵覆煦在水面上。”

人最初体验这种状态大概是在妈妈的子宫里。也就是说，人是从糊涂开始的。

其实，最聪明的人也不会弄明白自己为什么会出现在这个世上，更多的人干脆不去想这个问题。日升日落，那就这样吧。

七千多年前，喜马拉雅山还没现在这么高，印度洋暖湿气流尚能抵达黄土高原。郁郁葱葱的森林在没变成荒漠示范区之前，不仅美，而且养人。

在某个神秘的洞穴里，保留着火种，那是一场惊天动地的旱雷遗下的神物。

因为是天神所赐，人们不敢有丝毫怠慢，想尽法子让火焰熊熊燃烧，派人日夜看守。

看守的人由于太疲倦，不慎将手中的肉块掉落火中，食物的珍贵让他不顾火的炙热，在肉块滋滋冒烟时将其抢了出来。事实上，他尝到了有生以来最美味的一顿晚餐。这之前，人们只是想办法在猎物腐烂前将其吞进肚子。这之后，烤肉便成了新的食物。

当然，天神所赐火种远远无法满足人们的生活需求，传播火种需要更为可靠的方法。燧人的出现填补了这一空白，他发明了“燧木取火”，且不论他是如何得灵机一动，且说这之后，人们终于改变了“茹毛饮血”的生活现状。他作为突出贡献者,成为了部落首领。据《韩非子[1]·五蠹》记载：“上古之世，人民少而禽兽众，人民不胜禽兽虫蛇；民食果蓏蚌蛤，腥臊恶臭而伤害腹胃，民多疾病。有圣人作，钻燧取火，以化腥臊，而民说之，使王天下，号之曰燧人氏。”

能够成为发明家，智商显然高于其他人。

伏羲作为另一个发明家，同样致力于改善人们的生活，他制作了一些工具，让缝制兽皮衣裳成为了可能。他甚至领悟了天地万物之变化，创造了八卦。“—”代表阳，“– –”代表阴，用三个这样的符号，组成八种形式，大地万物之变幻尽在其中。

传说中，伏羲与女娲一样，是蛇身人首，所谓异于常人也。

《易传[2]·系辞下》中说得明白,“古者包牺氏之王天下也,仰则观象于天,俯则观法于地。观鸟兽之文与地之宜，近取诸身，远取诸物，于是始作八卦，以通神明之德，以类万物之情。作结绳而为网罟，以佃以渔，盖取诸离。”

包牺氏也就是伏羲氏。

鸟儿从遥远的地方飞来，奇怪的种子就藏在它们腹中，它们在风中停留时，种子便落到了地上，秋天的时候，狗尾巴一样的穗子让人们无比惊奇。

由于年复一年看到这些植物枯荣不绝，人们也就开始了耕种。耕种便意味着定居生活，定居生活便意味着需要土地能够源源不断地产出。神农的出现解决了这一问题。不过，关于神农究竟是谁至今尚未搞明白，不妨将他视作一个种地能手，他发明了一些工具，让耕种变得简单易行。《易传·系辞下》中这样说，“包牺氏没，神农氏作，斫木为耜，揉木为耒，耒耨之利，以教天下，盖取诸益。”

燧人、伏羲、神农作为传说中的“三皇”，致力于改善人们的生活，

[1] 韩非子：战国末期哲学家，法家思想集大成者，主要著作收集在《韩非子》一书中。

[2]《易传》：是一部战国时期解说和发挥《易经》的论文集，其学说本于孔子，具体成于孔子后学之手。《易传》共7种10篇，分别是《彖传》上下、《象传》上下、《文言传》、《系辞传》上下、《说卦传》、《序卦传》和《杂卦传》。

江湖地位坚不可摧。

但是，人有了高下之分，就如同大气层得了动能就能产生风，争夺也就从此展开。

后来，公孙轩辕从老大争夺赛上脱颖而出，人们称他为黄帝。

《列子[1]·黄帝》记载："黄帝与炎帝战于阪泉之野，帅熊、罴、狼、豹、貙、虎为前驱，雕、鹖、鹰、鸢为旗帜。"

也就是说，阪泉之战是一次假面舞会，众人装扮成各种飞禽走兽。

衣衫褴褛的人们在战场上飞速穿行。战斗进行得异常激烈，消息可靠人士声称，整整三天，人们使用各种不靠谱的方法断打，包括撩开肩膀上的破布，狠咬一口。

这显然不是诸神之战，因此三天也便足够。

在这里，黄帝打败了炎帝。

当然，犹如恐龙在世间灭绝的原因不可寻一样，阪泉之战除了留下一片荒凉的古战场之外，别无其他痕迹。

其实，黄帝和炎帝是兄弟，爸爸是少典，妈妈是有蟜氏。少典则是伏羲的儿子。

长大后的兄弟俩渐行渐远。黄帝在姬水种地，炎帝在姜水种地，姬水便是武功漆水河，姜水便是宝鸡清姜河，离得不远，牛车一天能走一个来回。

但是，风的力量让他们无法相安无事。

这一战断了兄弟情分，从此以后，桥归桥路归路。

如今，我们再看这两人的画像，黄帝相貌堂堂，炎帝则是虬髯公，显然，人们倾向于将胜者描绘得更像英雄。

炎帝失败之后，又有一位失败者出现，叫做蚩尤。

蚩尤的相貌丑陋，"人身牛蹄，四目六手，耳鬓如剑戟，头有角。"看起来，狮身人面像有点儿剽窃的意思。

据说，他掌握了一种新式武器，因此信心大增，决定挑战黄帝。

[1]《列子》：由列子、列子弟子以及列子后学著作的汇编。全书八篇，一百四十章，由哲理散文、寓言故事、神话故事、历史故事组成，共有故事一百零二个。

新式武器的出现是一种顺理成章的巧合。蚩尤住的地方叫做解州，也就是山西运城。运城产盐，此地硫酸钠、氯化钠之类挺多，蚩尤就得意了，在冶炼铜的时候，添加点儿矿物质，新式武器就这么来的。那个锋利程度，让他有点儿不知天高地厚。

战争开始了。

蚩尤的作战天赋让他成为一个战神，但是响亮的名头除了给胜者添光彩，对他则是半点儿好处也没有。

黄帝打败战神蚩尤之后，再也没有人敢来挑战。于是，如日中天的他决定做一些更有意义的事。

传说中的《黄帝内经[1]》出现了。这是一本探寻人体奥秘的医书，在这本书里，记载了黄帝和岐伯的谈话。

岐伯凭着超能力的意念，想象着人体经络运动，经络之间的节点称作穴位。后来的人们进一步发展，控制穴位就如控制水流开关那样自如。

岐伯的神奇在于，他的想象与地球上的生命脉动相一致，万物生长，有其规律。

黄帝和岐伯的谈话被称为“岐黄之术”，他们一不小心成了神秘学的始祖。这种思辨方式影响了几千年，直至今天，这种意念的力量依然强大。

有人因为专注于经络运行而成为气功大师，可以在遥远的地方控制一支蜡烛的明灭。

当然，更多的人在《黄帝内经》的帮助下成了中医，还煞有介事地望闻问切，他们能从脉搏跳动中捕捉身体健康与否的信号，用一种近乎心灵感应的方式进行诊断。因此，病灶尚处于萌芽期他们便能发现端倪，但后来，这种技术濒临失传，因为人们很难相信一个看似不易捉摸的中医能预测自己将要患什么病，这实在令人无法放心。人们宁可躺在病床上呻吟，也不愿接受中医的忠告。

---

[1]《黄帝内经》：分《灵枢》《素问》两部分，为古代医家托轩辕黄帝名之作，为医家、医学理论家联合创作，一般认为成书于春秋战国时期。在以黄帝、岐伯、雷公对话问答的形式阐述病机病理的同时，主张不治已病，而治未病，同时主张养生、摄生、益寿、延年。

不过，另有传说认为《黄帝内经》成书于春秋战国时期，为了让此书显得更有说服力，就拉黄帝出来撑门面。

仓颉原本在黄帝手下管仓库，也就是点一点牛羊的数目，看守庄稼的收成。

他干的活很简单，但他是个有追求的人，喜欢把简单的事复杂化，他编了一些符号，将仓库里的那些东西区分开来。当人们看到那些奇怪的符号时，一个个都惊呆了。

黄帝喜欢爱动脑筋的属下，决定把仓颉的方法推广开来。得到鼓励的仓颉不再满足于描述实物，他开始试图描述人的表情以及心情。他如此为人们着想，以至于人们再也离不开他了。

仓颉发明的符号叫做文字。一开始只有少数人能懂，后来，由于符号日益复杂，人们只能通过学习才能理解。这违背了仓颉创造文字的初衷，但他已无法控制。人们通过文字耽于想象时，仓颉只能摇头叹息。

黄帝有好几个老婆，根据排名，嫘祖排在第一位。

“嫘祖始蚕”这事是说嫘祖嫁给黄帝之后，通过养蚕解决了一家人的穿衣问题。

种种迹象表明，嫘祖是四川人。她对蚕的认识可能源于对童年生活的记忆。蚕作为一个温和的玩伴，显然难以激起男孩的兴趣，而嫘祖有足够的时间来发现蚕的好。

嫫母作为黄帝的四老婆，因丑而出名。黄帝娶她，是想证明一件事：不能以貌取人，要以德服人。贤淑的嫫母是黄帝的贤内助。

黄帝给那些关注女人容颜的男子上了一课，瞧瞧，嫫母是好样的。

将名字刻在龟壳上

嫘祖生了俩儿子，大儿玄嚣去了江水，也就是岷江;二儿昌意去了若水，也就是雅砻江。

这种安排颇为奇特，不过考虑到黄帝有二十多个儿子，把他们远远地打发了未必不好。再说，嫘祖作为勤劳的母亲而不是强悍的母亲，也不便发表意见。

昌意娶了蜀山女做老婆，生了儿子颛顼。

黄帝死后，颛顼继承帝位，其中的波折可以写一本书——《有志青年如何成为王者》。

竞争是残酷的，在不流行豢养帮手的年代，颛顼能够脱颖而出，完全是依靠其自身的魅力。他最强的对手不是他的兄弟，而是占卜的巫师。当时的人们出于对自然的敬畏，事事依赖占卜，占卜要是说不宜出门，那么绝对不会有人跨出门口半步，人们对占卜结果的尊重甚至超过对首领的尊重。年老的黄帝无力阻止这一切，事实上，老态龙钟的他是占卜事业最强的推动者，他也爱占卜。

年轻的颛顼意识到，占卜影响他的前程。人们一旦发现学会占卜这门技艺便可省却地里劳作的苦役，那么影响势必深远。颛顼的担心不无道理。如果不制止这种不劳而获的行为，接下来他将难以说服更多的人加入农夫队伍。

要是一个人热爱土地，愿意成日伺弄庄稼，那么他的名字将被刻在龟壳上，挂在村口的老树上，风一来，便叮当作响。

颛顼试图以这种光荣来驱赶人们心里对占卜的迷恋。

果然，他光荣战胜迷信，效果很好。为了将名字刻在龟壳上，很多人开始种地。

颛顼生了三个儿子，他们的命运有些悲惨，干宝在《搜神记[1]》中写道，“昔颛顼氏有三子，死而为疫鬼。一居江水，为疟鬼；一居若水，为魍魉鬼；一居人宫室，善惊人小儿，为小鬼。”

三个人都化成了鬼，可见帝位争夺的激烈程度。

此时的胜者是帝喾，他的爸爸是蟜极，爷爷是玄嚣，也就是说，他是颛顼的堂侄。

他是个天才儿童，“生而神灵，自言其名”，这种不靠谱的传闻给他带来了巨大的荣光。甚至有传闻称，帝喾的妈妈握裒踩了巨人的脚印，才生下帝喾。

巨人在那个年代通常被认为是神灵，再说握裒一口咬定吸引她的只是巨人的脚印，因此，再无后话。

在此之前，伏羲的出生也与巨人的脚印有关，“母曰华胥，履大人迹于雷泽而生庖羲于成纪。”

这些事在暗示人们，那时的野外危机四伏。由于尚无DNA检测手段，因此怀孕有时被看作是上苍的恩赐。

再说了，男人不管如何努力，能够控制的只有试管婴儿，而不是人生。

帝喾很聪明，颛顼觉得，把帝位传给他，百姓就有福了。

颛顼果然这样做了。帝喾在欣喜之余，决定好好珍惜颛顼给的这份厚礼。

很久以后，曹植写《帝喾赞》颂扬他，“抚宁天地，神圣灵宾，教讫四海，明并日明。”

[1]《搜神记》：是一部记录古代民间传说中神奇怪异故事的小说集，作者是东晋的史学家干宝。搜集了古代的神异故事共四百一十多篇。

跟黄帝一样，帝喾也有四个老婆。

其中庆都最为神奇，她的鬓发上有一团黄云，总也不散。这种情况一般出现在硫磺池的上空，也就是火山口。

因此，帝喾妈妈劝帝喾，快娶了这女子。

庆都嫁给帝喾后，生了放勋，也就是帝尧。

不过种种迹象表明，帝尧是龙的传人。

庆都虽与帝喾结婚，但一直住在娘家，有一天，赤龙来到她身边，使她有孕。这事颇为神奇，叙述时只能语焉不详。

帝尧的出生让帝喾大哭不已，事也凑巧，这时帝喾的母亲去世了，他要是不哭，实在不像话。庆都只好带着孩子依然住在娘家，帝尧十岁后，才回去。

常仪是个长发妹，头发披在身后还能盖到脚背上，在那个时代，化妆品还没出现，因此美女们尽量将头发留得长长的，以吸引男子的目光。她的名字听起来有点儿像嫦娥，但她显然不是，因为她是帝挚的妈妈。

姜原与握裒有同样的境遇，她在野外也踩着了巨人的脚印，这事发生在嫁给帝喾之前，因此她只好作出明智的选择，把孩子扔了。那孩子命大，扔了三次都没被扔掉。没办法，只好给他取名“弃”。

弃便是“后稷”，优秀农艺师，教大伙种粮食。他同时还是周的始祖。姬家建立周朝时把他的名字供奉在最显赫的位置。

简狄的经历最为奇特，她和帝喾结婚后几年也没怀孕，她妈妈着急了，带她去求仙，路上经过一个池子，决定去洗个澡。“三人行浴，见玄鸟堕其卵，简狄取吞之，因孕生契。”

简狄比较嘴馋，看到有只大鸟生了个蛋，就吞了。东西怎么能随便乱吃，这下可好，怀孕了，生下一个娃，名字叫契，契是商的始祖，他有个后代很出名，叫做商纣，搞酒池肉林那位。噢耶，蛋蛋也有春天，居然传承百代。

帝喾四个老婆生的娃都很牛，他们将挨个儿出现在史书上。

先说挚，帝喾死后他成了帝挚。

帝挚显然是个不靠谱的娃，司马迁写道，“帝挚立，不善，而帝放勋立，是为帝尧。”

帝挚到底做了什么，现在已不得而知，人们只留下只言片语，除了表达对他的不满再没有别的什么。

贤良的不同标准

帝尧的出现似乎开启了一道天光。“尧舜禹”所确立的黄金时代来了。

尧的童年是与母亲庆都一起度过的，庆都显然是个适合做母亲的女人，这么说吧，尧并没有因为生活在一个没有父亲的环境中而变得忧愁不堪。

十五岁时，尧被封为唐侯，住在太行山东麓。这时，他开始享受作为帝喾儿子应得的待遇。

成年后的尧在为人方面胜过挚，人们因为热爱他，将挚赶走，将他推上帝位。当然，如果让他选择，他一定不肯与兄弟争夺，事情变得如此微妙，以至于人们需要一再贬低帝挚的为人才能让帝尧即位变得顺理成章。

从来都是如此，人们需要百般理由来劝说不肯当帝王的贤人——他们看清了帝位会给他们带来什么，又会使他们失去什么。

尧走过很多路，拜访过很多老师，这种行为让他有了贤良的名声，事实上，他在与名师的交流中不断取得进步。他甚至开始觉得，老师们比自己更适合做帝王。

许由让他的这种想法尤其强烈。

很久以后，吉田兼好[1]在《徒然草》中这么描述：“唐土有个许由，没有

[1] 吉田兼好（1283—1350），又称兼好法师，南北朝时期日本歌人。他精通儒、佛、老庄之学。著有随笔集《徒然草》，书名按日语的字义，是“无聊赖”的意思。这部随笔集是由互不连属、长短不一的散文组成。全书共分243段，有杂感、评论、小故事，也有一些属于记录或考证性质的作品，涉及当时社会的各个阶层以及公卿、贵族、武士、僧侣、樵夫、赌徒等人物。

任何身外之物。有人见他用双手捧水喝，就送他一个水瓢。他将水瓢挂在树上，因为风吹得响动听了心烦，就弃而不用，仍然用手捧水喝。此人心中，何其清澈啊。”

尧认为许由是个比自己更为贤良的人，遂请求他接受帝位。但许由对此并不感兴趣，一再拒绝，并很坚决地跑进山里。但是，即使在深山，尧让位给他的传说还是不断，他终于腻烦了，决定去河边洗耳。

隐士巢父刚好牵着小牛过来饮水，很是纳闷：“咦，你这是干啥？”许由跟他说了说情况，巢父很是不屑，“你在外头招摇，名气搞大了，却跑来河边洗耳，算了，别洗了，河水洗脏了的话，我的小牛都没水喝。”

看起来，贤良在不同人的眼里有不同的标准。

后羿（此后羿与后文出现的后裔不是同一人）作为一个全能型射手，帮助尧射下九个太阳，于是大地恢复滋润。

且慢，天空果真出现过十个太阳吗？恐怕未必。可能的情况是，火热的太阳灼伤了人们的眼睛，干旱肆虐，人们期待英雄出现，于是，后羿应运而生。

后羿射日只是说明尧在治理国家时是多么不容易，干旱和洪水像时间的钟摆交替击打他的帝王生涯。

“大尧治水”相比“大禹治水”显然要容易些。有传说认为，尧打败了女妖，涝河水患得以平息。还有传说认为，尧在与妖魔斗争的同时，也抱得如花美眷归。民间传说的不靠谱即在于此，苦难即是苦难，何来美满姻缘点缀一二。

尧经历了种种失败，终于找到一个愿意接受帝位的贤人，舜。事实上，尧有很多子女。但他摒弃了他们，选择了舜。

舜成了天子后，一家人住在蒲阪，也就是如今的山西永济蒲州镇。

蒲阪是他的老家，他在这里度过了一段憋屈时光，因此，将都城设在老家，对他来说有着特别的意义。

那段日子有多憋屈呢？说来话长。

舜又叫姚重华。爸爸是个盲人，妈妈早死，日子有些凄惨，这还不算，自从爸爸讨了后妻，又生了儿子象，苦日子算是真正来了。后妈和象看舜不顺眼，变着法欺负他。

有一次，舜趴在谷仓的顶上修理，后妈和象在谷仓里纵火，舜倒是聪明，手持两个斗笠像鸟一样跳下来。

又有一次，舜在掘井，后妈和象把泥土推下将井埋了，舜也不含糊，挖地道逃了出来。

这些事说明，后妈和象想将舜置于死地，而且一计不成又生一计，但是他们不懂“三十六计走为上计”，舜逃跑的功夫很厉害，因此他们处处落后。

后来，后妈发现搞不过舜，于是去舜的老爹那里叽叽咕咕，这招就狠了，老爹一出马，舜只好落荒而逃，他被无情地赶出家门。

舜来到历山，开荒种地。这时，他成了一颗熠熠生辉的明珠，人们赞美他像赞美雷锋一样，“耕历山，历山之人皆让畔；陶河滨，河滨器皆不苦窳。”也就是说，舜走到哪里，哪里的风气就会变好，人人谦让有礼，个个工作认真。

这也表明，舜是个很有办法的人。

出于对舜的赏识，尧将闺女娥皇和女英嫁给了他。

有一种竹子叫做斑竹，上面留有娥皇女英的泪。所谓“斑竹点点湘妃泪”，就是说这个。看起来，娥皇女英嫁给舜之后，幸福生活也没持续多久。

舜死在南巡的路上。为了管理国家，他煞费苦心。他有这么个规定，每隔五年，诸侯们要来蒲阪见他，他呢，每隔五年会去各地看看。

这一年，他去了湖南，死在路上。

两位妃子哭得梨花带雨，绝望之余，跳入洞庭湖。

这事其实比较蹊跷，不过后来的人们宁愿相信她俩是在殉情。

如果细究，舜继位其实笼着疑云一团。据说他将丹朱囚了，不让尧与他见面，丹朱是尧的嗣子，将他囚了说明什么呢，可想而知吧。

这么看，禅让有点儿不靠谱，从剧情狗血程度来看，舜的死与继任有关，知道真相的娥皇女英成日哭哭啼啼，继任一怒之下逼她俩跳了湖。

黄金时代的光芒

舜的嗣子是商均，他是女英生的娃。不过他的命运和丹朱一样，往好里说，是在让贤，往坏里说，其实命运多舛。父亲死后，他也杳无声息了。

大嗓门汉子——禹成了天子。

舜有“八元”“八恺”一群大臣，禹是其中之一。

禹的能耐是治水，据说他为了治水三过家门而不入。这事得怨舜，没给他找个如花美眷，家对他来说，吸引力不大。或者说，治水对他的吸引力更大，建立功勋是男人胸中熊熊燃烧的火焰。

之前，鲧治水失败，他的人生也就输了。禹作为他的儿子，将父亲的“堵”换成“疏”，于是大获成功。

为了配合禹的功绩，水神共工以恶魔形象出现，对了，他是洪水的罪魁祸首。

禹带领大伙与他恶斗几百回合，最终将他制服。

禹显然是个聪明人，知道顺势而为的好处。治水成功为他赢得了巨大声誉，因此舜死后，他顺理成章成了传说中的禅位天子。

种种迹象表明，禹不再积极物色贤人，他认为自己的儿子启更适合担任下任天子。在他暗中支持下，启的地位日益巩固，他死后，大家也就默默地接受启了。

但也有传说认为，禹与贤人皋陶有个禅让约定，可惜的是，皋陶先死了。

司法官皋陶与禹同被舜列入“八元”，看起来，他的年龄要比禹大一些。

皋陶死后，禹又推举皋陶的儿子——益作为继承人。这几乎可以理解为一种障眼法，因为禹死后，没益什么事。

据说皋陶有一只独角兽，叫做獬豸，麒麟那种样子，聪明得很，能识善恶忠奸，坏人到它跟前，立马被顶翻。皋陶断案就靠它了。如果表达再准确些，这该是最早的刑讯。

另有传说认为，禹死后，益与启进行了一场大战。结果显而易见，益输了，启由此揭开夏朝的帷幕。

摇摆不定的传说几乎拖垮了黄金时代的光芒。但是，没有一种可靠的依据能够真正确认他们的纯洁。

后人通过传说来叙述那个时代所发生的事时，通常会形成某种无厘头的风格。

夏朝总共经历四百多年，那时时光流逝缓慢，无比漫长，也没人会相信夏朝有一天会改了名字。

其实，一开始问题就出现了，启死后，大儿子太康继位，这娃还没做几日天子，天子病就犯起来了。他喜欢打猎，想来那时也没啥更好的娱乐活动，打猎算个高级事吧。好嘛，一出门就不想回家。

太康一走，安邑成了后羿眼里唾手可得的蛋糕。这时，东夷族的后羿瞧好了时机，带着人马冲到安邑，安邑是夏朝的都城，在如今的山西夏县。当初启跟益死命打架，就为了住这。果真，后羿拿了就走。等太康打猎回来，发现糟了，回不了家了，咋办？只好在阳夏重新造一座土城住下来。这事叫做“太康失国”。太康丢的夏朝被后羿捡了去，这事又叫“后羿代夏”。

后羿并不敢胡来，他考虑了下，将太康的弟弟仲康拉出来，让他做王。他自己呢，做个隐形王。

后羿跟太康比，也好不到哪儿去。

他的妻子——嫦娥离家出走，远遁于月亮之上。因为后羿不再爱她了，开始去找别的女人。性烈的嫦娥一转身就离开了。不过，她以后的生活很是不妙，一个人冷冷清清地住在广寒宫里，说是“宫”，其实是寒舍一座。

有传说认为，嫦娥偷了王母娘娘赏给后羿的长生不老药，吃了才飘去月亮的。

王母娘娘赏的药，后羿若是吃了，那不也得飘去月亮？一般认为，这种药物识得男女，女人吃了会自动产生某种力量使其脱离大气层。

话说到这份上，就不好玩了。也许可以这么认为，后羿的行为显然打乱了神在人间设置的秩序，王母娘娘本来想惩罚后羿，但是嫦娥成了替罪羊，被放逐了。

仲康死后，他的儿子相继位。后羿不想再假装了，废了相，自己做王。不过没几年，后羿就被寒浞杀了。寒浞学习后羿，抢着做王呢。

寒浞是后羿的亲信，后羿一手提拔的。瞧瞧后羿什么眼神，相当于在身边养了条狼，一不留神，自己被狼给吞了。

这事后羿也怨不得别人，眼光就这样，挑来拣去看上的不是狼就是狈。

再说相，后羿还能留他活命，寒浞却要赶尽杀绝。相一死，他的妻子也不能活，不过这位妇人倒是不怕，从狗洞中爬了出去。

其间的惊心动魄虽已被岁月的尘埃所湮灭，但帝王们刀光剑影的命运却一直在延续。

相的妻子虽是逃了出来，却没地方可去，只好回娘家。此时她已身怀六甲，在那里，她生下少康。少康在外公一家的呵护下，健康成长。当然，寒浞是不会忘了他的，派儿子浇去灭这个将来的竞争对手，但浇显然没能得逞。

熟悉野外生活的少康转眼便逃脱了。因为他妈妈从小便教导他，逃跑是生存之道。

他去了哪呢？

虞思家。

虞思是商均的儿子，舜的孙子。

虞思看好少康，不但给他吃让他住，还把女儿嫁给他。联姻在那会儿显然是最好的关系纽带。

少康果然不负众望，贤明得很，这样一来，明里暗里支持他的人可多了。

少康的目的很简单，那就是复国。

当然，寒浞并不甘心等少康来打败自己，他也有过思想挣扎，只是，人与人的不同之处在于，他的挣扎只是泥潭里扑腾两下，没啥用。

少康越来越强大，一些夏朝的旧臣悄悄来到他身边，帮助他。

《左传[1]·哀公元年》记载，“（少康）使女艾谍浇，使季杼诱豷，随灭过、戈，复禹之绩，祀夏配天，不失旧物。”

女艾也就是咱们现在说的美女间谍，她打入敌人内部，把浇的底细摸得一清二楚。而浇正在喝酒唱歌，幸福着呢。

至于寒浞的另一个儿子豷，被季杼玩了。

季杼是少康的儿子，他让士兵们穿上兽皮，石头什么的砸在身上，跟没事人一样。像这样一支军队不打胜仗才怪。

有了这么好的铺垫，少康一鼓作气剿了寒浞的老巢。这里是夏朝的伤心之地，当初少康妈妈便是从狗洞中爬出逃命的。虽然少康对此并没有记忆，但是过去的故事妈妈讲得太多，以至于他一到那便有种身临其境的感觉，眼泪也就禁不住地落下来。唉，这地方可没法住了。

少康将都城搬到阳夏，也就是倒霉蛋太康流浪之所。

少康的用意很明显，毋忘国耻。

这之后，夏朝出现“少康中兴”的局面。看起来少康很给力。

[1]《左传》：原名为《左氏春秋》，汉代改称《春秋左氏传》，简称《左传》。旧时相传是春秋末年左丘明为解释孔子的《春秋》而作。实质上是一部独立撰写的史书。

永不落的太阳

少康死后，季杼继位，他秉承父亲的处事风格，将夏朝打理得井井有条，寒浞遗留的那点什么小尾巴都被他清理得干干净净。

接下来，他的儿子槐一样不甘示弱。《竹书纪年[1]》上这么说，“后芬即位，三年，九夷来御。”

槐又叫后芬，他是朵香喷喷的花儿，大伙从四面八方赶来闻香。

看来大禹家的基因被狗洞修理了下，就变好了。

当然，好着好着又不好了。

极品夏桀来了。他是夏朝的十七代君主。因为他，夏朝没了。

夏桀是个体育健将，臂力惊人，咱们现在玩哑铃，他玩铁钩，铁钩到了他手上，那么一比划，就直了。像他这样的娃，没有机会体会失败，也不知道什么叫收敛。所以，放纵就成了他唯一的消遣。在遇见妺喜之前，他在自己额头上写仨字，放荡男。怎么个放荡法呢？不好说。那会儿衣服啥的也不是人人有的穿，夏桀说，咱们要节省布料。

夏桀遇见妺喜之后，还是放荡男。

妺喜是有施部落的，有施被夏桀打惨了，就送个美女过去：“求您，别

[1]《竹书纪年》：相传为战国时魏国史官所作，记载自夏商周至战国时期的历史。据《晋书·卷五十一》可知原书十三篇。《竹书纪年》是编年体史书，记载先秦时期的历史，与传统正史记载多有不同，在研究先秦史方面有很高的史料价值，竹书纪年又与近年长沙马王堆汉初古墓所出古书近似，而《竹书纪年》的诸多记载也同甲骨文、青铜铭文相类，可见其史料价值。

打了。”

夏桀一见到妹喜，满心欢喜。

妹喜真美啊，赞歌这么唱，“有施妹喜，眉目清兮。妆霓彩衣，袅娜飞兮。晶莹雨露，人之怜兮。”

夏桀搂着妹喜就回去了。

一个男人为了一个心爱的女人，能做的事真多，譬如建造亭台楼阁，烹饪美味佳肴，甚至可以忘却时间。

就这样，妹喜将夏桀的心留在了自己的身体里。

所谓当局者迷，旁观者清。人们惊讶地发现，原来妹喜是个女间谍啊，她的出现使放荡的夏桀变得昏庸。

这么说吧，荷尔蒙的过度分泌让夏桀觉得自己是块太阳饼干，怎么啃都啃不完。

他放话出去，天上的太阳就是俺，太阳会没有吗？不可能。

他相信自己是永不落的太阳，怎么胡闹都没问题。

这时，商汤看到了机会。

商汤是个部落首领，按照夏桀的说法，他是绕着太阳转的一颗小星星。

自大狂的结局已经注定，夏桀被灭只是时间问题。

夏桀倒不傻，他感觉到了商汤的能量。商汤在自己的部落里励精图治，大伙生活一舒服，赞美的话就多了，夏桀听到了，很是不爽，咦，有这么个人啊，不行不行。于是，他找了个理由把商汤关了起来。

夏桀关了商汤，没多久又把他放了出来。

真是能折腾，在玩过家家呢？

当然，倒不如说是商汤有办法，忽悠他一下，夏桀就把他放了。

商汤的办法很简单，送金银送珠宝送美女，夏桀看着喜欢，哪有不放人之理？

要说商汤被关在里头，谁在帮他打理呢？

伊尹和仲虺。

这两人好比是商汤的左膀右臂。

后来的帝王们谦虚，称自己为孤家寡人。其实倒不是他们需要有人帮忙。真正的孤家寡人像夏桀那样的，只好去死。

夏桀没想到的是，自己随随便便关了商汤，在全国引起了恐慌，唉呀妈呀，夏桀大概疯魔了，怎么说关人就关人呢，咱们还是离他远点。

商汤一放出来，“诸侯由是叛桀附汤，同日贡职者五百国”。这是北宋《太平御览[1]》里的说法，虽然夸张点儿，但诸侯的心情表达得很清楚：珍爱生命，远离夏桀。

也许有人要奇怪了，这些人为啥要依附商汤啊。

其实，商汤已经做足功课，他在世人眼里是个非常仁慈的人。

且看故事“网开三面”。

话说商汤有次在山林里遇见一农人在张挂捕鸟的网，四面都挂上了。

挂好之后，农人开始向老天祷告：“天爷爷，俺的网挂好了，让四方的鸟儿都进来吧。”

商汤听到后，忙制止：“且慢。”他让人撤掉三面网，只留一面。然后也祷告：“天爷爷，让鸟儿各自飞吧，只有不听话的才进这网。”

大家一听，全部绝倒：“仁慈的人啊，让俺崇拜你吧。”

伊尹是个奴隶，对于商朝来说，他其实是缔造者之一。

刚开始，他听说有莘部落的首领不错，就去那里种地。夏朝那会儿正纷纷扰扰，伊尹种地的时候可没闲着，他眼观四面耳听八方。为了接近首领，他做了一名厨师。所谓抓住一个男人的心先要抓住他的胃，首领果然被他的厨艺所吸引，接着，首领又被他的领导才能所吸引，让他做了个小官，但伊尹还在寻找真正的能人，最后，他决定跟随商汤，为此，他甘愿成了一个陪嫁品。商汤娶有莘部落的姑娘，伊尹作为陪嫁厨师跟去了。当然，是金子总会发光，伊尹一开口，商汤就惊若天人：这不正是咱要找的能人

[1]《太平御览》：宋代一部著名的类书，为北宋李昉、李穆、徐铉等学者奉敕编纂，始于太平兴国二年（977）三月，成书于太平兴国八年（983）十月。《太平御览》采以群书类集之，凡分五十五部五百五十门而编为千卷，所以初名为《太平总类》；书成之后，宋太宗日览三卷，一岁而读周，所以又更名为《太平御览》。全书以天、地、人、事、物为序，分成五十五部，可谓包罗古今万象。

吗？于是，两人惺惺相惜，决定携手共进。

不过另有传说认为，贤良的商汤找到了智慧的伊尹。

话说有一次，商汤很隆重地去见伊尹，他的司机就问："您这是要去见谁啊？"

"伊尹。"

司机就说了："伊尹啊，不就一小老百姓么？你让他来见你不就得了，用得着大老远去见他么？"

商汤说："这你就不懂了，要是有一种药吃了能让眼睛变亮，耳朵变灵，我肯定会拼命吃。现在伊尹对咱们来说就是这味药，你不让我吃，是不想让我好啊。"

结果，没有觉悟的司机下岗了。

这跟刘备三顾茅庐请诸葛亮一样，态度摆明了，人家才愿意跟你走。

伊尹这人挺有远见，他主动请缨去做间谍。他对商汤说："让我去看看夏桀到底是啥样的人物。"所谓知己知彼百战百胜，伊尹就去见夏桀。

到了京城才发现，夏桀根本不住这里。他住在行宫里，整日饮酒作乐。伊尹又跑去行宫见他。夏桀看到他，没当一回事，两句话就把他打发了。

伊尹心想，那俺在京城先住着吧。

伊尹在京城可不是白住，反正后来商汤给的旅馆费啥的都给赚回来了。

伊尹在京城一住就是三年，他有一招后来宋江也学了，宋江跑去找李师师开后门，他呢，使劲拍妹喜马屁，这下，夏桀的鞋子尺码也给搞清楚了。回去后，他对商汤说："咱们动手吧。"

商汤就等这句话呢。

只是，商汤还没来得及动手，夏桀就把他逮起来了。当然，如我们所知道的那样，夏桀很快将商汤放了。

不用说，夏桀的末日来了。商汤先是收拾一些小部落，然后，他向夏桀宣战。

等夏桀觉悟的时候，晚了，"吾悔不遂杀汤于夏台，使至此"。(《史记》：由司马迁撰写的中国第一部纪传体通史。记载了上自上古传说中的黄帝时代，下至汉武帝时代共3000多年的历史。)《史记》里的这段记载简直是纪实小说的典范。谁知道夏桀说没说这话呢，不过后悔之意总归有的。当然，杀了商汤他或许能多折腾几年，但是也保不齐会有另一个商汤出现。

商汤与夏桀那一场“鸣条之战”打得可谓惊天动地，不过战斗地点有分歧，一说在河南封丘东，一说在山西运城安邑镇北。这两地相隔还挺远，坐火车需十小时左右。

那时打仗靠战车和步兵，战车由马拉着，一般有三人站在上面，中间一人是司机，边上两人挥舞长矛，矛要是短了便戳不到敌人。这情形跟骑马的将军相比，行动不但迟缓而且笨拙。

商汤带着近百辆战车和五千多名士兵出发了。夏桀被闹个措手不及，只好匆匆忙忙召集人马迎战。

在决战之前，商汤发表了一篇斗志昂扬的动员令，《尚书[1]》里有记载，先骂夏桀太缺德，天爷爷让咱去讨伐他，然后申明行军纪律。

先不去考究这篇《汤誓》的真伪，且说大伙听了这动员令，好比打了鸡血。

战斗开始了，天爷爷来看热闹，雷阵雨哗哗地下，夏桀那边由于事先没打鸡血，将士们一见大雨，就不干了，散了。商汤这边没事儿人一样，雨越大，斗志越强。

夏桀没办法，只好逃。最后逃到南巢的亭山，也就是安徽寿县东南。他在那里任后悔吞噬自己的健康，没几年，就死了。

[1]《尚书》：又称《书》《书经》，为一部多体裁文献汇编，是中国现存最早的史书。分为《虞书》《夏书》《商书》《周书》。

第二篇

白银时代——奇幻商周

人要有所敬畏

商朝就这样开始了。都城在亳，也就是河南商丘。

在那时的人们心里，伊尹的名气其实比商汤大，因为商汤做了十三年王就死了，而活了八十多的伊尹一直是商朝的顶梁柱，流光溢彩，美不胜收。后来孟子这么夸他："汤之于伊尹，学焉而后臣之，故不劳而王"。

商汤死后，外丙继位，外丙原本有太子哥哥太丁，不过早死了，因此外丙填上。

商汤给儿子起名字挺省事，"天干"一下就行。好比现在用 ABC 标一下，多省事。

外丙死后，弟弟仲壬继位。仲壬死后，太甲继位。

这时其实绕了个圈，太甲是太丁的儿子，商汤的太孙。

到这也该看出来了，商汤的儿子们身体不怎么健康，在王位上颠一下，就栽土里了。

太甲这娃不像话，《史记》里这么说，"帝太甲即立三年，不明，暴虐，不遵汤法，乱德，于是伊尹放之于桐宫"。

也就是说，太甲胡闹，伊尹就把他赶出京城去商汤墓地附近的桐宫面壁思过。太甲面壁三年，终于幡然醒悟，伊尹瞧着这娃性子改了，让他回来，继续做王。

好不容易回京的太甲不敢再胡闹，从此兢兢业业做王。伊尹一高兴，还写文章表扬他。这些事儿甲骨文里能查到。

为了能让太甲一直保持良好状态，伊尹把天爷爷也搬出来，“惟上帝不常，作善，降之百祥；作不善，降之百殃。”

很显然，人要有所敬畏，才能有所作为。

因为这个，商王自降一等，称自己是上帝的儿子，也就是天子。

伊尹相当于上帝与天子的连接桥梁，那会儿称作“巫”。

能够成为“巫”的人显然很聪明，他们将在祭祀占卜的时候大放异彩。通常，他们会饮酒，脸颊绯红，在天地间摇晃并吟唱，什么风调雨顺啊，国家兴旺啊，这些内容都被记在甲骨文里。

太甲死后，儿子沃丁继位。沃丁在位期间，年老的伊尹终于死去。商朝一直记着伊尹，几百年间经常在祭祀的时候提起他。

商朝共有三十位天子，前后延续近六百年，“日新月异”这个词对他们来说是不存在的，日子缓慢得很，几十年都没啥变化。

商朝又叫殷商，原因在于，后来都城迁去殷这个地方，也就是河南安阳西北。

要说商朝迁都，《竹书纪年》上记载分明，迁了五次，“仲丁自亳（河南商丘）迁于嚣（河南郑州），河甲自嚣迁于相（河南安阳西），祖乙自相迁于邢（河北邢台），南庚自邢迁于奄（山东曲阜），盘庚自奄迁于北蒙（河南安阳西北），曰殷。”瞧瞧，商王们就在这些地方打转。

要说为啥迁都，还不是因为内部闹腾得厉害，没法子了，只好搬家。从仲丁开始，一个接一个乱，前后九个王，又叫“九世之乱”。当然，黄河发大水也是原因之一，天爷爷要么不下雨，要么下个不停，黄河寻思着，咱看看商王去，于是便出发，商王可不想见黄河水啊，扭头便逃。

商朝这架牛车就这样弯弯扭扭在路上走着，日子过得干巴巴，挺没意思。

商朝到了盘庚这，终于有了起色，盘庚觉得奄这个地方不好，老被水淹。他寻思着去土肥水美的河南安阳，但贵族们不同意：“好好的搬啥家，不嫌累啊。”他们在奄好吃好住，才懒得动呢。

盘庚没理他们，让搬家公司只管来。他真狠，威胁不听话的，“我乃劓殄灭之，无遗育”。“劓殄”这两字要分开看，劓是割鼻子，殄是灭绝。就是说，不听从我的，割了鼻子不算，还要灭你全家。

这么一闹腾，也没人不听话了，好吧，搬家吧。

于是，殷商时代来了。

盘庚迁都于殷对商朝显然影响深远，因此唤作“殷商”。

很久以后，殷墟出土大量甲骨卜辞也让关于商朝的传说成为事实。

盘庚是个演讲家，《尚书 · 盘庚》里有句话一直用到今天“若火之燎于原，不可向迩，其犹不可扑灭。”压缩一下，便是“星火燎原”。

盘庚为啥要说这些呢？因为贵族们可讨厌了，除了吃吃喝喝啥也不想干，这跟盘庚励精图治的主张相悖，所以，他经常演讲，给他们敲警钟，“无总于货宝，生生自庸，式敷民德，永肩一心”。

就这样，商朝终于摆脱了以往萎靡状态，开始像朵花一样绽放。

只是，这朵花没开多久，盘庚就死了。弟弟小辛继位，这娃不像哥哥那样勤奋，他喜欢偷懒。这时盘庚也没办法，死了啊，小辛胡闹已经管不着了。

小辛死后，弟弟小乙继位。小乙倒不胡闹，为了教育下一代，动了一番脑筋，让儿子武丁出去干活，跟那些奴隶混在一起。

武丁吭哧吭哧干活的时候，也就知道“稼穑之艰难”了。

其实他的收获不止这些，他发现了傅说。那时傅说正在筑墙。在砖出现之前，人们都用土筑墙，叫做“版筑”。

《孟子[1]·告子上》里有这么一句“傅说举于版筑之间”，接下来便是“故天将降大任于是人也，必先苦其心志，劳其筋骨，饿其体肤，空乏其身，行拂乱其所为，所以动心忍性，曾益其所不能。”看起来，孟子很善于给人打鸡血。

其实，傅说更能给人打鸡血，武丁会因为他的一番话热血沸腾好几天呢。

《尚书》里有《说命》，便是傅说对武丁说的话，譬如，“知之非艰，行之惟艰”，直到今天也能让人受益匪浅。

[1]《孟子》：是孟子的言论汇编，由孟子及其再传弟子共同编写而成，属儒家经典著作。

格言体大师想要超越傅说，不是那么容易的。

当然，傅说的主要工作不是给人打鸡血，而是为殷商干实事。他与甘盘（武丁的老师）强强联手，“武丁中兴”就这样来的。

《史记》里几个字，便勾勒出大致情形，“武丁修政行德，商道复兴。”这倒是事实，傅说再怎么忙乎，若是没有武丁的支持，也是白忙。韩愈就说得明白，“世有伯乐，然后有千里马。千里马常有，而伯乐不常有。”

甘盘有个后代，名叫甘罗，很神奇，小小年纪做大使，到处忽悠，还真不赖，大人们被他唬得一愣一愣得。《史记》里专门有一节《甘罗列传》，“甘罗年十二，事相文信侯吕不韦。”瞧着是个早慧少年。当然，甘罗隔着甘盘已经一千多年了。

武丁有个老婆叫妇好，是巾帼英雄，带兵打仗不在话下。显然，武丁喜欢打仗，妇好刚巧有这方面才能，顺便发挥一下，居然大出风头。用现代语言来表述，妇好不是温室的花朵，她是久经考验的斗士。“贞，登妇好三千，登旅万乎伐羌。”这句是说她打仗所向披靡。

除了能打，妇好还是程序员，祭祀程序在她的演示下臻于完美，虽然优美的身段藏在宽大的华服之下，但是影影绰绰的风姿似乎更能激起大家的兴趣，以至于人们在甲骨文中用较大篇幅描述她的一切。

其实，妇好的这两种才能正是殷商最需要的，那时也没什么别的办法能安慰心灵，只好用祭祀的方式和鬼神沟通，沟通好了，底气足了，看着边上一些小国不顺眼，那就打吧，于是就开打。

这两方面妇好都能站在前排，因此武丁对她也是敬爱有加，后来她死了，赐她一个字——“辛”。武丁有老婆一大群，妇好是其中之一，但由于她功勋大，因此有自己的封地，有时会去封地上小住，倒也逍遥自在。

很久以后，人们在妇好墓中发现两件武器——龙纹铜钺和虎纹铜钺。青铜时代，使用铜制武器正常，钺是什么呢，看着像把斧子，妇好上战场时拿着，祭祀时也拿着，十七八斤重呢，毫不费力拿在手上。

妇好又被称为“后母辛”，通俗来说相当于“辛皇后”，当然，皇后的说法到秦始皇那会儿才有。妇好三十来岁就死了，根据她的身份，墓中自然有“后母辛鼎”陪葬。鼎说白了是身份的象征，“天子九鼎，诸侯七鼎，大夫五鼎”。

但是“后母辛鼎”跟“后母戊鼎”比起来，差几个级别呢，“后母戊鼎”832.84公斤，是“后母辛鼎”的六倍，绝对是青铜器中的巨无霸。

后母戊也是武丁的老婆，她的陪葬规格如此之高，显然很受宠幸。有传说认为，她是祖庚的妈妈，祖庚为妈妈铸了巨无霸大方鼎。她曾经的风光化作大方鼎而存在。

武丁有一群老婆，自然会有一群儿子，儿子一多，父王难免会偏心眼。武丁喜欢三儿子祖甲，他想让祖甲继位。祖甲倒是明白事理 :“爹，这不行啊，坏了规矩了，搞不好又是九王之乱。”

商朝的规矩是“兄终弟及”与“父死子继”的混合型。祖甲继位得等哥哥死了。

祖甲为了表明心迹，干脆学习爸爸，到群众中去体验生活。

二哥祖庚被弟弟的行为感动了一把 :“走好啊你，最好别回来。”

至于大哥祖己，早死了，据说是被后妈害死的。种种迹象表明，这恶后妈便是祖庚的妈妈后母戊。

祖己又名“孝己”，他非常孝顺，每天天不亮就向父母请安，但是没用。《庄子[1]·外物》里说得明白，“人亲莫不欲其子之孝，而孝未必爱，故孝己忧而曾参悲”。曾参是孔子的弟子，也是出了名的孝顺。

祖己的妈妈便是妇好，可惜死得早。妈妈死后儿子就开始受苦，因为后妈忒狠，老在武丁耳边吹风，这个不好那个不好，武丁听多了，脑子犯浑，把祖己赶走 :“滚，不要回来了。”

祖己也没地方可去，本来是要做王的人，一下子从云端落下，栽了，晕了，落寞而死。

很久以后，冯梦龙在《醒世恒言·卖油郎独占花魁》里也不忘带上

[1]《庄子》：分内、外、杂篇，原有五十二篇，乃由战国中晚期逐步流传、揉杂、附益，至西汉大致成形，然而当时流传版本，今已失传。目前所传三十三篇，已经郭象整理，篇目章节与汉代亦有不同。内篇大体可代表战国时期庄子思想核心，而外、杂篇发展则纵横百余年，参杂黄老、庄子后学形成复杂的体系。

一句："孝己杀身因谤语，申生丧命为谗言，亲生儿子犹如此，何怪螟蛉受枉冤。"申生也是老实巴交的娃，被后妈欺负，只好一死了之。

后妈之所以如此，只是在为亲生儿子争地位。"王"这顶诱人花冠，难得能遇见温莎公爵[1]这样的人物，甩手不要。

[1] 温莎公爵：英王爱德华八世（1894.6.23—1972.5.28）是英王乔治五世和玛丽王后的长子。按照王位继承法，1910年被立为英国王储。第二年，又被受封为威尔士亲王。继位短短几个月，爱德华八世因执意要娶辛普森夫人遭到英国政府、英国国教及海外领地政府的强烈反对，而导致宪政危机。如果他不顾政府与人民的意愿选择辛普森夫人为王后，首相就会带领政府集体辞职，这样爱德华便会违反君主立宪政府的最基本宪法原则。于是爱德华选择退位，成为英国及英联邦历史上在位最短的君王。他弟弟约克公爵艾伯特王子继位，称乔治六世，赐予爱德华"温莎公爵殿下"的称号，又赐予辛普森"温莎夫人"的称号。

推倒多米诺骨牌[1]

祖庚做了几年王，死了，祖甲继位。

相比祖庚铸“后母戊鼎”讲排场，祖甲决定搞“周祭”，显然，他想胜过哥哥。

“周祭”是啥玩意，其实就是祖宗十八代，一个不漏地祭祀。祖甲挺聪明，将祖宗们的“天干”像元素周期表那样排着，致祭之日的天干与此相对应，再以旬为单位，譬如“第一旬甲日祭上甲，第二旬乙日祭太乙，第三旬甲日祭太甲……”滚着车轱辘，一点儿不嫌累。

看起来，祖甲排场比祖庚搞得更大。

兄弟俩这么攀比只说明一件事，敬鬼神好处大，一方面能拉动内需，另一方面还能博得好名声。

不过，随着岁月流逝，落寥总是无言的结局。

“武丁中兴”过后，殷商又一次陷入低迷。征战不断，强邻四起，虽说瘦死的骆驼比马大，殷商维持体面生活没问题，但是，“白茫茫一片真干净”总是要来的。

帝辛来了，他便是鼎鼎大名的商纣。

[1] 多米诺骨牌：一种木制、骨制或塑料制成的长方形骨牌。玩时将骨牌按一定间距排列成行，轻轻碰倒第一枚骨牌，其余的骨牌就会产生连锁反应，依次倒下。

商纣有哥哥微子，按理说轮不到他做王，《吕氏春秋[1]》八卦了下，微子妈妈生微子的时候，还不是正式的王妃，所以这儿子算是庶出，但生商纣的时候她升级了，这下，商纣撞了大运，成了嫡出，比哥哥牛。

这事看起来真不靠谱。

另一种说法是，爸爸帝乙很喜欢这个小儿子，有意让他为王。《史记》里这么描述商纣，“帝纣资辨捷疾，闻见甚敏，材力过人，手格猛兽。”估计商纣是人们喜闻乐见的健美型帅哥，如果那时有电视直播，会吸引粉丝一大群。

甭管这些了，商纣做了王是想大干一场的。刚开始，他确实这么干了。殷商的军队黑压压向南推进，到了江淮一带，“东夷”被他打得差不多了。这在当时可不得了，战功赫赫啊。

不过很快，他的马车就辙离了，不知拐到哪了。

也正常，这个一帆风顺男打了几场胜仗后，就有点儿飘飘然。

譬如，他对祭祀这种大事也不重视了。《封神榜[2]》里说得有趣，这娃有一天去女娲庙，看到女娲娘娘，心里一动，爱上了。这叫什么事嘛，明摆着不敬鬼神，居然瞪着眼睛看女娲，看着看着就咧嘴一笑，邪念顿生。女娲一恼火，派狐狸精下凡，命令道：“你给我好好收拾商纣。”

这狐狸精便是妲己。

妲己是出了名的美女，狐狸精这大名自然配得上她，狐媚蛊惑呗。想想也是，她若是整日板着个脸，让商纣好好学习，天天向上，商纣哪儿能喜欢她呢？她也就对了商纣的口味，臭味相投便称知己。

商纣真能享受，《史记》里写得明白，“以酒为池，悬肉为林，使男女裸，相逐其间，为长夜之饮”。“酒池肉林”这个词便是他搞出来的。要

[1]《吕氏春秋》：战国末年秦国丞相吕不韦组织属下门客们集体编撰的杂家著作，又名《吕览》。此书分为十二纪、八览、六论，共十二卷，一百六十篇，二十余万字。吕不韦自己认为其中包括了天地万物古往今来的事理，所以号称《吕氏春秋》。

[2]《封神榜》：又名《封神演义》，中国神魔小说，为明代陈仲琳（一说是许仲琳）所作，约成书于隆庆、万历年间。全书共一百回。《封神演义》的原型最早可追溯至南宋的《武王伐纣白话文》，可能还参考了《商周演义》《昆仑八仙东游记》，以姜子牙辅佐周室（周文王、周武王）讨伐商纣的历史为背景，描写了诸仙斗智斗勇、破阵斩将封神的故事。

说那时也没啥高级娱乐活动，只好变着法子吃喝玩乐。

话说商纣这样胡闹，哥哥微子看不下去，苦口婆心劝说，商纣哪里肯听。

叔叔箕子就劝微子："今诚得治国，国治身死不恨；为死，终不得治，不如去。"意思是说你别白费唇舌了，还是走吧。

微子听了箕子的话，认真地想了想："嗯，我还是走吧。"

微子便离开了商纣，到自己封地上生活。后来，商纣垮了。微子"肉袒面缚，左牵羊，右把矛，膝行而前"，去见周武王，一把鼻涕一把眼泪哭诉："商纣这混小子，真该死啊，俺看清了他的真面目，离他远远的。"

周武王觉得微子这娃还不错，"复其位如故"。后来，微子被封到商丘那儿做宋国国君，商丘是商朝的发祥地，让微子去那儿，算是给足面子了。于是，微子一不小心成了春秋时期宋国始祖。

另一个叔叔比干就太耿直了，他跑去把商纣骂了三天，以为会将他骂醒，哪知反而激怒了商纣。

商纣问："你凭什么啊？"

比干说："恃善行仁义所以自恃。"

商纣说："吾闻圣人心有七窍信有诸乎？"

商纣说这话就心存不良了。接下来，他要看比干的心，派人挖出来分析心房心室的构造。这都什么人啊？比干毕竟是他的叔叔，骂他几句就要被掏心挖肺，实在不可理喻。

这可不是瞎说，这事《荀子[1]·议兵》里有记载，"纣刳比干，囚箕子，为炮烙刑。"

至于箕子，也被商纣囚了。因为商纣听说箕子在箕山叹气，就不乐意了。箕子与比干相比，温和许多，"纣为象箸，而箕子唏"，商纣铺张浪费他也就叹声气，其实心里明镜似的，知道殷商快要完了。好吧，就由着商纣小两口胡闹吧。

在娱乐缺乏的年代，折磨人成了他们的娱乐。譬如炮烙这种大刑，用炭

[1]《荀子》：战国末年著名唯物主义思想家荀况的著作。该书旨在总结当时学术界的百家争鸣和自己的学术思想，反映唯物主义自然观、认识论思想以及荀况的伦理、政治和经济思想。

火将铜柱子烧热，命令犯人抱着铜柱子往上爬，那个烫啊，皮肉都烧糊了，实在受不了，只好松手，一头栽下，坠入火中，灼死。这事看起来真缺德，但是，对虐待狂倾向明显的他们来说，哀嚎和痛苦居然能激发出无尽的快乐。

箕子是个有大智慧之人，他的一些想法传承久远。可惜商纣蒙上了自己的眼睛，看不见。

后来，周武王灭了殷商，箕子与他讨论怎么治理国家，《洪范九畴[1]》就这样来的。对于君王来说，《洪范九畴》好比大侠手持《武穆遗书[2]》，可以一统江湖称霸武林。

当然，这要看是谁了。要是商纣谦虚地唤声叔叔，箕子能不把一身武艺传授他？这么讲吧，箕子已对商纣失望到无话可说的地步。

殷商被灭之后，箕子去了朝鲜，走得够远。他在那实现自己的治国理想，“箕子朝鲜”就是这么来的。人们对其美誉有加，称之为“君子之国”。

尽管箕子去了那么远，周武王还是给他一顶侯爵帽子。也就是说，那会儿的“箕子朝鲜”是周朝的一个侯国。

周朝虽由周武王姬发建立，但老爸周文王姬昌的功劳不能忽视。

姬昌原先是西伯侯，地位虽不显赫，但相貌很不一般，《史记》记载，“文王龙颜虎肩，身长十尺，胸有四乳”。“四乳”干啥用呢？为“百姓所亲”。这事看起来真诡异，但参照西方“贴面礼”的规矩，“亲乳”或许是一种亲民方式。

姬昌住在岐山，也就是如今的陕西宝鸡，小日子过得挺好。但是，麻烦找上门来。因为日子过得好，有人看不顺眼，到商纣那儿打小报告。商纣本来就喜欢没事找事，一听，马上大喊：“嘿，西伯侯你来。”

姬昌没办法，只好去。这一去就糟了，回不了家了，咋回事？被囚了。

[1]《洪范九畴》：《尚书·洪范》提出的治理国家必须遵循的9条大法。据说是周武王十三年（前1122）灭殷后，殷遗臣箕子与周武王信纸述天人关系时提出的。内容：初一曰五行，次二曰敬用五事，次三曰农用八政，次四曰协用五纪，次五曰建用皇极，次六曰乂用三德，次七曰明用稽疑，次八曰念用庶征，次九曰向用五福，威用六极。

[2]《武穆遗书》：金庸小说中虚构的岳飞所著的兵法奇书。现代屡有《武穆遗书》面世，难以证实其出自岳飞手笔，兼以武术为主，并非兵书，加上宋代史书对此书全无纪录，历代兵书亦无收录，故此兵书真伪尚难确认。

这事叫做“羑里之厄”。姬昌被囚在羑里，也就是如今的河南汤阴。

要说这商纣真是浑蛋，人家好好的，囚人家干吗？做事如此任性，早晚要栽。

商纣这么做其实是推倒了多米诺骨牌，看着吧，牌哗哗地倒下，最后会将他压死。

再说姬昌家，姬昌被囚后，全家总动员，开始下功夫营救。

营救过程比较复杂，姬昌的大儿子伯邑考在这过程中给搞死了。

姬昌有一群儿子，老大伯邑考，老二姬发，也就是周武王，老三管叔鲜，老四周公旦。如果一直说下去，能说到老十冉季载。这些人在今后不是王就是侯，有闹腾的娃，有正直的娃，虽说是同胞兄弟，但兵戎相见起来，一点儿不含糊，周朝将在他们手里，忽上忽下。当然，这是后话。

先说伯邑考，《封神榜》中有这么一段，他为了营救父亲，带着七香车、醒酒毡和白猿猴三样宝贝去见商纣，没想到玉树临风的他被妲己看上了，妲己给他抛媚眼，意思是说，只要你从了俺，啥事都好商量。

可惜，伯邑考这娃不懂得敷衍，梗着脖子赤红了脸，觉得妲己的要求侮辱了自己。

唉，这真没办法。不搞定君王身边的女人，怎么去搞定君王？

果然，妲己一翻脸，伯邑考只有死路一条。他可真惨，被剁成馅，做成肉饼。

本来姬昌在牢里每天咸菜就酸汤，突然有一天，来了一盆香喷喷的肉包子，他知道这事坏了，但不能不吃，抓起肉包子就往嘴里塞，幸福得热泪盈眶。

商纣听说姬昌吃自己的儿子吃得津津有味，高兴坏了：“哈，这傻老头。”于是就放了他。

商纣本来是糊里糊涂囚姬昌，结果也就糊里糊涂放姬昌。

姬昌傻吗？他才不傻呢。

《史记》里说的明白，“文王拘而演周易”，他在牢里研究《周易》，抵得上半个神仙了。今日能不能出门啦，这件事能不能成功啦，他都有研究。

姬昌回家以后，发奋图强，想干啥呢？打商纣。

打商纣需要帮手，于是姜子牙出现了。

这姜子牙已是白发老头，正坐在渭水边钓鱼，不过他的鱼钩是直的，能不能钓到只看运气，所以有“姜太公钓鱼，愿者上钩”的说法。像他这样，怀才不遇，也不肯妥协，居然能在很老的时候等到知音，这种人生真是值得叹慰啊。

姬昌去见他，两人惺惺相惜，心里话三天三夜说不完。

姬昌一点儿没看错，姜子牙着实有本事。直到今天，贴上“姜太公在此，百无禁忌”的条幅，人们心里也能大大宽慰。想想吧，这样的神仙，能不厉害么？

在姜子牙的帮助下，出现了“天下三分，其二归周”的局面。这是怎么个情况呢？其实就是看着天下姓“商”，其实三分之二属于“周”，但姬昌一直没跟商纣翻脸，他一直维持着忠厚老头的形象，但暗地里像一条蚕那样吞噬着殷商，吞着吞着，殷商就没了三分之二。可惜的是，革命尚未成功，姬昌就先去了。

姬昌死后，姬发开始发力。当然，他也不会轻举妄动，他要见机行事。为了检验自己的实力，想出“孟津观兵”这招。

这天，姬发带着人马，浩浩荡荡去文王墓祭奠，文王墓在陕西长安县，祭奠完了，却不回家，继续向东走，到了河南孟津。诸侯们一看：“哈，姬发要捉商纣去了，咱们瞧热闹去。”于是，来了八百位诸侯，有说有笑，可热闹了。

但是姜子牙劝姬发：“哥儿，咱们就到这，回去吧。”

诸侯们说：“这是干啥啊，趁热打铁，收拾了商纣再回家。”

姜子牙摇头：“不妥不妥，诸位不知天命。”

姬发倒不鲁莽：“那好，咱们回。”

但是他心里有底了：商纣，你就等着瞧吧。

果然，两年之后，牧野之战来了。

眼光决定命运

“牧野之战”对商纣来说，便是他人生的休止符。他整日胡吃海喝，不是作乐便是折腾，末日当然不请自来。

姬发来啦，乍一看，他的军队就像雷阵雨发作前以巨石之势压来的乌云。

商纣撇撇嘴，一点儿也不在乎：“不就一个小诸侯么，瞧俺怎么收拾他。”

商纣平日风头出足，这次也不例外，披挂整齐，登上马车，带着人马，往牧野驰去。可惜，世道已变，他打胜仗的时代早过去了。

“牧野之战”的作战地点大致在河南新乡。要说战斗有多激烈，且看《尚书·武成》中的记载，“会于牧野，罔有敌于我师，前徒倒戈，攻于后以北，血流漂杵”。

咋回事呢？商纣的军队打着打着，忽然调转枪口，对准商纣。

这事可奇怪了，阵前倒戈，只能说姬发的间谍战搞得真好。

商纣惊呆了，一点儿办法也没有，“哎呀妈呀”地叫着转身便逃。

于是，姬发完胜。

商纣从君王变为丧家犬，他逃啊逃，逃回鹿台。这事怪了，鹿台不过是片玩耍之地，大军一来，还不跟踩只蚂蚁一样？

因此，他逃到这里已毫无意义，大概只想在临死前再看一眼心爱之地吧。

商纣刚上楼，就听到身后喊声雷动，怎么办呢？他不想再逃，于是放一把火，把自己点了。

他的行为让人大出意料，这是怎么了，难道怕姬发不大度，不肯饶了他这个手下败将？

当然，他的想法已不可考，不过这汉子到底还是刚烈。欣赏炮烙之刑的时候，必是不在乎自己被火燎。

至于妲己，则毫无悬念地被宰了。

姬发夺得商纣的江山，正式成为周武王。都城在镐京，也就是如今的陕西西安附近。

跟商纣相比，姬发显然知人善用。姜子牙的话他愿意听，四弟周公旦的话也愿意听。

不过这就出问题了，三弟管叔鲜不乐意了："切，明摆着小瞧俺。"

那会儿兄弟排序很重要，因为牵涉到君王继承问题。姬发绕过三弟，喜欢四弟，就犯忌了。这三弟本来便是小肚鸡肠之人，这下越发不乐意。不用说，这事给周朝埋下了祸根。

当然，姬发在的时候，也没人敢哼哼。大家按部就班，埋头苦干，一心争当劳动模范。

姬发一死，问题就来了。

儿子姬诵尚小，一小孩儿继位，底下彩色泡泡自然冒个不停。

当然，他临死前有安排，让四弟周公旦监国，辅佐周成王姬诵。他倒是没看错人，周公旦一直兢兢业业为侄儿操劳。除了这个，他还有特殊本领——周公解梦，梦到了啥，他能分辨得出是祸是福。很久以后，才出现弗洛伊德[1]的《梦的解析》。可见周公不是一般的牛。

至于别的叔叔，就不这么想了，他们看着周公旦忙前忙后，心里就窝火，没啥别的，就是妒忌。若是按照兄终弟及的规矩，该轮到老三管叔鲜当家作主，现在老三这一愿望落空，一肚子怨气。几个人凑在一块儿琢磨，决定闹腾。俗话说：三个臭皮匠，赛过诸葛亮。这句话虽然几千年之后才

[1] 弗洛伊德：（Sigmund Freud，1856.5.6—1939.9.23）犹太人，奥地利精神病医生及精神分析学家。精神分析学派的创始人。

有，但在那会儿也顶事。姬诵的三个叔叔就闹腾开了，这还不算，还拉上商纣的儿子武庚。这武庚挺倒霉的，本来姬发格外开恩，让他住在殷商旧都，但他时刻不忘复国，只要一看到机会，便扑上去，真挫，也不看看对手是谁。

“三监之乱”开始了。

所谓“三监”，是指姬诵的三个叔叔。

当初，姬发为了管理殷商旧地可谓煞费苦心，派弟弟们过去，他们的身份“方伯”，既是中央大臣又是地方诸侯。

老三管叔鲜封在河南郑州，为管国。老四周公旦封在山东曲阜，为鲁国。老五蔡叔度封在河南驻马店，为蔡国。老六曹叔振铎封在山东定陶，为曹国。老七郕叔武封在山东宁阳，为郕国。老八霍叔处封在山西霍州，为霍国。老九卫康叔封在河南禹州，为康国。老十冉季载年幼，没有被封。

姬发除了封弟弟们，还封了那些有功之臣，总共封了四十多位。

姬发安排好一切之后，就回了镐京。

到这也该看出来了，姬发的这些安排犹如一把把尖刀插在殷商旧地，好是好，可是，他没想到这竟然给儿子埋了三枚地雷，时间一到，就“嘭”地炸了。

果然，他一死，引信就被点燃了。

管叔鲜拉着蔡叔度、霍叔处以及武庚，冲着镐京拼命叫嚣，不服气啊不服气。

周公旦也不含糊：“切，一群臭皮匠还真以为胜得了诸葛亮啊。”他大手一挥：“平叛。”

再说，也不是所有的兄弟都跟管叔鲜一起胡闹。就说卫康叔吧，一听到管叔鲜反叛的消息，第一时间就向镐京报告，快做准备，切记切记。

很快，周公旦便平了叛乱。

管叔鲜被诛，管国昙花一现，没了。

武庚也被诛，但是殷商旧都还在啊，周公旦扫了一眼，觉得微子挺老实，就把这地封给微子，成了宋国。

至于蔡叔度和霍叔处，周公旦觉得他俩不过是糊涂，罪不至死，就给流放了事。

他们的封地由儿子继承，因此，蔡国和霍国尚在。

至于卫康叔，由于功劳大，重新封了土肥水美的地给他，在河南淇县，为卫国。这卫国在当时可不得了，南至济水，北逾衡漳，西阻太行，东及兖州，就像搁在豫北、冀南和鲁西之间的大蛋糕，方圆四五百里，马儿使劲跑，也累得慌。

周公旦这么安排自有道理，对镐京来说，它是东方的一道天然屏障。管叔鲜叛乱时，还联合了一些东方的夷族，周公旦把它们一并收了，因此周朝的国土一直到了东海海边。

卫国因为卫康叔的一念之间而存在，可见，眼光决定命运。

在接下来的日子，卫国将以一个大国的形象出现，活了八百多年，周朝灭了之后，还能喘息几年。

这老十冉季载已不是小娃娃，封在河南颍州，为聃国。

同时，卫康叔还被封为司寇，也就是刑部尚书，冉季载为司空，也就是工部尚书。

看起来，平叛之后，周公旦以周成王姬诵的名义大封特封了一番。《荀子·儒效》记载，周公旦"立七十一国，姬姓独居五十三人"。

《左传》里的记载更为详细，"周公弟二叔之不咸，故封建亲戚以蕃屏周。管、蔡、成、霍、鲁、卫、毛、聃、郜、雍、曹、滕、毕、原、酆、郇，文之昭也。邘、晋、应、韩，武之穆也。凡、蒋、邢、茅、胙、祭，周公之胤也。"

看到了吧，诸侯比天上的乌鸦还多。

殷商旧土被分成鲁国、卫国和宋国。卫国和宋国说了，鲁国是周公旦的封地，周公旦留在镐京没动，让长子伯禽去了。

姬诵的弟弟唐叔虞封于晋国，在山西南部。

关于这事还挺好玩。少年姬诵和弟弟唐叔虞玩耍的时候，将桐叶削成珪的样子，装成大人轻咳一声，说，"以此封若。"

珪是一种玉制礼器，代表着凭信，上朝或者祭祀的时候才会拿着它，可见，它并不是儿童玩具。想来姬诵经常有机会拿着它，因此把它当成玩具了。

他不知道，“后果”马上就来了。

国君哪能乱说话呢，他说的每句话都有记录。

把这句话记录下来的国史请姬诵挑个日子封唐叔虞。

姬诵翻翻白眼：“我随便乱说的。”

哪知，他碰上个较真的家伙，国史大声说：“天子无戏言。言则史书之，礼成之，乐歌之。”

姬诵傻眼了：“好吧，那就封吧。”

这事看起来很不靠谱，国君乱说一句便要送出土地，瞧着很弱势啊。

不过上有“君无戏言”，下有“尾生抱柱[1]”，诚信这事咱们古人还是很重视的。

另外，召公奭封于北燕，也就是北京附近。他是王室宗亲，那么远的地方不想去，就让儿子姬克去了，这让周公旦惆怅了一把：哎，没能打发成。

召公奭是周朝的太保，工作能力很强。周公旦治理河南陕县以东的地区，以西的地区就归他，他常在一棵甘棠下办公，于是《诗经[2]·召南·甘棠》表扬他，“蔽芾甘棠，勿剪勿伐！召伯所茇。蔽芾甘棠，勿剪勿败！召伯所憩。蔽芾甘棠，勿剪勿拜！召伯所说”。

一恍惚，能让人觉得这是释迦牟尼成佛的那棵菩提树，要好好爱护。

姜子牙封于齐国，山东营丘那儿。姜子牙的祖先曾经被封于吕，如今的河南宛县，因此，子孙根据那块封地改了姓，不姓姜，姓吕，姜子牙又名吕尚。

齐国还挺复杂，分为吕齐和田齐，顾名思义，田氏后来取代了吕氏了。这是后话。

姜子牙没赖在镐京不走，他去了齐国，煞有介事地治理起来。“太公

[1] 尾生抱柱：相传尾生与女子约定在桥梁相会，久候女子不到，水涨，乃抱桥柱而死。典出《庄子·盗跖》。后用以比喻坚守信约。

[2]《诗经》：我国第一部诗歌总集，收入自西周初年至春秋中叶五百多年的诗歌305篇，又称《诗三百》。

至国，修政，因其俗，简其礼，通商工之业，便鱼盐之利，而人民多归齐，齐为大国。”

这么看，周公旦算是把他真正打发了。

到这，东周列国的风采初见雏形了。

此次反叛事件让周公旦深刻地意识到，镐京的位置太西了，要控制广袤的东部，还得在东部再建一座都城，于是“洛邑”出现了，也就是如今的河南洛阳。殷商那些反叛贵族被戴上“顽民”的帽子，统统被赶去洛邑：“喂，好好在这待着，别折腾了。”

同时，姬诵也来到了洛邑。

不过，姬诵离开镐京并不是迁都。镐京依然是周朝的都城。也就是说，从这时起，周朝有两个都城。

背包客情节

该说说忙碌的周公旦了。当初管叔鲜叛乱的理由是，认为周公旦肯定会篡位，确实，他要是使坏，姬诵一点儿招儿也没有。但他就是不使坏，宁愿剥去心头贪念，换得周朝片刻宁静。

姬发有一群弟弟，独独选他做监国，是有道理的，因为他让二哥狠狠感动了一把。姬发病重时，周公旦向列祖列宗祈求，愿意代姬发死。

姬发虽然卧病在床，但一点儿也不糊涂，心里有股暖流开始涌动。

那时的人们敬天地敬鬼神，要是谁说出这样的话，就相当于自己凑过去遭天打雷劈一样。

周公旦的祈求没有应验，姬发还是死了，但是这份心意让姬发觉得踏实，于是把国事交给了周公旦。

说白了，周公旦是个隐形国君，姬诵是个小木偶。为了小木偶的茁壮成长，周公旦可谓煞费苦心。在这种情况下，姬诵想要学坏也没机会。

因此，周朝开出“成康之治”这朵肥硕之花。史书上这么夸，“成康之际，天下安宁，刑错四十余年不用”。

周成王姬诵其实也没费多大劲，叔叔周公旦帮他撑着，捡的现成的功劳。

他儿子周康王姬钊略有不同，帮手换成召公奭和毕公高。

召公奭这位能人前面已经提及，不再赘述。毕公高是周武王姬发的十五弟，算起来是姬钊的叔祖。《史记·魏世家》这么说："武王伐纣，而高封于毕，于是毕姓。"毕国活得不久，被灭之后，子孙四处飘零，一位叫毕万的去了晋国，伺候晋献公，打仗勇猛，晋献公一高兴，将他封到魏地。后来晋分三国——魏、赵、韩。魏国便由毕万的后代所建立。

姬钊即位时，召公奭和毕公高领着他到了祖庙，高声朗朗，讲述祖先们的英勇事迹，同时勉励他要向祖先学习。

姬钊确实有祖上遗风，即位之后，狠打"鬼方"。

所谓"鬼方"，是指生活在陕西省西北部、山西北部和内蒙古西部的部落。他们是九条命的猫，虽然不断挨打，但一直活着，而且在不同时期有不同的名字，我们所熟悉的名字便是匈奴，当然，到战国那会儿才这么叫。春秋时候叫做戎狄，周朝一般叫它昆夷或者玁狁，鬼方是商朝的叫法。

清人赵翼在《苗人》诗中这么唱："莫笑鬼方陋，淳如怀葛民。"

姬钊打鬼方，有点儿扬我国威的意思。

鬼方被打惨了，使劲逃，但是没多久又回来了，习性跟苍蝇差不多，手一挥就走，手一停又来，跟他们斗，急不得啊。

不过，鬼方在姬钊的重击下，损失惨重。就说有一次，居然被姬钊俘了一万三千人。这对周朝来说是件值得举国上下欢庆之事。那时不比现在，现在一两万人聚在一起听演唱会很方便，那会儿聚一两万人要预先准备一个月，路上尘土飞扬，历经三个月也不能消散。

姬钊特兴奋，铸鼎吧，把这事铸在鼎上。

这些俘虏怎么处理呢？好办，赏给有功的贵族做奴隶。有位叫盂以的贵族，一下就多了一千七百名奴隶，让人连夜搭草棚当宿舍，搭了七天七夜呢。

到这补充一句，除了打鬼方，姬钊在召公奭和毕公高的带领下，加班加点打理国事，圆满完成"成康之治"的艰巨任务。

接下来，要变天了，这可不是瞎说，姬钊的儿子周昭王姬瑕不靠谱。

《史记》记载，"昭王之时，王道微缺。昭王南巡狩不返，卒于江上。其卒不赴告，讳也。"这话说得可有水平了，姬瑕贪玩，跑南边去了，干啥呢？巡狩，然后回不来了，晦气，都不好意思跟天下人说。

但是，一个君王哪能随随便便就死呢，姬瑕到底怎么了？《竹书纪年》这么说，“周昭王十六年，伐楚荆，涉汉，遇大兕。”

大兕是啥？大鳄鱼。几千年前，江水茫茫，水中不知埋伏了多少大鳄鱼呢！

可怜的姬瑕落水之后遇见大兕，结局很惨，被吞了。

楚国其实是个诸侯国，周成王姬诵大封天下时，想起周文王的老师鬻熊有恩于姬家，于是将楚地封给鬻熊的曾孙熊绎，建都丹阳，在如今的湖北秭归东南。

那时的楚地不是什么好地方，熊绎“辟在荆山，筚路蓝缕，以处草莽，跋涉山川，以事天子”，日子过得很苦。周成王会盟诸侯时，熊绎跋山涉水去了，到那却没人把他当回事。好比一群董事长在会议中心开会，很多人坐着劳斯莱斯去了，他却骑自行车。

熊绎回去后决定发奋图强，但楚国很久都没能摆脱被人欺的角色。

姬钊在北方打鬼方，胜了。姬瑕去南方打荆楚，败了。一来一去区别可大了，败了的鬼方伤了元气，好久不能恢复，胜了的楚国倒由此发展成一个大国，成为春秋五霸的号角开始吹响。

姬瑕莫名其妙死了之后，他的儿子周穆王姬满很生气，跟着做了很多莫名其妙的事，《竹书纪年》说了，“周穆王伐大越，起九师，东至九江，驾鼋鼍以为梁也”。看起来姬瑕姬满父子与南方杠上了，打不赢也要打，把水生动物们也征用了。

另有传说认为，“周穆王南征，一军尽化。君子为猿为鹤，小人为虫为沙”。不用说，姬满吃了败仗。但是，这并没能阻挡他前进的步伐。在那个年代，他好比一架喷气式飞机，东南西北到处晃荡。《竹书纪年》上说，“穆王东征天下，二亿二千五百里，西征亿有九万里，南征亿有七百三里，北征二亿七里。”估计整个欧亚大陆不够他逛的。

姬满的人生传奇多多。在《穆天子传》里头，他与西王母也扯上了关系。《穆天子传》可看作是最早的《西游记》，路线有据可循，出镐京，穿甘肃，过青海，至天山，最后到达中亚地区。

西王母住在青海，姬满坐着八匹马拉的马车去看她，漫天尘埃滚滚，气派极了。

如果真有西王母这个人物，她大概是戎狄某个部落的女酋长。

姬满这么做，有人开始批评，“穆王不恤国是，不乐臣妾，肆意远游，命驾八骏之乘……遂宾于西王母，觞于瑶池之上，西王母为天子瑶，王和之，其辞哀焉。”这是《列子·周穆王》里的一段。关于西王母，《山海经[1]》里说得明白：“其状如人，豹尾虎齿，善啸，蓬发戴胜，是司天之厉及五残。”姬满大老远地跑去看这么个人物，还乐不思返，真是奇怪。但后来的传说开始改口，渐渐地将西王母描述成美若天仙的样子，让姬满的行为充满合理性。

姬满的马车夫是造父，造父练就一身本领可不容易，跟着师傅泰豆氏三年，啥也没学到。按理说，碰到这种情况，早该甩手走人，但造父依然对师傅恭恭敬敬。泰豆氏瞧着这娃还算老实，开始吟唱：“良弓之子，必先为箕；良冶之子，必先为裘。”就是说，磨刀不误砍柴工。造父非常配合，赶忙说，“唯命所从。”

造父学艺态度端正，成为一等一的马车夫不在话下。

后来造父跟随姬满到处跑，驾车有功，“受封赵城，因以为氏”，赵氏的祖先便是造父。

那时流行以地名为姓氏，手一拱，兄台贵姓，就知道从哪来。以职业为姓的几乎找不到，要不然赵氏后代该姓“车”，好比姓“Smith”（史密斯）的，是铁匠的后代。

充满“背包客”情节的姬满死后，姬繄扈继位，为周共王。这娃也喜欢玩，但他已经搞不出爸爸那样的排场，因为爸爸环游世界几乎耗尽了国库。即便如此，对大臣们的赏赐一分也不能少，体面要维持，不能含糊，大片土

[1]《山海经》：先秦古籍，是一部富于神话传说的最古老的地理书。它主要记述古代地理、物产、神话、巫术、宗教等，也包括古史、医药、民俗、民族等方面的内容。除此之外，《山海经》还以流水账方式记载了一些奇怪的事件，对这些事件至今仍然存在较大的争议。最有代表性的神话寓言故事有夸父逐日、女娲补天、精卫填海、鲧禹治水等。具体成书年代及作者不详。

地被一块一块赏了出去。这样一来，姬繄扈就惨了，收入少得可怜，虽说他贵为君王，还没某些诸侯王富裕呢。

这种情况很不妙，有人开始不把他放在眼里。

就说有一次，姬繄扈和密国的密康公一起游玩，两人的眼球同时定格在三位美人身上，可能密康公比姬繄扈帅一点儿，三位美女娇滴滴地向密康公表白，小女子愿意伺候左右。密康公乐得合不拢嘴，完全没在意身边姬繄扈的感受，一个熊抱，把三位美女搂在怀里。

这叫什么事啊！

姬繄扈非常不爽，但又不便发作：“哼，等着瞧。”

密康公带着美女回了家，他妈妈吓坏了：“哎呀，我的儿，你怎么这么糊涂，快把美人给姬繄扈送去。”

密康公哪里肯听。

隔一年，姬繄扈带着人马去密国，密康公再喊求饶已经来不及了，就这样被杀了。

不用说，姬繄扈这娃真不靠谱，为了三位美女就把人家给灭了。其实仔细分辨，姬繄扈和密康公还是一根藤上的，商被灭之后，周封了许多诸侯国，封在甘肃灵台的密国便属于姬家一位子弟，“本是同根生，相煎何太急”。

养马高手的未来

姬繄扈的儿子周懿王姬囏也好不到哪去，他像面团一样被人搓着，搓到后来居然要搬家，把都城搬到槐里，如今的陕西兴平县东南。这是咋啦？被西戎逼成丧家之犬了，被办法，只好搬。想当年，姬钊把西戎赶得没地儿躲，现在相反，姬囏要躲着西戎。

姬囏碰到的怪事还真不少。《竹书纪年》说："懿王元年，天再旦于郑。"在陕西华县的郑国可以看到两次天亮，这大概是日全食的情形，太阳被月亮全部遮住之后，又慢慢显现出来。咱们现在知道，日全食是因为地球、月球运行到同一直线时出现的遮挡现象，也没啥大不了。但那会儿可不得了，是凶兆，还是大凶兆。对姬囏来说，确实如此，他活着的时候担惊受怕，东躲西藏，死去之后，也不得安生，叔叔姬辟方跳出来成了周孝王，儿子姬燮只好靠边站。

姬辟方的理由响当当，姬燮没啥出息，哪能让他做国君，还是俺来。

这个时候也没人出来帮姬燮说句话，都怕姬辟方："行，行，你做吧。"当然，暗地里也会嘀咕，姬家的家事咱们管不了。

姬辟方做了周孝王后，很想改变落后局面。他咋弄呢？招兵养马。

这天，一位叫非子的壮汉前来应聘，非子说："俺是养马高手。"

"好。"姬辟方一拍巴掌，就这么定了。当然，这不是瞎决定，因为之前大家都传颂非子的养马技术。

非子还真行，马儿到了他手上，匹匹变得油光闪亮，膘肥马俊。

姬辟方看着高兴，说：“这么着，封你一块地。”

那块地叫做“秦”。于是，非子成了秦国的始祖，很久以后，秦始皇嬴政灭六国统一天下，很牛叉。但这会儿非子还算不上诸侯，只是个卿大夫。直到秦襄公那会儿，周幽王姬宫涅烽火戏诸侯，诸侯们被耍够了，西戎真来的时候，不理姬宫涅。姬宫涅死后，秦襄公屁颠屁颠跑去为周平王姬宜臼搬家，姬宜臼挺感激，封他为诸侯。

非子封于秦地，其实还有一番曲折。

他爸爸大骆是马车夫造父的侄子，当初造父封于赵地，他跟了过去，住在西犬丘，也就是如今的甘肃礼县。造父一直夸大骆的养马技术好，夸多了好事就来了，申侯将女儿嫁给大骆，生了个儿子，叫成。

姬辟方想让非子做大骆的继承人，成的外公申侯急了，跑到姬辟方跟前引经据典说了一堆。他要为外孙成争取权利，因为成是大骆的嫡子，他才有继承权。

姬辟方被说服了。于是，他对非子说：“昔伯翳为舜主畜，畜多息，故有土，赐姓嬴。今其后世仍为朕息马，朕封其土为附庸。”

就这样，非子去了秦地，“嬴”成了他的姓氏。

姬辟方本有可能通过努力成为周朝的一个转折点，但老天不给他这个机会，没几年，就病死了。他死后，底下的大臣们就活络了，他们找到倒霉蛋姬燮，牵着他的手，说：“来，国君的称号本该是你的。”

于是，姬燮成了周夷王。

不过姬燮也没啥好高兴的，这个时候只要看看窗外，就会生一肚子闷气，“王室微，诸侯或不朝，相伐”。这是个啥情况呢？就好比老师在教室上课，学生跑到外面玩，相互之间还打架，吵都被他们吵死了。说白了，诸侯们不把周王室放在眼里。

虽说周王室势微，但到底还能要要威风。周夷王三年，纪侯在姬燮耳边嘀嘀咕咕，将齐哀公姜不辰说成坏小子一枚。姬燮一恼，姜不辰就惨了，被扔进大鼎，烹了。

纪国在齐国的东边，是齐国的邻居，按理说，邻居间和睦相处才对，但纪侯不这么想，跑到姬燮那打小报告。从此以后，齐国和纪国就结下了梁子。纪国为了保全自己，便与近邻鲁国拉关系，这样一来，纪国成了齐鲁共有的一枚棋子，齐国想要搬动这枚棋子，鲁国却是不让，一来二去倒让纪国活下来了。很久以后，齐国的军队才浩浩荡荡开进纪国都城，算是为姜不辰报了仇。

姜不辰一死，他的异母弟弟姜静成了齐胡公。姜静是个胆小鬼，怕纪侯也会对自己不利，咋弄？三十六计走为上计，将都城从营丘迁到薄姑，在如今的地图上看，不过从临淄搬到临淄西北面，不是多大的事，但在那会儿，对齐国百姓来说，是天大的事。大家喜静不喜动，嘀嘀咕咕的声音可多了。这时，姜不辰的同母弟弟姜山瞧着有机会，走到愤怒的营丘人中间，和他们一起把姜静干了。姜山杀了姜静是为了做齐侯，因此姜静的儿子就麻烦了，哪能再出现在姜山眼前？这小子，就走走走，走得越远越好。

接着，姜山名正言顺成了齐献公，把都城又搬回到营丘，然后开始扩建，到了淄水边，于是成了临淄。

瞧瞧，姬燮的行为给齐国造成了多大的麻烦。

姬燮死后，儿子姬胡为周厉王。

姬胡更是奇葩一朵，为啥这么说？因为他干的事稀奇古怪。这娃是花花公子的祖宗，花销大，老子留下的钱财又不多，咋办？荣夷公来帮忙。

荣夷公爱出鬼主意，他让姬胡搞“专利”，“专利”这玩意可狠了，给山林川泽贴上标签“此处为周厉王所有”，这事搞的，真没谱。所谓君子爱财取之有道，他这是在明抢。这下犯了众怒，国人都骂他。

国人为什么要骂他？因为姬胡断了他们的谋生之道。所谓“国人”，是相对“鄙人”而言。在周朝，城邑通常有两层城墙，由内而外分为城和郭，城内住着的是“国人”，城外住着的是“鄙人”，又称“野人”。生活在城里的国人谋生不易，只好出门打猎捕鱼贴补家用，“专利”一出来，糟了，只好捆了脖子等着饿死。

召穆公跑去对姬胡说，“民不堪命矣！”召穆公的意思是要他改正错误，百姓们吃不消了。

姬胡一听就火，高声叫道："谁骂我谁去死。"他可真有办法，让卫国的一位巫师监视，谁叽叽喳喳，抓了就杀。这下可好，"国人莫敢言，道路以目。"在这种情况下，大家话也不敢说，只好递眼色。

姬胡这下得意了，对召穆公说："怎么样，没人骂俺了吧？"

召穆公简直晕了，说："是障之也，防民之口，甚於防川。川壅而溃，伤人必多，民亦如之。"召穆公的意思再明白不过，你这样干，迟早要捅大娄子。

姬胡哪里肯听，往绝路上狂奔。

三年之后，国人暴动，大家包围了王宫，姬胡只好逃，逃哪去？彘，这个地方在如今的山西霍县。然后，就死那儿了。

姬胡逃走以后，周朝就没国君了，大伙闹哄哄不知如何是好，这时召穆公和周定公便站出来："大伙听好了，虽然姬胡不在，但是天下还在，咱们的日子还得往下过，大家携手，共同进步。"《史记》记载，"召公、周公二相行政，号曰共和。"这年唤作"共和元年"，意义很大，因为这是有史以来第一个年号。

召穆公先前劝说姬胡，姬胡不肯听，落得落荒而逃的下场。当愤怒的国人冲向王宫时，他将太子姬静藏了起来，国人哪里肯依，一定要将姬静拽出来。召穆公没办法，只好让自己的儿子顶替。于是，召穆公的儿子死去，姬静活了下来。

看起来，这才是真实版的"赵氏孤儿"。

姬胡死后，姬静成了周宣王。

姬静与姬胡完全不同，这娃比较务实，于是出现了"宣王中兴"的局面。

姬静当时面对的困难真不少。姬胡折腾那会儿，西戎觉得跟着这样的君王没啥前途，不如闹一闹，跑去将住在西犬丘的大骆的后人给灭了，这事搞成这样，姬静当然要管，派秦仲去打，哪知秦仲输了，死了。

秦仲是非子的后人，与被灭的西犬丘同属大骆的后人。

西戎这支部落是传说中的墙头草，周朝强的时候，握手言欢，周朝弱的时候，便跳出来耀武扬威。

秦仲死后，姬静打西戎的决心更加坚决，派秦仲的大儿子秦庄公带着四位弟弟继续打，这娃比老爸能打，赢了。西戎退去。姬静一高兴，将西犬丘一并赏给秦庄公。这样一来，秦庄公成了边关上护卫周朝的“西垂大夫”。

我的眼里只有你没有她

帮着姬静打仗的，不仅有秦仲、秦庄公，还有尹吉甫。

尹吉甫是位大能人，带着军队追着西戎一顿好打，胜利而返驻军平遥，“增城筑台，教士讲武”。如今的平遥城有如此规模，有尹吉甫的一份功劳。

尹吉甫饶是能干，还是敌不过小人谗言，他辅佐三代君王，到头来却落得个人头落地，不可谓不惨。杀他的便是周幽王姬宫湦。极品姬宫湦干的糊涂事可不是一件两件，据说他杀了尹吉甫之后，发现自己错了，挺不好意思，给他安了个金头。为了防止别人盗墓，又为尹吉甫另外造了十一座坟墓，真真假假共有十二座。这事听起来真不靠谱，姬宫湦有这脑子估计最后也不会落到好下场。

再说姬静，君王做久了就开始犯病，他觉得，什么都得听他的，譬如鲁国王室的事。

鲁国是周公旦那一脉的，在曲阜那一块。小日子过得还行。到鲁武公的时候，问题来了。有一次，他带着大儿姬括、少子姬戏去看望周宣王姬静，这一看就看出事情了。姬静短短一会工夫就有了喜好，他喜欢姬戏，要鲁武公册立他为鲁国太子。

这事就不像话了，让嫡长子姬括怎么办？

有人劝，这样可不行，坏了规矩。

所谓规矩便是“立嫡立长”。

姬静不听。

得，那就这样吧。

姬戏最后成了鲁国太子。

鲁武公死后，姬戏成了鲁懿公。但是，底下不服气的泡泡冒得可多了，其中最大的一个泡泡便是姬括的儿子伯御。伯御憋着一肚子气，挡不住就要发作。

鲁懿公九年，伯御带着一帮人把叔叔姬戏干掉了。他倒不含糊，赶紧做国君。

姬静听说这事，火得要命，好小子，居然不听话，他带着兵直奔鲁国。

伯御在君王的位子上屁股还没坐热，就被赶下去杀了，而且还得一个名儿——鲁废公。

姬静拉出姬戏的儿子姬称:“呶，现在你做国君。”于是姬称成了鲁孝公。

姬静的行为完全可作为多管闲事的典范，本来有嫡长子继承的规矩，非去搞自己的喜好，鲁国被他这么一折腾，白流多少伤心泪。

姬静越来越暴露出刚愎自用的个性。他对诸侯这样，对大臣也好不到哪儿去。有一次，杜伯因为一件小事得罪了他，他在宫里发狠劲要杀杜伯，左儒赶忙去劝说：“不要杀。”

他居然很妒忌：“呸，你眼里只有朋友，没有君王。”

左儒说:“君王对，我听君王的;朋友对，我要支持朋友。杜伯没有犯错，你却要杀他，所以我要劝阻，要不然会枉杀好人。”

姬静哪里肯听，跳着说：“我偏要杀，怎么样？”

左儒呆住了，说：“我愿陪杜伯同死。”

姬静完全被拗住了，叫道：“我偏不让你死，咋样？”

还能咋样？杜伯一死，又气又急的左儒回家就自刎了。

到这地步，姬静已经有点儿鬼迷心窍了。还别说，恼怒过后，他有些后悔，这事干得实在不体面。一后悔，心情就不好。心情一不好，只好出门散心。坐在车上行到半路，忽然大叫一声，昏迷了，然后死了。看症状大概是脑溢血或者心肌梗塞。但那会儿的人们哪知道这些，他们觉得姬静死得太奇怪，于是神奇的故事冒出来了，说杜伯从路边钻出来，身着红衣，头戴红帽，手持红弓，搭上红箭，“嗖”地一下，便要了姬静的命。

这个故事实在太离奇。想来也是为了吓唬下任国君好好做人，不然的话，怨鬼会找上门。

不过这故事吓唬不了姬静的继任——周幽王姬宫涅。根据隔代遗传的道理，姬宫涅遗传了爷爷姬胡的贪婪。上苍似乎也预示了这一点，他即位的时候，泾、渭、洛三川皆震。虽说地壳运动的频繁跟姬宫涅并没关系，但人们恍惚间觉得：大凶兆啊。

姬胡那会儿荣夷公建议搞“专利”，姬宫涅这会儿，虢石父又来搞“专利”。所谓“前事不忘后事之师”，姬宫涅脑子里压根儿就没这个概念。而且，他爱江山更爱美人，做了国君之后的第一件事就是派人到处找美女。

姬宫涅这么搞，大伙觉得大片乌云压顶，日子没法过了。

其实，这是自私鬼治理国家的通病，跟平常过日子一个道理，光顾着自己舒坦，完全无视别人的感受，迟早要出事。

越叔带看不下去了，跑去劝说姬宫涅：“娃，不能这样，这样下去要玩完。”

姬宫涅的小日子过得要多美有多美，听越叔带这么一说，恼火得要命：“你算老几？轮得到你来说。来人，革他的职，将他撵出去。”

姬宫涅这么不讲理，边上当然有人打抱不平。

褒珦站出来，说：“不妥不妥，越叔带无罪被免职，没有说服力。”

姬宫涅拖着声调说：“呦，你要说服力就去大牢里要嘛。”

就这样，褒珦入了大牢。

褒珦是褒国的君主，褒国在如今的陕西汉中北面。褒珦一入大牢，家里人急了。他儿子褒洪德打听到姬宫涅最爱美人，心里有数了，咱褒国美人是不缺的。

寻访几日后，果真找到了美若天仙的褒姒。

《史记》有段关于褒姒的传说，说夏朝衰落那会儿，宫里忽然来了两条龙，夏王不知如何是好，赶紧叫人占卜，占卜的结果是应该保留龙的唾液才算吉利。于是，他让人将龙的唾液装进盒子里。盒子从夏朝传到商朝，再从商朝传到周朝，没人动过。直到有一天，周厉王姬胡脑子搭错筋，叫人打开潘多拉[1]盒子，唾液流了一殿堂。也不知姬胡怎么想的，居然“使妇人裸而噪之”。这招管用，唾液马上变为玄鼋，去了后宫。于是故事真正开始了，玄鼋到了后宫侵犯了一个小宫女，小宫女后来生下一个女婴，她心里怕得很，把女婴扔了。哪知女婴命不该绝，被一对夫妇捡到，这对夫妇带着她来到褒国。长大后，成了褒姒。

这传说实在不靠谱，历经千年的唾液居然变为玄鼋，还能去后宫折腾，谁信啊？不过司马迁正儿八经地写下来，自有其用意，“祸成矣，无可奈何”，一环扣一环，命该如此。

褒姒确实不是一般人，姬宫涅一见之下便魂牵梦绕。他在后宫高声唱，“我的眼里只有你没有她，你要相信我的情意并不假……”

可褒姒对此并无反应，皱着眉头，苦着脸，不理不睬。

姬宫涅心疼死了：哎呀宝贝，你叫我如何是好？

褒姒或许在“欲擒故纵”。当然，姬宫涅也配合得好。两人就像表演“二人转”，褒姒一皱眉，姬宫涅就心疼。

“不行不行，一定要改变现状。”姬宫涅这么对自己说。不过办法想了千百种，褒姒还是不笑，咋弄？姬宫涅只好动用绝招。

“烽火戏诸侯”来了。

姬宫涅让人在烽火台点燃烽火，诸侯一见，知道西戎又来闹了，带着人马赶紧呼啦啦地涌过来，到了一看，没见半个西戎的影子。咦，咋回事？

“咯咯咯……”只听得褒姒一阵娇笑。

“怎么回事啊，害得老子白跑一趟。”

褒姒一笑，姬宫涅就开心了：这招真灵，嗯嗯，下次还用。

果然，褒姒一皱眉，姬宫涅就派人点燃烽火。诸侯又呼啦啦一阵狂奔，

[1] 潘多拉，希腊神话中火神赫淮斯托斯或宙斯用粘土做成的大地上的第一个女人，作为对普罗米修斯盗火的惩罚送给人类的第一个女人。众神亦加入使她拥有更诱人的魅力。根据神话，潘多拉出于好奇打开一个魔盒，释放出人世间的所有邪恶——贪婪、虚荣、诽谤、嫉妒、痛苦等等，当她再盖上盒子时，只剩下希望在里面。

道路崎岖，大老远赶过来是为了建功勋，哪知到那一看，居然被周幽王当猴耍。

要知道，诸侯是有脾气的——哼，下次再也不来了。

姬宫涅哪管这些，他陪着褒姒笑得不知有多开心。

姬宫涅这样宠着褒姒，当然对褒姒的儿子姬伯服也爱得要命。姬宫涅的父爱比较物质，他要给姬伯服最好的享受。能做到这点，无非是让姬伯服做太子，然后继承王位。

按理说，轮不到姬伯服做太子。因为姬宫涅有嫡长子姬宜臼，他才是太子。

姬宫涅倒不含糊，决定废掉姬宜臼和他妈申后，让褒姒做正妻，让姬伯服做太子，他的想法挺美，而且也这么做了。

可怜的申后和姬宜臼就这样被废了。

所谓一石激起千层浪，被废的姬宜臼逃到外公申侯那里，一把眼泪一把鼻涕，申侯怒发冲冠，决定报仇。

申侯倒不蛮干，他找了帮手——缯侯和西戎。这位申侯其实是西申国君，西申国在陕西宝鸡眉县。申侯常年在边关混，与西戎啥的关系还不错，所以能一呼百应。

这伙人毫不含糊，一路冲到镐京。

按理说，这事办起来并不容易。但姬宫涅"烽火戏诸侯"把大家搞得很反感，申侯他们一来，姬宫涅跑到骊山叫人赶紧点烽火，但是诸侯们看到了也当没看到，以为这小子又在玩呢。

姬宫涅没办法，只好束手待毙，最后在骊山下被杀。姬伯服和褒姒也跟着送了命。

瞧瞧，"狼来了"喊多了，最后真被狼叼走了。

第三篇

青铜时代——问鼎春秋

变通世界，“黄泉”相见

周幽王姬宫湦一完蛋，周朝就乱了套。申、许、缯几位诸侯在滚滚尘埃中拉出前太子姬宜臼，一合计，干脆在申国宣布姬宜臼为周平王。这也正常，因为申侯是姬宜臼的外公，在申国干这事比较保险。再说，诸侯间的意见并不统一，要大伙表决，姬宜臼还不一定能成为周平王。

果然，虢公翰就有不同意见。他拉出姬宜臼的弟弟姬余臣，宣布他为周携王。

瞧瞧周朝此时成啥样了，一个太阳底下出现两位王。

姬宜臼没办法，凑合着过吧，过一天算一天。

至于都城镐京，被铁蹄一阵蹂躏，灰头土脸完全辨不出从前的样子。

咋办？搬吧。

在秦襄公的护卫下，姬宜臼一路平安到了洛邑，在那儿住下。

秦襄公实在是卖力，姬宜臼满心感激，想到他还不是诸侯，于是说：“这样吧，俺封你为诸侯，你去打西戎，打到的地儿都是你的。”

秦襄公一听可高兴了，一阵猛打，从此岐山以西的地方都归了秦国。

姬宜臼到了洛邑之后，周朝便被称作东周。此时的姬宜臼想要发奋图强已经不可能，因为东周地狭人少，跟那些大型诸侯国相比，只能拱手自称小弟。他要是想发发威风，干涉诸侯国的事宜，也不可能，诸侯们不来洛邑吵吵嚷嚷已经谢天谢地了。

十几年后，支持姬宜臼的晋文侯出面干掉了周携王姬余臣，这才避免一个周朝两位王的尴尬。想想吧，周朝的君王沦落到什么地步了，居然要诸侯的支持才能安稳坐在宝座上。

要说晋文侯姬仇，挺不容易。他爸晋穆侯死后，叔叔晋殇叔抢做了国王，作为太子的他只好出逃。四年之后，东山再起，干掉叔叔，成了晋文侯。

姬宜臼除了依靠秦襄公、晋文侯，还依靠郑庄公。

郑国也是姬姓国，在河南新郑一带。郑国原先在陕西华县的东面，是周宣王姬静给小叔叔姬友的封地。周幽王姬宫涅胡闹的时候，郑恒公一看苗头不对，周朝迟早要亡，还是早作打算，于是东迁到河南新郑。

郑庄公名叫姬寤生，为啥是这个名字？说来话长。

姬寤生的妈妈叫做武姜，是申侯的女儿。本来姓姜，因为嫁给了郑武公，所以叫武姜。插一句，申侯的女儿太多，很多人都叫他丈人。

武姜生姬寤生的时候难产，另一说法是她在睡梦中生下了姬寤生，醒来后大吃一惊。总之，姬寤生的出生不是让武姜饱受痛苦便是让她蒙受惊吓，武姜非常不开心，觉得这个儿子一出世就跟自己作对，实在不妙，不喜欢，看着就讨厌。

接着，武姜又顺产生下儿子姬段。这时，她心里的天平发生大倾斜，她是那么爱姬段，以至于几次三番要求老公郑武公封姬段为太子。

郑武公哪像她这样糊涂，所以就没答应。

武姜不肯放弃，甚至在郑武公临死前也苦苦哀求，说让姬段做太子。

郑武公虎着脸就是不肯答应。

在郑武公的坚持下，姬寤生成了郑庄公。

这让武姜心底怒火直冒，她决定将推翻姬寤生的事业进行到底。她先是要求姬寤生将“制”封给姬段，也就是郑州荥阳汜水镇。

姬寤生不答应：“此乃要塞之地，不行不行。”

武姜说：“制不行，‘京’总可以了吧？”

姬寤生头痛得要命：“哎呀老妈，你真会挑地方，京是俺郑国的一块大肥肉。”

但是他不能一再拒绝妈妈的请求，“好吧，封吧。”

大夫祭仲看得明白：“王，不妥，京比咱们的京城还要大，怎么可以做庶弟的封地？”

姬寤生说：“有啥办法，老妈非要这样。”

京在郑州荥阳东南，城墙高大坚固，人口多，又富裕。姬寤生把这块地方给了弟弟，心里自然一百个不放心。

不过姬段一直躲在妈妈的羽翼之下，哪知什么好歹，到了“京”之后，开始屯兵屯粮，就差没用大喇叭喊，我要谋反啦。

姬寤生把这一切看在眼里，他在等待时机。因为姬段折腾得越厉害，对他越有好处，名正言顺干掉弟弟，人家还说姬寤生大度。确实，姬寤生等到了这一天。

至于姬段，对自己处于哥哥掌控之中毫无察觉，他越来越胆大，觉得自己快要成功了。一个人一旦无所顾忌，末路也就到了。

姬段还没来得及谋反，就被姬寤生派兵给灭了。姬段没办法，只好逃，逃到鄢地，姬寤生毫不留情，一直打到鄢地，姬段只好再逃，逃到共国，如今的河南辉县。姬寤生这才让人马撤退。

倒霉的姬段住在共国，因此被人们称为“共叔段”。

武姜傻了眼，心爱的儿子成了逃犯，再也不能回来。她只好流泪到天明。

姬寤生这时表现出内心的不满，他把妈妈安排到颍地居住，然后派人传话，“不及黄泉，无相见也”。这话的意思再明白不过了，咱们要相见，等死了之后吧。

颍地在河南登封颍阳。

不过，一段日子过后，姬寤生有些后悔，想想毕竟是自己的妈妈，这样做总有些不妥。但是，他并没做出积极的姿态要与妈妈修好。

还是颍地的地方官颍考叔聪明，他劝姬寤生，虽然你发过誓，但是要相见并不难，掘条地道，地道名为“黄泉”，事情不就结了。

姬寤生一听觉得这主意不错，不使自己丢颜面，还能与妈妈相见。

那好，就这么办。

于是，姬寤生母子在“黄泉”相见了。姬寤生搂着妈妈很开心，决定高歌一曲表达心声，“大隧之中，其乐也融融”。

姬寤生这样经营，自然赢得越来越多的好名声。郑国呢，也越来越强大。

但周平王姬宜臼看着就不爽了，这样下去，咱的东周要改成姬寤生的了。

咋办，让西虢公来，分掉一些姬寤生的权力。

姬宜臼这点心思，姬寤生自然明白，他很生气，觉得姬宜臼在过河拆桥，哼，休想。

姬寤生一生气，后果很严重。

姬宜臼有些后怕，赶紧解释：“没有的事，您还是俺的优质大臣。”

姬寤生哪里肯信，说：“除非让你的儿子来俺这里住着。”

姬宜臼当然明白，姬寤生这是要让自己的儿子做人质。可是，他没法拒绝，只好要求：“俺的儿子去郑国，你的儿子来洛邑，交换。”

于是，姬宜臼的儿子姬狐去了郑国，姬寤生的儿子姬忽来到洛邑。

瞧瞧周平王姬宜臼此时的力度，跟个诸侯国差不多了。

姬宜臼死的时候，太子姬狐在郑国，等他一路哭哭啼啼回来的时候，身体居然垮了。想来姬狐在郑国没能吃好，以致身体羸弱，回国后不久就死了，没来得及继位。

继位总是不缺人的，一推算，轮到姬林。他是姬泄父的儿子。姬泄父才是真正的太子，不过因为死得早，太子的帽子给了姬狐，可惜姬狐没能把握住机会。于是转一圈，王位到了姬林手上，他成了周桓王。

姬林虽说是君王，不过一点儿君王的体面也没了。

就说鲁国，国君换得那个勤快，也不到姬林这边来知会一声。按理说，诸侯国换诸侯，会来都城接受周天子的册封，这样才名正言顺心里坦荡。鲁国搞成这样，姬林也没办法。想当年，周宣王姬静为了鲁国的事大动干戈，如今却是没周桓王姬林啥事。

鲁国到底怎么啦？一个字，乱。

鲁惠公姬弗湟死的时候，太子姬允太小，于是长庶子姬息姑成了鲁隐公。

这事搞成这样，原因在于姬弗涅，他晚年讨了个娇滴滴的小老婆仲子，喜欢得不得了，恰逢大老婆死去，于是封仲子为正妻，这样一来，仲子的儿子姬允就成了嫡子，姬息姑年龄虽长，也只能屈居其下。

姬息姑本想待姬允长大后便让位，哪知横地里冒出另一庶子姬翚，他为了讨好姬息姑，得个太宰的官位，于是出鬼主意："哥，你现在成了鲁隐公，将来子孙还可以继位，可惜的是姬允长大了，恐对哥不利，不如这样，俺帮哥除了姬允。"

姬息姑听了，大喝一声："胡扯，老爸死后本该由姬允继位，不过因为他年龄小，所以由我来继位，我主意已定，不久将会传位于他。"

姬翚听了浑身冒冷汗："哎呀妈啊，如何是好，要是姬允知道的话，我死定了。"不过，他马上就想好对策了。

他连夜跑到姬允身边，说："姬息姑见你已经长大，找到我，要我加害于你。"

姬允一听，火冒三丈："好你个姬息姑，哼！"

姬翚一看计谋奏效，赶紧说："这样吧，咱们先下手为强，如此如此，这般这般。"

原来，姬息姑将去城外一座庙里祭拜，入夜会住在寪大夫家。姬翚派人假装成仆人，乘姬息姑熟睡，将他干掉。

姬息姑一死，姬允就成了鲁桓公，姬翚如愿以偿成了太宰。至于倒霉的寪大夫，则成了弑君的替罪羊。

姬允这样折腾，也没向周桓王姬林打声招呼，自说自话做了鲁桓公。

这么说吧，诸侯们已经不把姬林放在眼里了。

其实不光是姬允，楚国的熊通也一样，他杀了侄儿，成了楚武王。

楚武王，顾名思义，喜欢打仗。

楚国的国君们一直对东边的随国垂涎三尺，因为对楚国来说，随国是楚国东进的障碍，但楚王们只是想想，一直没有啥行动。熊通就不一样了，决心动手。

当然，熊通的目的不是侵吞随国，而是要让随国听话，自己说啥就是啥。

随国好歹也是个诸侯国，哪能随随便便就任人摆布，不愿意。

不愿意好办，修理他。

果真，经过熊通三次修理之后，随国老老实实，服服帖帖，让干啥就干啥。熊通的军队要是经过随国，随国国君还得让美女出来唱歌跳舞献花。

至于周边别的小国，就没这么好运了，被楚国风卷残席一般扫个干净。江汉平原上唯楚国独大。

熊通打仗厉害，桃花运也不错，他的老婆邓曼不但美貌还很能干，会给熊通提好建议，这可不得了，一般谋士的水平也没她高。除了出谋划策，她还给熊通生了个儿子，熊赀，便是楚文王。

熊赀的桃花运远超过老爸，因为他有桃花夫人息妫。

说到息妫，故事就长了。

息妫是陈国公主，陈国在河南淮阳。陈国与息国联姻，息妫嫁给了息侯。息国在河南息县。从陈国到息国，要经过蔡国。蔡国在河南上蔡。

蔡哀侯是息妫姐夫，姨妹子经过，自然要好好款待一番。

这不，就出事了。

蔡哀侯这人轻浮，看到息妫貌美如花，心里痒痒不已，心动不如行动，手脚也不老实起来。

息妫憋了一肚子气，但是不便发作。到了息国，对着夫君哭诉起来："蔡哀侯真不是个东西。"

息侯一听火冒三丈："奶奶的蔡哀侯，居然敢在太岁头上动土，去死吧你！"

当然，息侯这些怒气也只能憋在心里，他又不能跑到蔡国去大吵大嚷。

咋办？

有了。

息侯想到的点子不可谓不妙，但没想到最后却落得个家破人亡。

息侯跑去对熊赀说："王，有桩好买卖，干不干？"

对熊赀来说，有好买卖当然要干，不干才傻。

于是，熊赀依息侯的计谋，假装进攻息国，息侯赶忙去蔡国求救："姐夫啊，快来救俺。”

蔡哀侯倒没含糊，带着兵就来了。到了才发现中套了，息侯哪里是让他救啊，分明是引他出来让熊赀逮。

不用说，一逮一个准儿。蔡哀侯成了俘虏。

成了俘虏的蔡哀侯心里那个堵啊，奶奶的息侯，有你好瞧。

当然，熊赀俘蔡哀侯没半点道理，大臣们自然会规劝，于是，熊赀决定放蔡哀侯。

蔡哀侯显然比息侯高明，临行前，在熊赀面前使劲夸息妫的美，夸得熊赀茶饭不思，寝食不安。你想啊，那时又没有照片可看，见一个人，非得见到真人才过瘾。

熊赀哪里熬得过相思之苦，决定无论如何要见息妫。

于是，他心怀鬼胎跑到息国去做客。息侯哪知是“大祸”来了，看到熊赀时笑容灿如菊花。

熊赀提出要见息妫，息侯觉得，见见也就见见，没啥大不了。

哪知就出事了。

熊赀一见之下，目瞪口呆，口水直流，半瘫了，好半晌才恢复原状。

得，息侯就这样完了。

因为熊赀下定决心要得到息妫。

息妫到了楚国,成日眉头不展,神情落寞。与褒姒相比,息妫这是真伤心。

熊赀问 :“你为啥不开心啊? ”

息妫说，“吾一妇人，而事二夫，纵弗能死，其又奚言? ”

熊赀自然知道怎么回事，说 :“这样吧，咱去见蔡哀侯。”

熊赀去见蔡哀侯能有什么好事，自然是乒乒乓乓一顿打，可怜的蔡哀侯又一次成了俘虏，最后死在楚国。

到这，息妫才算心愿已了，决心与熊赀好好过日子。之后，她生了两个儿子，熊艰和熊恽。后来，熊恽成了楚成王，这是后话。

熊赀是传说中双重性格之人，“强硬如挟雷带电，诡谲如翻云覆雨”。

他即位不久，便抓起老爸的枪杆子，进攻申国。这个申国其实是南申，扼守周朝南大门，在河南南阳。

讨伐南申得经过邓国。邓国位于湖北襄樊。熊赀的妈妈是邓曼，邓国人。邓祁侯说起来还是熊赀的舅舅。

因此熊赀经过的时候，邓祁侯很开心，好吃好喝招待。

这时邓国三位大夫劝邓祁侯："爷，咱们不如把熊赀干了。"

邓祁侯问："为啥？"

"爷，你想啊，熊赀灭了申国，就该轮到咱们了，咱们不如现在就动手。"

"NO，NO，NO。"邓祁侯的头摇得像拨浪鼓，"俺是熊赀的舅舅，他怎么会害俺？"

最后，邓祁侯开开心心将熊赀送走了。

唉，舅舅有什么用，有时亲爹都不管用。

熊赀灭了南申之后，回头就将邓国灭了。

邓祁侯后悔得要死，所谓"噬脐莫及"就说这个。

熊赀身边围着一群富有建设性想法的聪明人。譬如，征服了那些诸侯国该怎么办，是不是按照惯例再封出去？不过看看周朝的下场，分封制已经不合时宜了。

令尹彭促爽建议："不如设县。"

"县，悬也"，是指悬于国门之外的军事据点。

于是南申成了楚国的一个县。县尹的权力有限定，听命于代表楚王行使中央政府权力的令尹。

由于改革有成效，之后的楚王们也变得日益威风。

熊赀虽然算不得精明之人，但是运气好，居然遇到了"和氏璧"。

当年楚人卞和采到一块绝世璞玉，心里那个美啊，赶紧献给楚厉王，熊赀的伯父。

楚厉王认不得，找个玉人来看。玉人说："这不就一块石头吗？"

楚厉王生气了，让人砍了卞和的左脚。

够狠的。

楚厉王死后，楚武王继位，熊赀的爸爸。

卞和撑着拐杖来了。楚武王也让玉人看。玉人说 :“还是一块石头。”

楚武王也生气了，让人砍了卞和的右脚。

这熊家兄弟真狠。

等到楚武王死了。楚文王熊赀继位。卞和却是来不了了，他只好哭，抱着璞玉哭个不停，哭到连熊赀也知道此事了。

熊赀派人去查。

卞和说 :“我不是为我自己悲伤，而是为这块玉悲伤，美玉当成石头，真话当成假话，能不悲伤么？”

熊赀觉得这事需要好好考究，派玉人将那块璞玉雕琢一番。

这下可不得了，“和氏璧”横空出世。

狗血剧情上演

再说周桓王姬林，做了君王没过过一天省心日子，郑庄公姬寤生从不把他放在眼里，他也看着姬寤生闹心。

这事好理解，姬寤生是久经考验的老一辈，姬林是新人。新老相碰，擦出的不是火花，而是火药。

去去去，离我远点。

姬林干脆罢了姬寤生的卿士职位。

姬寤生也不是好惹的，走就走，五年也不去洛邑朝拜姬林。

这事就搞僵了。

姬林到底年轻，憋不住要先跳起来，带着蔡、卫、陈三国人马去讨伐郑国。

但在姬寤生面前，姬林到底是嫩了点。长葛一战，很快便被打败，灰头土脸地回了家。

其实姬林不光灰头土脸，肩膀还受了伤，被郑国的祝冉射中，祝冉本想再补一箭，姬寤生将他拦住了，说："君子不欲多一人，况敢凌天子乎。"

姬林回去之后，姬寤生派祭仲带着礼物去慰问，好像根本没发生"长葛之战"一样。

姬林彻底歇火了，待在洛邑，除了吃好喝好，也没啥事了。

不过，姬寤生一死，郑国就乱了。为啥？因为继承人问题没搞好，麻烦大了。

其实，这事太子姬忽应该有所预料，因为他年轻时做过一件很不明智的事，拒绝了齐国这个大靠山。当时，他在战场上大出风头，齐僖公对他很感兴趣，要把女儿文姜嫁他。郑国人一听说，八卦劲就上来了，开始唱歌，“有女同车，颜如舜华，将翱将翔，佩玉琼琚。彼美孟姜，洵美且都。有女同行，颜如舜英，将翱将翔，佩玉将将。彼美孟姜，德音不忘。”总之夸得没天没地。

姬忽拒绝的理由很纯洁，齐国是大国，咱作为小国的公子，配不上。

其实，这个理由听起来怪怪的，谁不知道与大国攀附好处多多，到饭店吃个饭，听说你是齐国的女婿，赊账都没问题。齐国多大的国啊，信誉好。再说，文姜貌美如花，娶到这样的媳妇真是八辈子修来的福分。

祭仲也极力劝姬忽：“娃，你若是得了这门亲事，将来继了位，靠着齐国这棵大树，就爽歪歪了，没人敢欺负你。”

但是，姬忽的头摇得像拨浪鼓。

姬忽不要的媳妇，鲁桓公姬允要了。

姬允的脑子确实不太好使，被人一怂恿，就杀了哥哥。所以，他不可能像姬忽那样精明，打听到文姜的风流韵事。

文姜的情人是自己的哥哥姜诸儿，这兄妹俩一块儿长大，感情好到彼此爱上了对方，可是，再怎么开放的时代也没法让兄妹结婚啊。

文姜到了就要嫁人的年龄。

于是，鲁桓公姬允便中奖了。

再说姬忽，继位成了郑昭公。还没几天，宋庄公子冯来管闲事了，他把大夫祭仲找去：“喂，姬突做国君，怎么样？”

这口气不对啊。

祭仲看看他，没说话。

子冯嘿嘿一阵冷笑，说：“答不答应由不得你。”

祭仲看看四周，杀气逼人哪。好汉不吃眼前亏，他点点头，表示同意。

于是，姬突成了郑厉公。

这事也太离谱了，姬忽怎么办？

姬忽还能怎么办？逃呗。要知道，他做国君没几天，板凳还没坐热呢。

但是，姬突做了郑厉公又怎么样呢？日子也不好过，他跟祭仲闹别扭。祭仲想想不对，哪能让姬突这么舒服，说做国君就做国君啊？

两人翻脸了，祭仲抢先一步，将姬突赶走，把姬忽接回来，让他重新做郑昭公。

按理说，这下姬忽该有好日子过了吧。不过他也实在倒霉，与大将高渠弥的关系不好，高渠弥心里那块疙瘩结得可大了，姬忽无知无觉，没啥动静，高渠弥却下了杀手。

有一天，两人一块儿出去打猎，高渠弥把姬忽当成猎物射了。

姬突没跑远，在栎邑住着，也就是如今的河南禹州，有一些诸侯支持他，日子过得还好。高渠弥杀了姬忽，却不去找姬突，而是找了另一位公子，姬亹。

其实这事高渠弥和祭仲商量了好久，算是个折中的决定。哪知，还是不行，齐襄公决定要管一管。

齐襄公便是姜诸儿，文姜的情人。

姜诸儿在卫国开会，一招手：姬亹，你来。

姬亹觉得跟诸侯们开会倍儿有面子，当然要去。

祭仲劝他："不要去，你小时候跟姜诸儿打过架，他是啥人，还是躲着点。"

姬亹不听，去了，还拉着高渠弥一起去。结果也就可想而知，被杀了。至于高渠弥，更惨，被车裂了。

姬突跑得忙，回来又成了郑厉公。

这事乱成这样，唯有祭仲的地位没什么改变。

祭仲和姬突的关系本来就不好，这个时候自然也好不了。祭仲干脆从陈国唤回公子姬婴，这样一来，郑国出现姬突和姬婴排排坐的现象。

姬突没办法，只好继续等。十四年后，终于等到大臣傅瑕的支持，傅瑕杀了姬婴。姬突这才真正成了郑厉公。这个在磨难中不断成长的男人，明白凡事要靠自己，权臣尤其要不得。因此，他把傅瑕杀了。

看来，这个时代并没有一种稳定的结构可以用来维持稳定的关系，人们在飘忽不定中往往会抛弃最善良的本质。

其实郑王室的闹腾只是这个时代的一个缩影，就好比玻璃瓶中的无头苍蝇，在使劲撞着瓶壁，倘若要问，这是在干啥？说实话，没人能回答这个问题。谁不想好好过日子？但是，总有人会打破平静，让事情变得更糟。

且说周桓王姬林死后，太子姬佗继位，为周庄王。这本是件顺理成章的事，但幺蛾子开始扑簌簌地飞。周公黑肩决定杀姬佗，换姬克。

黑肩这是咋啦？

原来姬林有遗命。姬林临死前吩咐黑肩："俺喜欢小儿姬克，虽然俺死后由大儿姬佗继位，但你要时刻记住，姬佗死了要让姬克继位，姬佗没死你要找机会。"

姬林的遗命黑肩果真牢记在心，却不管是不是在胡扯。

姬佗继位第三年，黑肩决定行动。

这时辛伯劝他，别折腾了，姬佗继位符合立嫡立长的规矩，你让姬克继位就乱了。

黑肩不听，一意孤行。

辛伯觉得这事不能这样办，转身告诉姬佗快做准备。

姬佗倒不含糊，立马捉了黑肩，杀了。

姬克一看不对，赶紧逃，去了遥远的燕国。

瞧瞧这事搞得，非要兄弟相残才肯罢休。

但是，姬克逃走并不能使姬佗安心，他决心找个靠山。放眼望去，也就齐国的大腿粗些。那就做齐襄公姜诸儿的丈人吧。但他不能自己跑去齐国对姜诸儿说娶俺女儿，得找个说媒的。

鲁桓公姬允合适，因为他是姜诸儿的妹夫。

姬佗为了与姬允拉关系，想起当初姬允杀大哥姬息姑自立的时候没得到周王室承认，嗯，那就送个顺水人情，册封姬允。

姬允觉得这不错，决定亲自带人将周公主风风光光嫁到齐国。至于姜诸儿那边，一点儿问题也没有，美女多多益善，哪有不笑纳之理。

文姜听说姬允要去齐国，要求同去。她的理由也正当，回娘家看看。

姬允觉得这没什么问题，就答应了。但是鲁国一些精明的大臣急了，急忙阻拦：“不妥不妥，万万不能。”

“国母回个娘家也要说三道四。去去去。”

姬允把他们赶一边去了。

文姜人美，又能干，姬允完全被她征服了，哪儿还有心力去怀疑这怀疑那。

他不知道，文姜一回娘家，见到哥哥，他的小命也就完了。

姬允带着妻子，坐着马车，一路看风景，优哉游哉到了齐国。

姜诸儿一见，高兴得要命。他倒不是见了新娘高兴，而是见了妹子高兴。所谓干柴碰上烈火，“轰”地一下，燃得那个旺啊。

这时，文姜已顾不得姬允的感受，成日和哥哥黏在一起。

姬允发觉不对，开始生气。看着文姜，觉得不是鲜花一朵，而是烂稻草一堆。作为一个傻里傻气的丈夫，此时除了骂妻子，也没有别的办法可以发泄。

文姜被骂急了，也生气，回头抱着哥哥痛哭一场：“吖，俺怎么这么命苦。”

姜诸儿更生气：“欺负俺妹子，有你好瞧。”

所谓“奸夫谋杀亲夫”的狗血剧情出现了。姜诸儿见到姬允依旧笑呵呵，好吃好喝相陪。姬允自然大吃大喝一番，醉了。姜诸儿让人送他回去。回哪呢？驿馆。

姜诸儿让彭生送。

到了半路，彭生把姬允杀了。

可怜的姬允就这样死了。

文姜挤出几滴眼泪，意思一下就完了。

倒是鲁国的使者在齐国宫前又哭又闹，如丧考妣，国君死了，让他回去怎么交代啊。

姜诸儿被闹得没办法，只好杀了彭生以平息众怒。

事情闹成这样，鲁国国内又是如何？

挺安静，鲁庄公姬同顺利继位。

姬同是文姜的儿子。于是，姬允被害一事到此为止。

姬同有点儿意思，决定把老爸未完成的事继续完成，特意赶去齐国做舅舅和周公主的证婚人，婚礼热热闹闹地举行了。

可惜周公主命薄，只一年，便夭了。想来生活不幸福是主因。

之后，姬同为了让妈妈开心，特意在齐鲁边界建了行宫，这样，妈妈和舅舅见面就方便了。

姬同的行为只有两种解释：一，他和妈妈的感情深厚，对妈妈言听计从；二，他是未成年人，只好对妈妈言听计从。

齐人把这点八卦看在眼里记在心里，编成四字歌唱来唱去。因此，《诗经》里有好几首类似八卦《太阳报[1]》风格的诗，《齐风·猗嗟》《齐风·南山》《齐风·敝笱》《齐风·载驱》。文姜是女主角，男主角有三位，姜诸儿，姬允，姬同。一家子的爱恨情仇。

姜诸儿与文姜如胶似漆的时候，忘了还有正事要干。

这不，就出事了。

姜诸儿派连称和管至父去葵丘驻防，许诺他们瓜再熟时换防。也就是说，期限为一年。

哪知，姜诸儿说过的话跟没说一样。一年到了，两人要求换防，姜诸儿却是不肯，摆明了要让人心怀怨气、牢骚满腹。

连称有妹子嫁给姜诸儿做小老婆，但是，由于姜诸儿眼里只有文姜，连妹在宫里基本是个摆设。对连称来说，新仇旧恨一齐涌上心头，心里那个翻江倒海。

至于管至父，也一样觉得人生没意义，居然被国君涮了。

[1]《太阳报》：英国《太阳报》（The Sun）是富商基思·鲁珀特·默多克（Keith Rupert Murdoch）拥有的新闻集团（News Corporation）旗下的一份小开型日报（tabloid）。《太阳报》是一份煽情性报纸，是全英国销量最高的报章，以社会中下层为读者。

此时，有位更怨恨姜诸儿的人出现了，他便是姜无知。

姜无知的爸爸是齐僖公的弟弟，他跟姜诸儿是堂兄弟。

齐僖公喜欢这个侄儿，给他优厚待遇。但姜诸儿继位后，情况就变了，他把老爸赏给姜无知的待遇给收回了。

搞不懂姜诸儿在想什么，尽干些出尔反尔的事。

这样一来，姜无知相当不满。

三个不满意之人相遇，还能有什么好事。

姜无知允诺连称，俺做了国君，让你妹当俺夫人。

于是，三人一拍即合。

姜诸儿对此事毫无察觉，他正玩得开心呢。这不，乐颠乐颠跑出去狩猎，路遇大野猪，随从也真是的，哪壶不开提哪壶，大叫："彭生。"

姜诸儿大怒："彭生竟敢出现，射他。"

这其中的原委大家都心知肚明。

但是，野猪不是彭生，不好惹，居然直立起来，像巨人一样。

姜诸儿大吃一惊，吓得从车上掉下来，伤了脚，丢了鞋，可狼狈了。

当然，更狼狈的事还在后头，姜无知他们来了。

那会儿，姜诸儿正在行宫里打骂随从，因为鞋子丢了，没找着。随从的后背被打得血淋淋，还不能吭气。这随从够意思，见到姜无知一伙人的时候，还想骗一骗，准备让姜诸儿逃过一劫，哪知，姜诸儿躲在门后，太紧张，鸵鸟似的，顾头不顾腚，脚露出来，被发现了。这个时候，他想说话也没机会了，随即被杀。姜无知等这一天实在太久，以至于太过迫不及待。

当然，姜无知没想到的是，自己不久也将人头落地。所谓成败，其实只是光阴在眨眼。

除非时光倒流

姜无知摇身一变，成了国君。不过，像他这样弑君篡位的，手段得高明点儿才行，要不然，谁服？再说，他跟姜诸儿比，也好不到哪儿去，仇人多得一麻麻。

大夫雍廪，被他欺负过。雍廪把这事牢记在心。只是，雍廪在姜无知面前表现得低眉顺眼。这让姜无知产生一个错觉，这人没有危险。

其实，雍廪是一枚定时炸弹，一不留神踩上，就完蛋了。

姜无知做了国君后的第一件事便是娶连妹，以拉近与连称的关系。其实，一条绳上的蚱蜢，拉不拉关系无所谓。

此时要紧的是找人才。

姜无知便打听："能人在哪儿？"

有人推荐管仲，说："这位爷真乃能人，你要得了他，万事无忧。"

姜无知一听很开心，派人去找。

管仲那会儿与姜纠在一起，听说姜无知来找，急忙回绝。

管仲心里清楚，姜无知人头其实挂在裤腰上了，不知道哪天会掉下来。自个儿跟了他，还不是自寻死路？

就这样，管仲算是躲过一劫。

姜纠是姜诸儿的弟弟，姜小白也是姜诸儿的弟弟。俩弟弟跟哥哥相比，靠谱得多。当然，他们都是庶出，暂时还跳不上历史舞台。

管仲和鲍叔牙是好朋友，两人挺有意思，一位辅佐姜纠，一位辅佐姜小白。这不得不让人怀疑，他俩面前是不是摆着一块明镜，以至于能撇过姜诸儿，直奔齐国的未来。这倒不是，齐僖公让鲍叔牙去为姜小白帮忙的时候，鲍叔牙还有些不乐意。管仲就劝他：“姜诸儿是齐国的末日，姜小白才是齐国的未来，这人有远虑，齐国有了他才能安定。”

也许，管仲这番话只是为了安慰鲍叔牙，哪知后来倒成真了。

要说管仲，人精一枚。此人家贫，年轻时为赚钱喜欢占小便宜。鲍叔牙宽厚，理解他。打仗瞧着不能赢，赶紧逃，三战三逃，真挫，还是鲍叔牙帮他说话，说他有老母亲要赡养，不能死。当然，如果他后来不能成为齐桓公的管仲，这些行为只能被看作是耍流氓。

话说姜无知没折腾多久，就被雍廪“咔嚓”了。雍廪自然是有预谋的，再说杀姜无知的理由有千万条，随便扒拉一条出来都成立。

姜无知死得突然，齐国这架马车“咯噔”一下停了。

但是不能停啊，时间不等人。

这时，在鲁国的姜纠和在莒国的姜小白赶紧往回赶。

要说姜纠为啥在鲁国，因为他妈妈是鲁国人，齐国乱，自然投奔到外婆家。姜小白也一样。可见，诸侯热衷于娶外国老婆是为了给子孙留后路，有点儿啥事可以去外婆家躲躲。

鲁国和莒国是齐国的近邻。两位公子日夜兼程往家赶。因为谁抢在前头谁就是国王。

管仲决定出阴招，咋弄？在莒国去齐国的路上伏击姜小白。他想得倒是美，姜小白要是死了，姜纠不就高枕无忧了么？可惜，管仲想法不错，但射箭水平差，射中姜小白的带钩，姜小白这人机灵，干脆倒地装死。管仲看到后，挺得意：没问题了，姜纠是国君了。他派人通知姜纠，姜小白死了。姜纠自然开心，赶路的激情一下变成游山玩水的豪情。他真能玩，居然六天之后才赶到齐国。

别说晚六天，晚六小时天地也会变，这不，姜小白早成了齐桓公。

姜纠那个悔啊，但木已成舟，除非时光倒流，才能挽回败局。

其实，送姜纠回齐国的鲁国士兵才惨，姜小白派兵早等在那儿了，他们一靠近，便被打得落花流水。

还能咋办？撒腿便逃。

但是，姜纠逃回鲁国这事极不妥，对姜小白来说，他是一枚滴滴作响的定时炸弹。

怎么解决？好办。鲍叔牙给鲁庄公姬同写了封信，信中这么说：姜纠是咱国君的兄弟，咱国君不忍下手，你看着办，至于姜纠的老师召忽和管仲，你把他们送回来。听着，好自为之，咱齐国的军队正整装待发。

姬同接到信一看，这哪是什么信啊，分明是命令。可他硬不起来，只好照办，把姜纠杀了。召忽一看没戏，自杀了，管仲不想死，被装进囚车，送去齐国。

管仲到了齐国，见到姜小白，有些尴尬，他自然知道那一箭正在姜小白眼前晃呢。确实，姜小白也没啥别的念头，他要杀管仲。

此时，鲍叔牙出来说话了："爷，且慢，管仲是大材，你若得了他，称霸武林指日可待。"

鲍叔牙的话，自然要认真对待，姜小白一想也对，咱折腾这么久，不就想扬眉吐气，既然管仲能帮忙，咱就用一用。于是，他改变主意，拜管仲为相。

管仲确实有办法，找了五位帮手，德智体美劳全面开花，没多久就将齐国推上正轨。这五人是谁呢？《东周列国志》上有叙述，"升降揖逊，进退闲习，辩辞之刚柔，臣不如隰朋，请立为大司行；垦草莱，辟土地，聚粟众多，尽地之利，臣不如宁越，请立为大司田；平原广牧，车不结辙，士不旋踵，鼓之而三军之士，视死如归，臣不如王子成父，请立为大司马；决狱执中，不杀无辜，不诬无罪，臣不如宾须无，请立为大司理；犯君颜色，进谏必忠，不避死亡，不挠富贵，臣不如东郭牙，请立为大谏之官。"

根据各自才能，隰朋做外交官，宁越管农业，王子成父为大元帅，宾须无做大法官，东郭牙也就是鲍叔牙，则做刚正不阿的监督员。五个重要部门由五个合适的人把关，不用说，齐国国力开始蒸蒸日上，进入繁荣之境。

要说有多繁荣？不说别的，反正有实力让齐桓公称霸，打仗的军费开支对齐国来说只是毛毛雨。

要说管仲这人，真是活络通透，他甚至开创了“女闾”事业，“女闾”也就是妓女。当然，这在当时是被人诟病的，“齐桓公宫中七市，女闾七百，国人非之。”

管仲之所以设立“女闾”，当然有他的目的，细细数一数，好处可真多，一可以收钱，二可以缓解社会矛盾，三可以吸引各方游士，四还能投姜小白所好。

由此可见，在那个时代，再也没人比管仲更能想点子了。

话说姜小白腰杆子一硬，就开始惦念武林盟主这个位子。要做武林盟主，第一件事便是召集人员开会。于是，齐国邀了近邻——宋、陈、蔡、邾四国开会，解决什么问题呢？宋国的君位。这事说白了就是干涉别国内政，再说，有周天子呢，轮不到齐国说三道四，但姜小白坐在主席台上一咳嗽，下面都不作声了。这事叫做“北杏会盟”。本来还邀请了遂国，但是遂国国君不理睬。姜小白憋了一肚子气，会议一结束，派兵把不听话的遂国给一锅端了。遂国在山东宁阳、肥城一带，齐国得了遂国，腰杆子更硬了。

姜小白尝到甜头，决定攻打鲁国，鲁庄公姬同本来胆小，一见大军压境，连忙求饶：“舅，俺愿意和你结盟。”

姜小白鼻孔哼一声：“那好吧。”

于是齐鲁两国决定在柯地开会，此时的姜小白根本不把姬同放在眼里，但是，他忽视了一点，鲁国有强人。

果然，他在主席台上还没坐稳，就有人跳到他面前，他刚想发火，忽然一把寒剑架到颌下。

出事了。姜小白愣了半秒，脸上马上挤出几朵菊花。他多明白事理啊，这个时候不能再强硬了。

是曹沫，姬同的大将。曹沫为啥敢这样？其实是憋着一口气。之前与齐国打，老是输。这事好理解，如果鲁国赢了，姬同哪用得着向齐国求和。

姜小白到了曹沫手上，好比小鸡到了老鹰爪子底下。

曹沫说："齐国真不是东西，老欺负咱们，与其受辱，不如此时拼个你死我活。"

姜小白连忙摆手："英雄别想不开，有事好商量。"

到这，情况完全变了，原本齐国占上风，此时却落了下风。好吧，轮到曹沫硬气了，说啥就是啥。曹沫因为这事，进了司马迁的《刺客列传》。

当然，这次失败对齐国没啥损失，不过将吞进肚的鲁国土地吐了出来。对姜小白来说，倒是吃一堑长一智，以后再开会，定不会被人捉在手上摆弄了。

姜小白热爱开会，这对别的诸侯来说，是一种烦恼，整天开会，开你个头。

宋国第一个发作，决定不睬姜小白。姜小白火得要命。要知道，宋国是他第一次开会的会议成员，不听话，当然要打。

但这次姜小白聪明了，他决定亮出一个正大光明的理由。

很久以后，曹操便学了这招，"挟天子以令诸侯"。

姜小白派人去找周僖王姬胡齐。姬胡齐是周庄王姬佗的大儿，有点儿傻。他见到姜小白的使者后，挺高兴。因为使者告诉他，王，宋国真不像话，随随便便废立国君，不把周天子放在眼里，咱国君姜小白见了很生气，决定为维护周天子的声望，攻打宋国。

使者说这话，简直说到姬胡齐的心坎上去了，连说："好，好，俺让大夫单伯也一块儿去。"

要说姬胡齐傻，可真傻，就这样白送姜小白一个好理由。

姜小白拿了姬胡齐的鸡毛令箭，一马当先，向宋国进发，他身后跟着陈、蔡、邾三国以及代表周天子的单伯。

到这，该说下宋国的继位规矩，跟别国不同的是，宋国主要奉行"兄终弟及"，也就是国君有弟弟的话先传弟弟，跟儿子没啥关系。

譬如宋穆公便是哥哥传的位，这人厚道，觉得自己的王位由哥哥传下，还给哥哥的儿子比较好，于是侄儿成了宋殇公，自己的儿子送去郑国做人质，这娃便是宋庄公子冯。

所谓万物皆有因果，子冯去了郑国，认识了姬突。后来，子冯在郑国继承问题上插一竿子也不是没事找事，他跟姬突的关系肯定不错。

至于子冯成为宋庄公也有一番曲折。

宋殇公这娃老喜欢打仗，有人看了不爽，这人便是华督。华督是个狠角色，但宋殇公不喜欢他，反倒跟孔父嘉的关系好，华督看了心里冒火，嫉妒之火真是毒，孔父嘉就这样被杀了，而且老婆也被华督抢了。

孔父嘉一死，宋殇公自然火冒三丈，华督一瞅形势不妙，干脆一不做二不休，弑君。

这个时候，子冯便一跃成了宋庄公。

子冯死后，儿子子捷继位，成了宋闵公。

子捷这娃死得有些冤，咋回事呢？他揭人短处，揭痛了人家。这人便是大夫南宫长万。

那时，国与国之间老打仗，宋国与鲁国干架，南宫长万带的兵，不但输了，还被捕了。当然，后来他被放回来了。回来后，还是大夫。有一次，与子捷出去打猎，俩男人居然吵起来，肝火真旺。南宫长万嗓门大，子捷气坏了，破口大骂，“吾初敬君，今君乃鲁国囚犯，吾不再敬君矣。”

南宫长万为这事本来就郁闷，现在更郁闷。郁闷的结果便是弑君。

到这，宋国王室便乱了套。

子捷死后，弟弟子游继位，但很快，也被杀。

子捷的另一弟弟子御说继位，为宋桓公。

宋人自然清楚是谁导致了这场混乱，他们记住了南宫长万。南宫长万果然没能逃掉。他去了陈国，宋人便去贿赂陈国国君，将南宫长万引渡[1]回来，怎么引渡呢？“使妇人饮之醇酒，以革裹之，归宋”。一回来就被杀了，“宋人醢万也”，剁成肉酱了，实在是惨。

子御说年轻气盛，对姜小白不服气。不过，他很快便服气了，待姜小

[1] 引渡：是指一国把在该国境内而被他国指控为犯罪或已被他国判刑的人，根据有关国家的请求移交给请求国审判或处罚。

白大军压境，除了求和，别无选择。

子御说的个性颇像孙悟空，被降服后居然成了姜小白的铁臂，跟着他东征西讨，南征北战，毫不含糊。

宋国王室闹哄哄，陈国王室也好不到哪去。

陈桓公妫鲍死后，原本该由太子妫免继位，哪知半路杀出个程咬金。妫鲍有异母弟弟妫佗，他母亲是蔡国人，蔡桓侯作为妫佗的老娘舅，决定管一管陈国王室。怎么管呢，其实也就那么回事，杀妫免。妫免一死，妫佗上位，为陈厉公。

不过事情并没完。

妫佗为了与蔡国拉关系，也娶蔡女做老婆，这事本来挺美，哪知蔡女在蔡国有情人，三天两头要回去。妫佗倒好，老婆回蔡国瞎搞，他也跟在后头去蔡国瞎搞，反正不吃亏。这对夫妻跟一对活宝没啥两样。

妫佗光顾着自己快活，忘了三位一心想报仇的侄儿，妫跃、妫林、妫杵臼，他们都是妫免的弟弟。

这三人干些什么呢？也去找蔡桓侯。看起来蔡桓侯一点儿原则也没有，听了这哥仨的话，把妫佗给杀了。

妫佗满打满算也就做了一年国君，他一死，哥仨开始轮流做国君，陈厉公、陈庄公、陈宣公。至于妫佗的太子妫完，则被贬为大夫。

妫杵臼在位时间比较长，有四十五年，人一老容易犯糊涂，居然杀自己的太子妫御寇。

妫御寇好好的，被亲爸“咔嚓”了，真是要多倒霉有多倒霉。

妫杵臼到底哪根筋搭错了？原来他有个貌美如花小老婆，小老婆生了个儿子叫妫款，妫杵臼觉得，该让妫款继位，只是妫御寇梗在序位前头，不杀他杀谁？

妫御寇一死，陈国又是一阵乱。这时，有个人沉不住气了，他便是妫完，因为他跟妫御寇是好朋友，妫御寇一死，他觉着接下来的日子不会好过，咋办？一个字，逃。

妫完逃去齐国，姜小白热情地接待了他，封他为“工正”，也就是管理工匠的官员。妫完挺感激，改名田敬仲，从此住在齐国。姜小白没想到的是，自己的仁慈让子孙吃了苦头，很久以后，田氏取代吕氏，齐国成了田氏齐国。

要说蔡国，其实日子也不好过。前文所述“桃花夫人息妫”之事，让蔡哀侯被楚国玩了两次，最后死在楚国。蔡哀侯便是蔡桓侯的弟弟。蔡哀侯死后，太子继位成蔡缪侯。

蔡缪侯将妹妹嫁给姜小白，原本是为了拉点儿亲戚关系，哪知蔡妹妹生性顽皮，有次跟姜小白坐船出去，本来风平浪静舟行平稳，她倒好，觉得不够刺激，开始晃船，船一晃姜小白就头昏，急忙喊：“停停停。”

蔡妹妹正在兴头上，哪里肯停。

姜小白便生气了，老爷一生气，后果很严重。

姜小白一上岸就把蔡妹妹休了：“去去去，回蔡国去。”

蔡缪侯自然更不高兴：“哼，算你狠。”一转身，就把蔡妹妹嫁别人了。

姜小白听说后简直气炸了，太欺负人了。一转身，领了七国人马逼近蔡国。

显然，此时的姜小白今非昔比，小喇叭一召唤，鲁、宋、陈、卫、郑、许、曹七国就齐刷刷出现了。

不用说，蔡国根本没办法抵挡联合国军队，败了。至于蔡缪侯，继他爸之后也成了俘虏。可见那会儿做个小国的国君真不容易，动不动就被俘了。

手起刀落恩怨了

蔡国实在小，不够姜小白摆排场。姜小白想着人马已经召集齐了，不好好利用实在浪费，于是向南挺进，到了楚国。当然，姜小白这样做是有理论依据的。因为楚国不把周天子放在眼里，从不进贡——什么玩意呀这是，老子代表月亮消灭你。

此时的楚王是楚成王熊恽，他是楚文王熊赀的儿子，妈妈便是桃花夫人，本来他哥熊艰是楚王，但被他杀了。

对姜小白来说，最好能一口吞了楚国，但在当时，是件不可能完成的事，因为楚国不是蔡国，它的实力其实与齐国不相上下。只是楚王没齐桓公会做人，攻城掠地的时候忘了找个冠冕堂皇的理由，所以，大伙觉得楚国不如齐国靠谱。

看看姜小白是怎么做的，山戎攻打燕国的时候，他去帮忙，山戎被赶得撒腿就跑，姜小白在后头死命追，追着追着，忽然发现，糟了，找不到回头路了。

还是管仲聪明："爷，老马识途。"

"对啊，让老马领咱们回去。"

就这样，老马带着姜小白一行回到燕国。这份心意实在到位。燕庄公感激得一把鼻涕一把眼泪："恩人啊。"

恩人要离开了，燕庄公十八相送，送了一程又一程，不知不觉到了齐国。

这事又糟了，为啥，不合规矩。因为诸侯相送不能出境，相送出境是周天子的礼遇。

姜小白自然明白这点，这事要是在江湖上流传，那就糟了。

咋办？

这么着，把燕庄公在齐国走的五十里地给燕国，这样就不算燕庄公出境了。

瞧瞧，姜小白有礼有节，哪个诸侯不叫好。

又譬如邢国，老被河北中部的狄人欺负，这群人可狠了，有一年春天，桃花还没来得及开，他们就来欺负邢国。姜小白二话不说，领着齐、宋、曹三国军队，将狄人一顿好打。打完之后，也不就这样完事——邢国在狄人的眼皮底下，指不定狄人什么时候又来了。姜小白决定好人做到底，帮邢国搬家，搬到夷仪，也就是山东聊城西南，这里离齐国近，看看还有谁再敢欺负邢国。邢国国君感动得趴在地上，痛哭不已。邢国居然起死回生了。

与邢国情况差不多的还有卫国，卫国曾经红过一阵，但随着时间的推移，越来越弱不禁风了。

咋回事呢？卫庄公姬扬该负主要责任。

姬扬娶齐庄公姜购的女儿庄姜为妻。姜购是姜小白的爷爷。

庄姜是位才女，貌美如花。卫人毫不掩饰对她的喜欢，“手如柔荑，肤如凝脂，领如蝤蛴，齿如瓠犀，螓首蛾眉，巧笑倩兮，美目盼兮。”这首诗在《诗经》里，名曰《卫风·硕人》。

可惜的是，卫人只看到庄姜美，却不知道姬扬对庄姜不咋地。庄姜没有生孩子，活得很是郁闷。

姬扬身边自然不缺花花草草，譬如有对陈国姐妹花——历妫和戴妫。历妫死得早，戴妫生了儿子姬完没多久也死了。于是姬完交给庄姜抚养，并被封为太子。这事到这还算靠谱。接着，就不靠谱了。姬扬有个小爱爱，生了个儿子姬州吁。姬扬因为爱着小爱爱，对姬州吁也宠得一塌糊涂。

姬州吁长大后，因为有老子撑腰，自然天不怕地不怕。姬完在他眼里，啥都算不上。最要命的是，姬扬让姬州吁做了卫军总司令。大臣石碏看不下去，劝姬扬："不能这样啊，要出乱子的。"姬扬哪里听得进，挥挥手让他一边去。

其实，此前有个例子出现了，这便是郑庄公姬寤生与弟弟共叔段。共叔段想谋反，被老谋深算的姬寤生一锅端，从此流浪在外，后来他遇见姬州吁，倒是很有共同语言。

姬扬死后，姬完继位，为卫桓公。姬完自然知道姬州吁在想什么，赶紧撤了他的职，将他赶走。

姬州吁当然不甘心，决心搞掉姬完，他花了十几年时间，组建了一支暗杀队伍，瞧这决心下的可真大。但是光有决心也不行，得有内应。石碏的儿子——石厚和他是好朋友，也不知石厚怎么想的，居然愿意跟他联手，将姬完暗杀了。

就这样，姬州吁成了卫国国君。这事自然被卫人骂得一塌糊涂："弑君啊，你个混蛋。"

姬州吁对这种氛围很是不爽，他决心做些事来改变这一切。于是他问石厚："我该怎么办？"

石厚也不知道。不过他一拍脑袋："有了，咱回去问我爸。"

石碏给儿子出主意："姬州吁做国君，应该得到周天子的接见，这才名正言顺嘛。"

石厚赶紧问："那么，周天子怎么才会接见呢？"

"好办，去找陈桓公，他跟咱们的关系不错，跟周天子的关系也不错，让他去说个情，准行。"

于是，姬州吁和石厚兴冲冲地去找陈桓公妫鲍。

此时，妫鲍的案头上已摆了一封信，正是石碏所写。原来，石碏给姬州吁布了个局。姬完的妈妈是陈国人，姬完被姬州吁所杀，作为娘家人的陈国，自然有义务为姬完报仇。

所以，这两人一到陈国就被逮住了，然后被杀。

石厚是石碏的儿子，有人求情，放了他吧。石碏不同意。成语"大义灭亲”就说这事。

姬州吁死后，姬完的弟弟姬晋成了卫宣公。

要说姬晋，算是国君中的极品。在他还没做国君的时候，喜欢美女夷姜，夷姜其实是他爸的小老婆，被他看上了，夷姜为他悄悄生了个儿子，姬伋。等他做了国君，才把姬伋的身份亮出来，将姬伋立为太子。

姬伋长大后，成了俊小伙，该讨媳妇了。姬晋派人去齐国求婚。齐僖公有一群女儿呢，随便拉一个出来都是绝色。齐僖公听说姬伋人不错，就同意了这门亲事。嫁到卫国的是宣姜。之所以叫宣姜，因为她的老公是卫宣公姬晋。

咋回事呢？

其实很简单，姬晋犯了老毛病，好色，不管是老爸的媳妇，还是儿子的媳妇，都要。

姬晋派去齐国迎亲的那家伙显然不是东西，他一见到宣姜，惊若天人，小马达转得飞快，一回卫国他就悄悄告诉姬晋，齐国那女子可漂亮了。

姬晋一听，口水流了一地，来不及擦一擦，就去见新人了。一见，可不得了，心头直颤。这下，姬晋无论如何也不舍得了。

可是，她是姬伋的未婚妻啊。

没关系。让姬伋去宋国出差。

姬伋一走，姬晋就美滋滋地做了新郎。宣姜完全懵了：怎就这么倒霉呢？对于这种事，《诗经》自然不会放过，《邶风·新台》这么唱，“新台有泚，河水瀰瀰。嬿婉之求，籧篨不鲜。新台有洒，河水浼浼。嬿婉之求，籧篨不殄。鱼网之设，鸿则离之。燕婉之求，得此戚施。”宣姜住的地方叫做新台，大致意思便是癞蛤蟆吃了天鹅肉。

但从后来的情况来看，宣姜对新生活很是享受。这么说吧，齐国盛产搞骚精。宣姜文姜一对姊妹，一个在卫国，一个在鲁国，搞得不亦乐乎。

宣姜生了两个儿子，姬寿和姬朔。夷姜一死，她就成了正室。

到这，姬伋真正的厄运来了。因为宣姜对这位曾经的未婚夫心怀芥蒂，她觉得，还是自己的儿子做太子靠谱些。如此一来，姬伋只有死路一条了。

姬晋真是浑蛋，居然和宣姜一起想主意。

真巧，齐僖公派人过来要让卫国和齐国一起征讨纪国。于是，姬晋让姬伋代表卫国去齐国。

姬伋自然不知道，刺客正等着他。但是，姬寿和姬朔知道这个阴谋。姬寿宅心仁厚，赶紧去告诉姬伋。

姬伋听后，沉默良久，叹一声，这或许是我的宿命吧。

姬寿急得眼泪都快掉落了，他知道，姬伋不会抗命的，父王要杀他，他只会认命。

“哥，既然如此，我们痛痛快快饮一杯吧。”

哥俩一杯接一杯，也不知喝了几杯，姬伋醉了。到这，姬寿才舒一口气：“哥，我代你去。”于是，插着“白旄”的船出发了，“白旄”便是太子的名片。对刺客来说，“白旄”便是他们的目标。姬寿一出国界，就被守在那儿的刺客杀了。

姬伋醒来后发现姬寿不见了，心里那个急呀，连忙赶过去，大叫：“喂，我才是太子。”

刺客问：“果真是？”

“真是。”

“那好。”刺客手起刀落，姬伋也死了。

这事搞成这样，大出姬晋和宣姜所料，姬伋和姬寿这样的娃没了，对卫国来说，损失实在太大，对姬朔来说，却是遂了心愿。

虽说姬晋没心没肺，但俩儿子一块儿死了还是大受打击，他很快也死了。这样一来，姬朔风风光光成了卫惠公。

关于这事，明眼人都瞧在眼里。譬如姬伋和姬寿的两位老师便是大大不服，他们心里嘀咕，姬伋和姬寿不死，哪轮得到姬朔。不服气的劲头有时好比爆米花，“嘭”大了，也很可观。没几年，两位老师就把姬朔赶跑了，把姬伋的同母弟弟姬黔牟唤出来：“从今往后，你便是卫国国君。”

姬朔很生气，但是逃命要紧，头也不回去了齐国，找舅舅齐襄公姜诸儿去了。

八年后，姜诸儿帮外甥出头，到卫国杀了两位老师，姬朔依然是卫惠公。

这次，轮到姬黔牟逃命了。他去哪呢？找老丈人周天子。

此时的周天子是周僖王姬胡齐，让姜小白“挟天子以令诸侯”的那位。姬胡齐收留女婿很正常，姬朔就不爽了，将这事牢记在心。后来周惠王姬阆继位，姬朔还是不能忘，这事就麻烦了。当然，要不是姬阆这娃贪心，做了天子后，老抢大臣的东西，也不会让姬朔得到机会“父债子还”。

姬阆胡闹，大臣们很生气，想着法子要搞他。这时，他们想起姬胡齐生前喜欢姬阆的弟弟姬颓。

就这么办，让姬颓取代姬阆。

这事非同小可，天子哪能随便乱换。姬阆不是好欺负的，将姬颓他们打得撒腿就跑。去了哪？卫国。

姬朔一看姬颓他们来了，挺高兴：“哼，正好出口恶气。”

于是，姬朔拉着南燕便去打姬阆，姬阆打不过，只好跑，眼睁睁地瞧着姬颓成了周天子。

当然，姬阆哪能甘愿失败，他决定也去找人。找谁？郑厉公姬突。姬突可谓是久经考验的战士，他坚决捍卫姬阆的利益。其实此时谁都明白，周王室虽然不咋地，但是还没到随便抢着做天子的地步，这样搞法，自然天理不容。

姬突将姬阆安排妥当，吃好住好，不失天子的体面，然后开始寻思怎么办。既然姬朔拉南燕帮忙,那就先制服南燕再说。南燕在河南延津县东北，姬突三下五去二就将南燕国君仲父俘了。

这支正义之师在道义上占着上风，打个胜仗自然不在话下。姬颓正在宫中胡吃海喝呢，没提防姬突来了，刀已架在他脖子上了。

就这样，姬阆重新成为周惠王。跟别的复位国君不同的是，姬阆作为周天子，得好好赏赐有功的诸侯。虽然此时周朝也没啥土地了，但是排场不能少，姬阆大手一挥，赏土地。

还赏啊，再赏自己住的地儿也快没了。可是，有啥办法，打肿脸充胖子呗。

至于跟姬突一起来帮忙的虢国，也分得一杯羹。

再说卫国，姬朔死后，太子姬赤继位，为卫懿公。这娃若是活在北宋，与林逋可成知己，为啥这样说呢？林逋种了梅，养了鹤，“梅妻鹤子”便有了。瞧他写的诗，“疏影横斜水清浅，暗香浮动月黄昏”，清丽脱俗。

可惜，姬赤是个国君，他爱鹤却不似林逋这般脱俗，非要封鹤为“鹤将军”啥的，这样一来，“鹤”便成了众人的眼中钉，想想也是，它何德何能得此厚遇。至于那些狂拍马屁向他献鹤的人，可不得了，大大赏赐。

显然，姬赤的行为有辱动物爱好者的名声。

卫懿公九年，欺负邢国的狄人突然出现了。姬赤赶紧找人抵抗，哪知他的大臣很有个性，反问他：“爷，您不是有鹤将军么？”

“呃。”姬赤被呛住了。

被呛了一下的姬赤脑子有些糊涂了，瞧着大臣们对自己不理不睬，一赌气，带了些亲兵，就去迎击狄人。

这不就糟了么。

狄人没费劲，把孤零零的姬赤给杀了。

姬赤一死，卫国就乱套了。大家抱头鼠窜。这时也别讲风度了，逃命要紧。

姬申逃得快，没被狄人追上。姬申是姬赤的堂弟，他爸是姬昭伯，姬伋的另一位同母弟弟。

姬赤那一脉的人呢？没了。因为姬赤养鹤伤了众人的感情，卫人趁乱把他们干了。

姬申这一路逃得可谓惊险，刚渡过黄河，狄人贴屁股就来了，幸亏宋桓公子御说在黄河边屯了兵，狄人才没继续追。

姬申虽然逃了出来，但是生计问题不好解决。没办法，只好搭起草庐，将就过过日子。这事叫做“庐于曹”，就是说，姬申的难民营搭在曹地，也就是如今的河南滑县。

这时，也没谁比姬申更有资格做卫国国君了。于是，他成了卫戴公。

可惜，流亡途中的国君压力实在大，没几个月，姬申就死了。

姬申的弟弟姬毁成了卫文公。姬毁依然在流亡。

此时，有位女子站了出来，她便是许穆公的老婆，许穆夫人。

她为啥站出来？因为她是姬昭伯的女儿，姬申和姬毁是她哥，他们的妈妈是宣姜。这里看起来有点儿古怪，其实一点儿也不，卫宣公姬晋死后，宣姜嫁给了姬昭伯，对姬昭伯来说，宣姜的身份从后妈变成了老婆。

许穆夫人本想叫老公许穆公去帮忙，只是许国势单力薄，许穆公也没这个勇气。于是，许穆夫人的小喇叭开始召唤齐国："舅舅，快来。"

姜小白就赶去了。

姜小白一到，啥事都好解决。

卫国不是没了都城么，好办，在楚丘新建一座都城。楚丘在河南滑县东面，离难民营不是很远。卫国算是复国了。

到这，也可以看出姜小白的能量了。

至于周天子，因为有了齐国这个大哥可以管教诸侯，也觉得省心得不得了。这么说吧，齐国好比一坛女儿红，大家喝了都说好。

姜小白做了大哥，又不想独孤求败，那么找个对手就很必要了。抬眼四望，也就楚国能称得上对手，既然如此，便要楚王长长见识。

楚成王熊恽听说姜小白带兵来了，一拍桌子："凭什么呀？"

熊恽想不明白，派个使者去问。

使者一到。管仲便清清嗓子，开始扯。

从哪开始呢，姜太公那会儿。

"听好了，当初召康公给姜太公一项权力，哪位诸侯不尊重天子，齐国就有义务去修理。你说说你们楚国多少年没给周天子进贡了？还有，当年周昭王姬瑕南征怎么有去无回了？"

虽然管仲说的都是陈年烂芝麻的事，但使者得老老实实应答，对于进贡这事，赖不了，只好承认错误，至于姬瑕那事，问汉水去。

针锋相对啊。

这事可没完。姜小白带着人马继续向楚国进发。

熊恽一看气得直跳脚："好小子，不依不饶啊，屈完，给咱去打。"

姜小白一看屈完领着兵来了，便威胁：“以此众战，谁能御之？以此攻城，何城不克？”就是说，你就别螳臂当车了。

屈完不是吓大的，甩出一大串：“君若以德绥诸侯，谁敢不服？君若以力，楚国方城以为城，汉水以为池，虽众，无所用之。”就是说，你别蛮横，要以德服人。

这两段对话出自《左传》，那时的人们经过“口才与演讲”的训练后，说起话来嘎嘣脆。

姜小白见讨不到便宜，好吧，不打了，握手言和。

北踢南打做盟主

姜小白北踢戎狄南打楚蛮，周天子见他也让他三分，武林盟主非他莫属。人在高处站久了，难免会自我膨胀。姜小白也不例外，他就是世界警察，不论远近，统统要管。

鲁国作为齐国的近邻，按理说，齐国这样发展，也该学一学。但是，鲁国王室自从与齐国王室攀上亲之后，就没过上省心日子。

鲁庄公姬同虽然贵为国君，但是管不住后院篱笆，前有妈妈文姜，后有老婆哀姜。当然，春秋那会儿男女情事没那么多羁绊，但两情相悦时却想着害人，便要不得了。

司马迁认为，哀姜是姜小白的妹妹，但是考虑到哀姜出嫁时，姜小白的爸爸齐僖公死了已经二十七年，因此，她不可能是齐僖公的女儿，唯一的可能，她是姜诸儿的女儿，也就是姜小白的侄女。考虑到姜诸儿的品性，因此哀姜的行为也就好解释了。

姬同娶了舅舅的女儿，照理说，这是亲上加亲的好事。但是姬同跟他爸爸一样倒霉。

哀姜吃着碗里的望着锅里的，与姬同的庶兄庆父好上了。庆父啥人呢，有个成语叫做“庆父不死，鲁难未已”，想想吧，这是一个多么可怕的人物。

姬同在选择继位人时颇费思量。由于哀姜没有孩子，因此有三个庶出的孩子可供选择——哀姜的妹妹叔姜的儿子姬启方，孟任的儿子姬斑，成夙的儿子姬申。

姬同最爱孟任，希望姬斑能继位，但又担心姬斑没有支持者，决定问问自己的兄弟。庆父的秉性他清楚，不想问，于是问叔牙，哪知叔牙跟庆父早捆一起了。叔牙说："哥，庆父最合适。"

姬同叹口气，不语。

季友来了，季友明白大哥的意思，说："姬斑最能干，堪当重任。"

姬同赶紧点头同意。

姬同死后，姬斑成了国君。

此时的季友自然成了顾命大臣，为了防止庆父与叔牙联手，他便先毒杀了叔牙。庆父哪里咽得下这口气，与哀姜一商量，决定动手。哀姜怂恿他："你做国君吧。"庆父摇摇头："还没到时候，让姬启方顶一阵。"姬启方是哀姜妹妹的儿子，哀姜想想这也不错。

恰逢姬斑的外公去世，姬斑去奔丧，庆父赶紧捧姬启方为鲁闵公。姬斑才做了两个月的国君，都城里在闹什么，他尚不清楚，在路上，就被糊里糊涂地干掉了。

季友敏锐地感觉到自己留在鲁国，处境会很危险，便去了陈国。

至于姬启方，其实是个摆设。鲁国大小事都由庆父作主。庆父折腾，他只能看着。但鲁国并不是庆父个人的，是大家的。庆父这样搞，天厌之。

姬启方虽然年龄尚小，但他明白只有季友回来才有依靠。于是，他派人偷偷给姜小白送信，要求会面。齐鲁两国很近，国君之间会个面不是难事。姬启方一见到姜小白，就哭个不停，他这是真伤心。

姜小白问他："你有啥要求？"

姬启方说："我要季友回来。"

"行。"

就这样，姬启方以姜小白的名义将季友召回国。

庆父哪能不明白这是咋回事，哼，他鼻孔喷出两火球，决定故伎重演，暗杀姬启方。看来，野心已将他烧焦了。其实，他这是点燃了火药桶。姬启方一死，鲁国自然大乱。

季友多精明的人啊，见火药桶快爆炸了，赶紧带着姬申逃到位于山东邹城的邾国，在那里，他举着小喇叭，号召鲁国人民反抗庆父。这是一场龙卷风，瞬间便席卷了鲁国大地。

鲁国闹出这么大动静，姜小白不可能不知道。这之前，姬斑死的时候，他派大夫仲孙湫去吊唁，仲孙湫一下就嗅出了鲁国的怪异，回去就向姜小白报告 :“不去庆父，鲁难未已。”姜小白想，这都啥人啊，但庆父捧着他的外甥姬启方做了鲁闵公，还是看看情况再说。

姬启方一死，加上季友的小喇叭，这下姜小白什么都明白了，无论如何都要干涉了。

庆父一看不对，赶紧逃，逃到莒国，哀姜也逃，逃到邾国，大难临头各自飞，毫不含糊。但是，这两人在鲁人心中的印象实在太差，即使逃到天边也会被引渡。

果然，鲁国给莒国一点儿好处，莒国就把庆父交了出来，这时，庆父深深地明白，属于自己的时代过去了，不如痛快一点儿，就在路上自杀了。至于哀姜，姜小白觉得很丢面子，将她弄回齐国，杀了。这对兴风作浪的人儿就这样死了。哀姜相比文姜，虽然做的事情差不多，但是结局惨多了，文姜至少还能得个善终。

姬申成鲁僖公后，鲁国总算有了片刻安宁。

关于继位问题的争斗，一直都是你死我活不可调和。说到底，地位的改变会带来一系列的改变，这种诱惑能有几个人抵抗得了，至于能不能胜任，又是另外一回事。

姜小白长寿，看到好几任周天子。周惠王姬阆死后，周襄王姬郑继位，周王室早已失去了平稳过渡的安宁，一次继位便是一场纷扰。这次对姬郑来说也不例外，老爸一死，他捂住消息，派人飞马直奔齐国，寻求姜小白的帮助。姜小白当然给面子，立马宣布拥护姬郑。

按理说，姬郑作为太子，继承王位顺理成章，为何害怕成这样？因为有竞争对手姬带。姬带之所以能成为竞争对手,因为他深受老爸姬阆的宠爱。有些人一得宠，便不知天高地厚，妄想老子天下第一。

尽管姬郑未雨绸缪，得到老大哥姜小白的支持，却无法消除姬带心中的欲望。果然，不出几年，姬带便召集都城附近的戎人作乱。戎人打仗不是一般的猛，没费劲，便攻进都城，烧了东门。情况看起来很不妙，但姬带并没成功，因为秦穆公嬴任好和晋惠公姬夷吾带兵来了。姬带没办法，只好逃，逃到齐国。

这事造成的坏影响只有召开联合国大会来消除了。姜小白小喇叭一吹，会议便开了。

在会议上，姜小白再次重申周天子是姬郑，有非分之想的人早点儿打消念头。

会议结束后，诸侯们组建了一支联合国部队，以保障姬郑的安全。

姬郑以为，这下该放心了，但是，事情并没完。姬带心里那个结一直在，虽然人在齐国，其实心在王畿。

九年后，出现一个契机。大夫富辰劝姬郑，姬带在外漂泊这么多年，也该让他回来了，不然太不讲情分。

姬郑想想也对，不管怎么说他总是弟弟，好，就让他回来吧。

于是，姬带重新踏上熟悉的土地。姬郑没想到的是，自己的仁慈变成了引狼入室。

这事要说到姬郑的老婆叔隗，她是翟国人，年轻貌美，刚嫁过来，以前没见过姬带，姬带一回来，两人居然对上眼了。叔叔爱上嫂嫂，能有什么好事。没隔几年，姬带又开始折腾，这次更狠了，姬郑没办法，只好逃，逃到郑国，然后派人四处告急。

刚即位的晋文公姬重耳觉得此时是个极佳的表现机会，赶紧出兵，干掉姬带，护送姬郑回家。姬郑感激涕零，为了表示感谢，自然要赏赐土地——赏吧赏吧，反正也没多少土地了。

这事叫做“子带之乱”，前后绵延了十几年。

姬带第二次作乱的时候，姜小白已不在人世，属于他的时代已被掀开了新的一页。只是，任谁都没想到的是，他的死居然是个悲剧。

像他这样的人，依靠管仲的帮忙，爬到武林盟主的位子，着实风光好多年。可惜，管仲死在他前头，失去依靠的他晚景凄凉，被活活饿死了。这事瞧着真不靠谱，堂堂一个武林盟主，怎么会被饿死呢?

其实很简单，他过惯了顺风顺水的生活，眼睛耳朵被捂住了，以至于安享晚年也泡了汤。

管仲死后，三个小人登场。其实管仲临终前关照过姜小白，这三人没一个好东西，姜小白听了管仲的话，把他们都赶走了，但是，没多久便开始想念，又把他们叫了回来。

这三人说白了便是“舍不得孩子套不住狼”的那种，只有姜小白看不透，上他们的当。

易牙是位厨师，听到姜小白抱怨没吃过婴儿肉，二话不说，回去就把自己的儿子煮了。开方是卫国公子，跟了姜小白十五年也没回家，爸妈死了也不回去奔丧。竖刁为了做宦官，干脆自阉了。

看看这三人，真是要多狠有多狠，姜小白却感动得热泪盈眶，还有谁，会对俺这么好。

姜小白最后的岁月是在病榻上度过的。奇怪的是，他五个儿子一个都不来看他们的老爸，别怨他们，打架打得忙，没时间。至于三位心头肉，干脆砌一道墙，将他困在宫里。姜小白叫天天不应，叫地地不灵，没病死，却饿死了。他死后，儿子们还在打架，没人管他。直到姜无亏打架得胜，这才推开墙，为姜小白出殡。可怜堂堂一位霸主，身上爬满蛆虫，实在惨不忍睹。

齐国遭此一难，一下子就萎了。

姜无亏便是齐中废公，看看他的名头便知齐国的折腾还没完。

姜无亏是易牙、开方、竖刁三人一手扶持，真正的太子是姜昭，姜昭自然不服气，找人来帮忙。

放眼四望，找谁帮忙呢?宋襄公子兹甫。

子兹甫是宋桓公子御说的儿子，想当年，子御说被姜小白降服后，鞍前马后跟着四处打仗，可卖力了。

可惜，齐国风光不再，姜昭只能靠宋国来帮忙了。

子兹甫这人很有意思，是传说中“以德服人”的典范。姜昭来找他，他很开心，觉得机会来了。

子兹甫大手一挥，带着宋、曹、卫、邾四国人马直奔齐国。这时候，子兹甫心中洋溢着强烈的自豪感，有种姜小白附体的感觉。

齐国大臣见子兹甫带着联军前来，马上明白该怎么办，干净利索地将几个小人杀了，赶姜无亏下台，将残局收拾得干干净净。哪知姜昭没接上趟，其他几位哥哥在路上把他拦住了，没办法，只好再逃回宋国。

子兹甫不厌其烦，再度发兵，坚决搞定这事。

姜昭总算成了齐孝公。

子兹甫自从解决齐国问题后，在心理上就完全把自己当成姜小白了。接下来，他将问鼎霸主之位。至于能不能如愿，还得看运气。不急，有人看上他了。姜小白一死，蠢蠢欲动的人可多了，论实力，楚国当仁不让，因此，子兹甫一流露出要做霸主的意思，楚成王熊恽第一个不答应。当初姜小白在的时候，熊恽不敢乱动，现在姜小白已死，熊恽不信还有什么绊脚石。

宋国的实力相比楚国，自然差远了，但子兹甫可不这么想，他觉得只要会议召开成功，盟主便非他莫属。他把满腔心思都放在会议上，搞得像姜小白一样讨人厌。在他的坚持下，一场规模宏大的会议终于举行，会议的地点在河南睢县西北。参加人员有楚、陈、蔡、郑、许、曹六国国君，本来齐鲁两国国君也要来的，但他们临出门拉肚子，来不了。明眼人早就看出来了，什么拉肚子啊，其实是心里不满，不想来。但子兹甫愣没看出来，他依然兴致勃勃。庶兄子目夷劝他，宋国横看竖看左看右看都不到称霸的时候，这样跑去做主席不妥。

子兹甫哪里肯听，带了些随从，兴冲冲出门了。

熊恽在会场上等着他呢。子兹甫一到，一言不合，便被逮了。

子兹甫完全没搞清状况：“奶奶的熊恽，你什么意思呀？”

熊恽皮笑肉不笑：“没什么意思。”

熊恽哪是来开会的啊，分明是来逮人的。

接着，熊恽便护送子兹甫回家。楚军浩浩荡荡到了河南商丘，这里正是宋国都城。熊恽让子兹甫站在队伍前，宋军死也不开门，几个月下来都不开门。这不就成了拉锯战么？拉来拉去没啥意思。鲁僖公姬申出面调停，熊恽总算放了子兹甫。

这样一来，楚宋两国算是彻底撕破脸了，一场恶战不可避免。

子兹甫怎么弄呢？打郑国。

郑国此时和楚国一派，打郑国就等于打楚国。

子兹甫身后跟着卫、许、滕三国，子兹甫觉得够用了，子目夷快要哭了："亲弟，你这是鸡蛋碰石头啊。"

果然，楚军闻风而动。

子兹甫掉头迎战，将人马驻在泓水北岸，当楚军气喘吁吁奔到南岸时，宋军的队伍早已列队排好，就等发号施令。楚军三三两两开始渡河，这时大臣公孙固建议："爷，咱们快动手。"

子兹甫头摇得像拨浪鼓："仁义之师，哪能在别人最困难的时候偷袭？"

公孙固眼巴巴地看着楚军爬上岸来，又叫："爷，咱们快动手。"

子兹甫又摇头："人家的队伍还没排好，哪能打啊？"

没多久，楚军排好队，开始进攻了。

宋军虽然拼死抵抗，但不敌楚军人多势众，混战中，子兹甫也受了重伤。

败了的子兹甫回国后，还得忍受人们对他的抱怨。他嘴硬，回应道："以德服人，以德服人。"

虽然追求仁义的子兹甫被阴险狡诈的熊恽打败了，但从另一方面来讲，熊恽也被自己打败了，因为他的种种表现让大家不再信任他。当初姜小白之所以能称霸，一方面凶狠，另一方面也很仁义。熊恽占了"凶狠"，子兹甫占了"仁义"，谁能接过姜小白的枪，还得再看。

子兹甫和熊恽争斗得厉害，哪知螳螂捕蝉黄雀在后，为啥这么说？楚宋争霸，最后的霸主却是晋文公姬重耳。

这事说的是五年后，楚国又一次进攻宋国，姬重耳出手相助，城濮之战由此展开，楚军大败，熊恽断了北进中原的念头，于是，姬重耳称霸中原。

姬重耳，这个名字是因为他身体上的缺陷，重瞳且骈肋，也就是说他有双瞳，肋骨也并在一起。他做个国君可真不容易，像唐僧那样历经了九九八十一难，这么说一点儿都不夸张。事情的起因在于他爸爸晋献公姬诡诸，姬诡诸看到美女就犯糊涂，一犯糊涂就出事。有一次，他带兵去讨伐骊戎，打了胜仗，掳了美女，哼着曲儿把家还。

美女有一双，骊姬和骊妹，两人跟着姬诡诸，小日子倒是不错，骊姬生了姬奚齐，骊妹生了姬卓子。

姬奚齐的出世让太子姬申生在姬诡诸眼里成了浮云。骊姬看准机会，决定算计姬申生，让自己的儿子上位。

骊姬真绝，让姬申生去祭祀亡母。姬申生赶紧去了，祭祀完了将那些酒肉带回来，孝敬姬诡诸。

骊姬早已准备好。

姬诡诸洒酒祭地，地上的泥土凸起了，拿肉喂狗，狗死了。

不用说，姬申生想谋害亲爹。

骊姬哭得一塌糊涂，姬诡诸气得要命。姬申生还有啥办法，只好打落牙齿往肚里吞。

有人劝姬申生："去跟你爹说说，你没谋害他。"

姬申生说："我爹离了骊姬就没法活，要是把骊姬治了罪，我爹该怎么办。"

姬申生显然是个忠厚老实娃，这种时候他可以逃，但是不想逃，干脆自缢了事。

姬申生的妈妈齐姜是齐国宗室女，当年嫁的是姬申生的爷爷晋武公姬称，不过姬称太老，在齐姜面前是个摆设，姬诡诸年富力强，两人就好上了。姬申生出生后，寄养在一户申姓人家。后来，姬诡诸成了晋献公，姬申生这才回家。由于姬申生的舅舅是姜小白，因此他被立为太子。姬重耳虽然年长，但太子之位没他的份。姬重耳的外公是晋国大夫狐突，地位跟姜小白比起来，差一大截。

狐突有两个女儿都嫁了姬诡诸，姐姐生姬重耳，妹妹生姬夷吾。没想到的是，这两人先后成了晋国国君，可见人生实在难料。

跟人生一样难料的是感情，随着时间的推移，姬诡诸早已忘了齐姜，他的眼里只有骊姬。因此，姬申生的死并没触动到他，他对宫廷波澜也听之任之。

骊姬为了能让姬奚齐顺利继位，可谓煞费苦心。她先是让姬诡诸分封三位公子，用意很明显，分封了，就别来琢磨继位的事。但她还是不放心，非要搞死他们。姬申生一死，剩下姬重耳和姬夷吾。不过这两人头脑灵活，不想学姬申生自杀，赶紧逃。逃哪去呢？自己的封地。姬诡诸见俩儿子逃了，很生气，派兵去打。

姬夷吾抵抗一下，趴下了，只有再逃。

姬重耳不想抵抗，再说哪能跟老爸对打，还是逃。

从此，哥俩踏上漫漫逃难路。

晋国这样乱，大臣们自然要站队，站在谁的一边才好，这事费思量。一些人看准姬重耳，决定跟他走，其中有几位狠角色，狐偃、赵衰、先轸。

狐偃是姬重耳的舅舅，花甲之年的老人，为了心中一团火，踏上流亡路。

赵衰是姬重耳的姐夫，看好姬重耳，跟着他说走就走，头也不回。

先轸是武将，晋国将来的各种战役得靠他。

姬重耳最先去的地方是翟国，这里是狐偃的故乡，对姬重耳来说，相当于到了外公家。他在这里一住便是十二年，能住这么久说明翟国国君对他还不错。

有一次翟国与戎族打架，俘了两美女，季隗和叔隗。翟国国君挺大度，将她们嫁给姬重耳。姬重耳觉得一下讨两老婆太奢侈，便将叔隗转给赵衰。这位叔隗与周襄王姬郑的老婆可不一样，她后来生下赵盾。

赵衰的正妻是姬重耳的姐姐赵姬，赵姬生了三个儿子，赵同、赵括、赵婴齐。赵衰的几个儿子中，赵盾最贤明，如此一来，赵姬只好将正妻的帽子让给叔隗，好让赵盾作为嫡子继承父业。

姬重耳在翟国小日子过得不错。晋国可就闹翻了。为啥？姬诡诸死了。他一死，骊姬就完了。虽说姬诡诸有遗嘱，姬奚齐继位，骊姬做国母。但里克和邳郑父跳出来，杀了姬奚齐和姬卓子。

接下来该由谁继位呢？左看右看，姬重耳最贤，就找他。

姬重耳摇头拒绝了。因为他有顾虑，尚不能明确局势对他是否有利。

既然姬重耳不愿出山，那么就找姬夷吾。

姬夷吾在梁国，一见使者前来，很开心，行李也没收拾就跟着回去了。于是，姬夷吾成了晋惠公。

姬夷吾倒不是鲁莽，因为他有谋士，谋士早把晋国国内的情况摸透了，觉得此时回去刚好。

至于近邻秦国，也正盯着晋国，秦穆公嬴任好决定插一手，他派人分别与姬重耳和姬夷吾接洽。姬重耳只是淡淡地与使者打了声招呼，说："爸爸死了，我不能为他守孝，哪能再贪恋君位。"而姬夷吾就不同了，他兴奋地拥抱了使者，答应如果秦国支持，就割让五城。嬴任好知道了这两人的态度，自然会支持姬夷吾。

秦晋之好，捆绑的婚姻

嬴任好其实是晋国女婿，他老婆穆姬是姬申生的同胞姐姐。“秦晋之好”便是说穆姬嫁嬴任好这事，之后，秦晋之间通婚不断，“秦晋之好”也就成了婚姻的代名词。只是，秦晋之间并没因为通婚而停止争斗。后来，两国大干一场，嬴任好俘了姬夷吾，将他绑在柱子上，准备烧死，这时穆姬出面了。

穆姬的出场颇为惊艳，蓬头垢面，带着三个孩子，其中一位便是太子嬴罃。干啥呢？“衰绖履薪以迎。”也就是说，穆姬带着孩子站在柴薪上要自焚。

秦穆公吓了一大跳：“老婆，你这是干啥？”

“我干啥你不都看到了么？”

“别，别，有话好好说，这样吧，我把你弟弟放回去。”

“切，就这样放回去？”

“那你说怎么办？”

“好吃好喝好生伺候。”

就这样，姬夷吾不但捡回了一条命，还有尊严地离开了秦国。

当然，这些都是后话。《列女传[1]》里记载着这件事，穆姬为了救弟弟，

[1]《列女传》：是一部介绍中国古代妇女行为的书，作者是西汉的儒家学者刘向，不过也有人认为该书不是刘向所著，因此，目前流行的有的版本作者一处会标注佚名。

不惜以自杀威胁老公。怎么看都是一场家庭伦理剧。

且说姬夷吾成了晋惠公，人的地位一变，心态马上就变了，上台后的他立马使出铁腕，一是杀了作乱的里克和邳郑父，二是派人去刺杀姬重耳。对于第一条还能理解，犯上作乱之人留着危险。但是第二条就让人费解了，姬重耳不来抢君位，为何还置他于死地？说白了，姬夷吾不放心。

刺客在大路上往翟国赶，送信的抄近路先到了，姬重耳一听犯愁了，还能怎么样？赶快逃命呗。

这次可惊险了，姬重耳只来得及登上马车，刺客就到了。

接下来，姬重耳的日子不好过了，颠沛流离的生活来了。

翟国向东便是卫国，卫文公姬毁对姬重耳不感兴趣，爱理不理的。姬重耳想想还是走吧。姬毁挺小气的，看着姬重耳空马车来，又让他空马车走。当然，卫国的经济情况不太好，姬毁在难民营里住着，靠姜小白帮助，才复了国。但是给姬重耳送点儿吃的总不是难事吧，偏不给。

姬重耳坐在空马车上，肚子咕咕叫，心里犯了愁：咋办？

这时他看到田间有位农人正在劳作，便走过去讨吃的。

农人见这位衣着华丽之人居然向自己要吃的，觉得好笑，便从地里拾起一块土疙瘩，说：“拿去，吃吧。”

姬重耳气得要命，举起鞭子想打人。

狐偃忙拉住他，说：“爷，打不得，上苍借他之手赐我们这块土，说明什么？说明我们复国有望。”说着，毕恭毕敬地向农夫行了大礼。

姬重耳一听，觉得有道理，拿起那块土疙瘩，仿佛见到了晋国。唉，非得这样，才有继续走下去的勇气。

但是，实在太饿，还能走多远？

这时，随从介子推悄悄割了大腿上的肉，煮成肉汤给姬重耳吃。

姬重耳吃完后才知道介子推割了肉，感动惨了，一把鼻涕一把眼泪。

同样是割肉煮汤，困难中的姬重耳碰到真心娃介子推，顺境中的姜小白碰到小人易牙，看来，在什么时候喝汤很重要。

日后姬重耳对追随他的人论功行赏时，却怎么也找不到介子推，因为他背着老母躲山里去了。

离开卫国后，姬重耳到了齐国，此时管仲刚去世，齐国这列火车正准备脱轨。

姜小白见到姬重耳后，暗叹不已：唉，齐国咋就没福气有这样的娃。

既然看中姬重耳是人才，那么就不能错过，姜小白决定与他攀亲，攀亲显然是最直接的拉关系手段。

姬重耳刚在卫国受了苦，一来齐国就碰上此等好事，自然兴奋不已，马上答应做新郎。嫁姬重耳的这位也叫齐姜，人美且多情。此时的姬重耳已五十多，漂泊的日子过怕了，陷在温柔乡里一时出不来了。但是，齐国的形势越发严峻，姜小白死后，齐国成了火药桶。狐偃赵衰他们提醒姬重耳：“爷，此地不宜久留。”但姬重耳哪里肯听。

姬重耳的态度让他们很是焦急，此番历尽艰辛长途跋涉，是为了有一天姬重耳能成为国君，姬重耳在半路上失去斗志，他们哪里肯依，开始嘀嘀咕咕商量。哪知隔墙有耳，密谋之事被一侍女听去了。

侍女急急忙忙向齐姜告密。

齐姜一掂量，决定成全姬重耳。

咋弄呢？灌醉他。当然，这事要先和狐偃、赵衰他们商量妥当，为了保密，多嘴的侍女也去了黄泉。

等姬重耳醒来时，早已离开齐国都城临淄。在齐国的一切对他来说已成黄粱一梦，这对一个渴望安定生活的人来说，无疑是件最坏的事，他气得半死，作势要砍狐偃，大叫：“我不能复国，就吃你的肉。”

狐偃一闪，躲到一边，说：“如果复国成功，晋国的肉全是你的，我的肉可不好吃。”

姬重耳垂头丧气，不再言语。

齐国过去是曹国，曹共公姬襄是个极品，他听说姬重耳是个骈肋，好奇得很，决定看一看。姬重耳洗澡的时候，他躲在帘子后头，堂堂一国君主做这种下三流的事，实在不妥。姬重耳知道后，恨得要命。后来，姬重耳成了晋文公，带兵伐曹，俘了这个偷窥狂。

离开曹国后，一行人来到宋国，宋襄公子兹甫热情接待了姬重耳，这让姬重耳深受感动。日后，楚国讨伐宋国，晋国出兵救宋国，“城濮之战”便源于这段感激之情。

宋国相对而言比较弱小，对姬重耳复国帮助不大。一行人继续走，到了郑国，郑文公姬捷不理睬姬重耳，姬捷是郑厉公姬突的儿子，姬捷跟他老爸相比显然差远了，他是传说中傍大腿的，谁厉害就傍谁，齐国、楚国都曾是他的座上宾。还别说，不吊死在一棵树上也有好处，好死不如赖活着，郑国虽然不是大国，但在大国的夹缝中活下去倒没问题。

落魄的姬重耳在姬捷眼里自然什么也不是，有人劝他：“好歹招待一下嘛。”

他倒好，埋怨道：“每年经过郑国的公子如过江之鲫，个个都招待的话，哪有那么多钱。”说完便催促姬重耳快赶路，“走吧走吧，别在郑国待着了。”

其实，姬捷对谁都狠，七个儿子被他逼死了四个，所谓虎毒不食子，对他来说根本不是那么回事。

姬重耳傻了眼，逐客令一下，总不能厚着脸皮不走。

走吧，这一走便到了楚国。

楚成王熊恽很大方，加上早已听说姬重耳的贤名，热情招待不说，还与姬重耳讨论天下大事。这一讨论就出问题了。像熊恽这样的人，自然不会做亏本买卖。他问姬重耳：“我待你如何？”

姬重耳说：“甚好。”

熊恽颔首微笑，接着问：“他日你若回国，将如何报答我？”

姬重耳想了想，说：“假如有一天楚晋对阵，我必退避三舍，以报今日之恩。”

姬重耳此言一出，熊恽就沉默了，但底下旁听的楚国大臣反应可激烈了，令尹子玉跳上去大骂：“楚国对你这么好，你倒好，在这胡说八道，王，咱们不能留这家伙。”

熊恽长叹一声，说，“天将兴之，谁能废之，违天必有大咎。”这句话记在《左传》里头，熊恽到底是什么心态，已很难说清，总之他做了一件放虎归山之事。

接着姬重耳离开楚国去了秦国，秦穆公嬴任好一看："嘿，小舅子，你画了个圈到我这啦。"

当然，嬴任好才不会像熊恽那样说些傻话自讨没趣。他当什么事都没发生过，热情招待姬重耳，姬重耳也就不客气，住下了。

这时，希望的曙光忽现。晋惠公姬夷吾病重，快要死了。

姬夷吾知道自己快不行了，赶紧派人送信，让在秦国做人质的太子姬圉回来。姬圉一接到信，转身就走，走得那个匆忙，连细软都没顾上收拾。

姬圉一到家，姬夷吾就死了，姬圉摇身一变，成了晋怀公。

姬圉这娃跟他爹比起来，水平还要差。他害怕伯父，又不知道怎么办，就问心腹。心腹的水平也不咋地，说："姬重耳为啥厉害，还不是因为有狐偃赵衰他们，他们的家属在咱手上，使点劲逼一逼家属，他们不就回来了？"

真是馊主意啊。

可是姬圉一听就鼓掌："好主意，就这么办。"

这样做的结果自然会怨声载道，在这次事件中，姬重耳的外公狐突也被逼死了。晋国上下一阵哗然：这是什么国君啊！

晋国的动静嬴任好看在眼里，他马上意识到机会来了，赶紧去找姬重耳。

这次嬴任好学乖了，要姬重耳娶了他女儿再给办事。

娶谁呢？文嬴。

文嬴嫁姬重耳之前叫怀嬴，因为她老公是晋怀公姬圉，姬圉这娃不厚道，回去做国君连老婆也顾不得带上。嬴任好自然生气，生气的结果便是，文嬴怎么着都得嫁给晋国国君，不管这人是姬圉还是姬重耳。

姬重耳挺不好意思，怎么能跟侄儿争媳妇呢？当然，这种时候总会有人站出来对这样的婚事进行合理性解释。姬重耳小脸绯红，点头同意了。这么说吧，姬重耳此时不过需要有个台阶，他自然清楚这是自己做国君的最后一次机会。

文嬴本该叫姬重耳伯父，现在改口叫老公，连名字也改了，怀嬴变文嬴，因为老公是晋文公了。

在嬴任好的支持下，姬重耳回国后顺利取代姬圉，成了晋文公。失败的姬圉死于逃亡路上，因为姬重耳派出的刺客水平高，一杀一个准儿。

姬重耳折腾了大半辈子，总算做了国君，他决定学习姜小白，做武林盟主。只是武林盟主并不是想做便能做的，一要有实力，二要有机会。

在狐偃与赵衰的辅助下，晋国像坐上了火箭，实力不可同日而语。而且，机会很快便来了，这便是周王室的“子带之乱”。

其实秦穆公嬴任好也关注着“子带之乱”，他屯兵黄河岸边，准备再去表现一下。姬带第一次作乱的时候，他与晋惠公姬夷吾合作，将姬带打得落花流水，逃到了齐国，如今，姬带卷土重来，嬴任好自然跃跃欲试。哪知，他都准备好了，姬重耳却将他甩了，一个人去勤王了。

前文已述，周襄王姬郑对前来勤王的姬重耳感激不尽，赏地不说，还派人敲锣打鼓到各诸侯国去宣传好人好事，姬重耳的江湖地位由此大大提升。嬴任好头痛死了：“奶奶的姬重耳，你翅膀硬啦，居然甩我。”

姬重耳抢了先机，嬴任好称霸的机会就此丧失。接下来，姬重耳就该挺进中原了。这姬重耳该好好感谢姬郑，因为他赏的土地为晋国打开了中原大门。

话说宋楚争霸正酣，宋襄公子兹甫与楚军作战身负重伤，不久便病死。子王臣继位，为宋成公，子王臣虽然恨透了楚国，但他拿楚国没办法，只好低眉顺眼，宋人见国君这个样子，很是生气，骂娘的比种地的还多。

子王臣憋着一口气没处出，但很快，他发现晋国也强大了，于是决定不理楚国，跟姬重耳套近乎。如此一来，楚成王熊恽不爽了。既然不爽，那就开打。他派令尹子玉北上伐宋。子玉诡计多端，为了不让齐国帮忙，叫楚军将齐国的穀邑围住，穀邑便是山东谷城。

楚军将宋国铁箍似的裹着，裹了一年，子王臣实在受不了，觉得自己快要死了，左看右看：能指望谁呢？晋国。

可是姬重耳接到宋国的求援信之后也犯了难，楚国这块骨头不好啃，闹不好牙齿也崩掉。

这时，先轸站了出来，说：“咱们打。”

先轸是大将，他一开口姬重耳好比吃了一颗定心丸。

怎么打呢?

别急，有办法。

一场春秋版“围魏救赵”开始上演。卫国和曹国是楚国的朋友，打卫、曹，楚国肯定会出面帮忙，这样一来，宋国的危机也就解除了。

晋军浩浩荡荡到了黄河边，准备过黄河，上了岸从哪儿走呢？向卫国借道。

此时卫国国君是卫成公姬郑，这娃的名字和周襄王一样，他爸便是卫文公姬毁。他不肯借道，一则卫国与楚国是朋友，二则知道“假途灭虢”这事。当初姬重耳的爸爸晋献公姬诡诸为了夺取军事要地崤山与函谷关，决定讨伐虢国，虢国在河南陕县，北边是虞国，虞国在山西平陆，也就是说虞国在晋国与虢国的中间，要是虞虢联合起来，事情就不好办了，咋办呢?

说难也不难。大夫荀息有计谋。

荀息带着姬诡诸的宝贝“屈产之乘”与“垂棘之璧”去见虞公，虞公高兴坏了，听说姬诡诸不过是借道，连忙答应，行行行。

按理说，虞国和虢国是近邻，关系又一向不错，虞公听到姬诡诸的要求应该把头摇得像拨浪鼓，难道虢国灭了，虞国的日子就会好过？也不知虞公怎么想的，他得了宝贝，便决定做晋军的先锋去讨伐虢国，虢国一下就搞没了。

虢国没了。晋国自然要打虞国的主意，再说那些宝贝还在虞公那寄放着呢。于是，晋国向虞国第二次借道。

这时，宫之奇站出来对虞公说：“不可不可，借一次已经很过分，哪能再借一次。”

虞公说：“没关系，我们都姓姬，一家人。”

宫之奇说：“什么一家人啊，晋国能灭了虢国，也能灭了虞国，唇亡齿寒啊。”

虞公不听，坚持借道，好咧，晋军不就来了么。

宫之奇长叹一声，带着家人先逃难去了。

果然，晋军没费劲就取下虞国。虞公干嘛去呢？当陪嫁。刚好姬诡诸嫁女儿，秦穆公嬴任好在迎接新娘穆姬时，发现陪嫁中居然还有虞公，瞧这陪嫁规格，真是高。

其实卫成公姬郑想错了，姬重耳对卫国恨得牙痒痒，就怕找不到机会报复。不用说，当初逃难路上卫文公姬毁让他吃足苦头，他牢记在心，发誓报仇。只是等他有能力报仇的时候，姬毁死了，那就父债子偿，姬郑逃脱不了干系。现在姬郑拒绝与晋国合作，那么，就别怪晋国不客气了。

卫国大夫元咺的想法跟姬郑可不一样，他觉得借个道没啥，不借道才糟糕，晋国要是发怒，咋办？

瞧瞧，晋军兵临城下了。

元咺这么想着，便开始行动，他赶走姬郑，让姬郑的弟弟姬瑕做国君，姬瑕便是卫中废公，看他这个名字就知道姬郑还会卷土重来。

这时的国际形势可谓牵一发而动全身。鲁僖公姬申一看情况不妙，赶紧杀了戍守卫国的鲁公子姬买，同时向姬重耳宣称："姬买是擅自行动，俺不清楚情况。"回头又对楚成王熊恽说："姬买办事不力，被俺宰了。"

其实姬申做梦都想当大爷，可惜没这能耐，只好两头忽悠。

姬重耳搞完卫国，接下来轮到曹国了。偷窥狂曹共公姬襄还活着。跟卫国情况不同的是，这时熊恽已经挥师北上过来帮忙，姬襄才不怕姬重耳呢。晋军虽然攻势凶猛，奈何曹军也打了鸡血。更厉害的是，姬襄叫人将阵亡的晋军将士尸首挂在城头，迎风招展，这招就狠了，晋军看到这情形，心里开始发虚。咋办呢？

还能咋办，只能用流氓的办法来对付流氓。

晋军跑去将曹国的祖坟刨了，将他们老祖宗的骸骨摆在军前。

这下曹人全哭了。为了得到姬重耳的原谅，他们主动提出将晋军将士的尸首装在棺材里送回来。

姬重耳同意，就这么办。

曹人打开城门，拉着尸首刚出门，伏在门外的晋军一拥而上，进了城。

姬襄傻了眼，哀嚎一声："姬重耳你个臭流氓。"

姬重耳逮了姬襄，第一个念头就是要杀他。这时有人来劝："当年姜小白多大的气量，卫国跟他不同姓，也帮人家复了国，现在你们同姓，杀他，不妥，还是放了吧。"

姬重耳想想也是，光想着复仇，把这茬给忘了。

于是，姬襄捡回一条命，从此对晋国服服帖帖。

这下楚成王熊恽犯了难，看来这场仗不好打，只好叫围着宋国的楚军撤回，可是，子玉只当没听到，反倒对宋国箍得更紧，倒是围着齐国榖邑的楚军撤回了，齐昭公姜潘看了看形势，决定退出战争——不蹚浑水，随你们作天作地瞎闹腾。

至于秦国，原本晋国稍有风吹草动便要来凑份子，这会儿也停下来看好戏，秦穆公嬴任好一边剔牙一边打嗝："呃，咱们先看看。"

这时的形势对晋国非常不利，但是，先轸出了个主意将这种局面扭转了。

"爷，既然齐国和秦国看热闹，那就拉他们下水。"

"咋弄？"

"好办，让宋国去找他们。"

宋国派人去了齐国和秦国，要他们出面与楚国斡旋，当然，事成之后，必有厚礼。

齐国和秦国一听很开心，赶紧派人去楚国。结果可想而知，楚国不理他们。为什么呢，因为输了的曹国和卫国割了地给宋国，楚国要是答应与宋国和解，就相当于自抽耳光。这下齐国和秦国都恼了，不看热闹了，站到晋国这边。

姬重耳面对的楚军由子玉率领，子玉既然已违抗王命，只有一条路可走，那便是赢。怎么才能赢呢？先用缓兵之计。

子玉派人对姬重耳说，咱们谈判吧。

但姬重耳手下那帮谋士把子玉想什么都看透了，正好使"请君入瓮"这一招。

看看晋国是怎么耍花样的，先是将子玉的使者扣了，把子玉气得咒天骂地。接着，曹国和卫国的使者去见子玉，他们可不是跟子玉套近乎，而是要跟他划清界限。因为晋国答应要好好待曹国和卫国。

此时子玉的心里只有一个词——“他妈的”。他不再掩饰心中的愤怒，带兵直扑晋军，但姬重耳却命晋军撤退。

咋回事呢？

因为姬重耳想起与熊恽那番退避三舍的对话。

楚军向前，晋军后退。一步两步三步，跳交谊舞似的。

大家都说不妥。

但总会有人为姬重耳这个看似荒谬的举动作解释：“爷，做得对，咱们退，一是守信，二是表示不想打，要是楚军步步逼来，他们就理亏了，咱们再打不迟。”

晋军撤退到城濮安营扎寨，楚军也跟过来。

这时的子玉就像红了眼的斗牛，若是不打一场，实在无处泄火。他派人向姬重耳下战书，是这么说的：请允许将士们玩一玩，俺们就站在马车上看一看，如何？

姬重耳接到战书，不禁乐了：“子玉在装文雅呢，好，咱也文雅一回。”

于是，子玉接到这样一封回复，“寡君闻命矣。楚君之惠，未之敢忘，是以在此。为大夫退，其敢当君乎！既不获命矣，敢烦大夫谓二三子：戒尔车乘，敬尔君事，诘朝将见。”

这意思便是，俺们本来不想打，是你们逼的，既然如此，明儿一早战场见。

这是四月的一个清晨，雾霭还在草间沉沉睡着，楚晋两军早已醒了，他们在等日出。当第一缕阳光出现时，冲锋的号角便吹响了。

城濮之战的成败关系到姬重耳的霸业。这之前，他做了个噩梦，梦见熊恽成了吸血鬼，将他压在地上吸食脑子。这个梦对姬重耳来说非同小可，他不敢打了。

都到这一步了，还退缩，他的大臣可不允许。

这时，狐偃出面了："好梦啊，你躺地上，面朝天，说明老天在眷顾你，熊恽面朝地，说明他在低头认罪。脑髓是软的，熊恽喝了，必得软骨病。"

狐偃作为一等一的演讲大师，死人听了也会从棺材里爬出来，姬重耳听了，自然满心欢喜，他不再犹豫："开打吧。"

演讲大师魅力大

这场战争的结果大家都知道，楚败晋胜。

失败的子玉带着人马匆匆逃走，胜利的晋军唱着凯歌走进楚营。

当晋军喝着楚军的美酒时，子玉却因无颜见江东父老而自杀了。子玉的死其实迫于楚成王熊恽的压力，熊恽早看他不顺眼了，他的家族若敖氏在楚国实力强大，他一死，若敖氏也就衰了，熊恽毫不含糊，提拔了蔿吕臣。

姬重耳听说后，不由大喜："嗯，这下不用愁了，蔿吕臣没什么好担心的。"

果然，城濮之战后，晋国完全确立了霸主地位。

做什么样的霸主，其实很有考究。姬重耳压抑着满心欢喜，低眉顺眼地去见周襄王姬郑，帮他修宫殿，还把楚军俘虏献给他，这让姬郑感到这场仗是为他打的，姬郑一开心，便封姬重耳为"侯伯"，也就是诸侯的老大。姬重耳这么努力，就是为了名正言顺做老大。于是，第二个齐桓公姜小白出现了。

姜小白的特点是开会，姬重耳也不例外，不开会怎么体现老大的威严呢？

姬重耳开会的规模比姜小白大，看看到会的诸侯便知，齐、秦、宋、郑、卫、鲁、陈、蔡、莒、邾。

这些国家里，卫国的问题有些棘手，因为卫成公姬郑正在流浪，他不是省油的灯，四处活动，想着有一天能够东山再起。

姬重耳作为诸侯的老大，对这种事自然要管，于是，姬郑被押往晋国，与大夫元咺当面对质，不用说，姬郑自然理亏。

理亏的姬郑一下就病了，姬重耳派人给他治病。姬重耳的意思是，让这人病死算了。只是，姬郑身边有位忠诚之士——宁武子，他从医生那得知药里有毒，于是设法稀释，姬郑算是没死成。

事情到了这一步，如果再没有转机，姬郑迟早要被姬重耳弄死。这时鲁僖公姬申出面了，他向周襄王姬郑求情，当然，宝贝啥的不能少。周襄王姬郑得了宝贝，同意释放卫成公姬郑。这时姬重耳也不好再说啥，这小子命大，且让他回国吧。

卫成公姬郑一回国自然要做屎壳郎，将弟弟卫中废公姬瑕拱掉，他比较狠，干脆杀了弟弟，至于大夫元咺，也死于非命。到这，卫国才算安静下来。

其实，姬重耳要的只是诸侯听话，谁不听话，谁就得挨棍子。

姬重耳在逃难路上与郑文公姬捷结了仇，姬捷心里明白得很，于是跟楚国套近乎，哪知城濮之战过后，楚国一下没了声音，晋国独大。按理说，姬捷要是明白事理，就该向晋国示好，也不知这娃是怎么想的，居然偷偷派人去楚国，这事若是秘密倒好，可惜竟搞得天下人皆知。

不用说，姬重耳的绝妙借口来了："好小子，不把晋国放在眼里，那就给你点儿颜色瞧瞧。"

很快，晋秦联军扑向郑国。

姬捷傻了眼，咋办？

这时，郑国人烛之武出场了。他是狐偃一样的演讲大师，他决定向秦穆公嬴任好演讲。

嬴任好看重的是什么？当然是秦国的利益。

这就好办了。

烛之武开始为嬴任好分析："秦国在晋国的西边，郑国在晋国的东边，假如郑国没了，谁会得益？当然近水楼台先得月，难道秦国还能越过晋国得到郑国的土地？不可能啊。现在你出兵出力打一场，好处是什么呢？只能助姬重耳更强大。”

嬴任好一听：“对哇，咱怎么没想到呢，奶奶的姬重耳，哼，不理你了。”

秦晋之好到这不管用了。

嬴任好牵着郑文公姬捷的手，说：“咱们做朋友。”

姬重耳愣了愣，自然明白咋回事。这时有人建议他攻打秦军，他摇头。此时与秦国还是朋友，撕破脸就没法做朋友了。

晋秦联军被烛之武一搅和，散了，郑国总算又能活了。

此时姬捷终于意识到，老大是晋国，给姬重耳贴笑脸吧。对姬重耳来说，目的已达到，那就不再追究如烟往事了。

姬重耳在南边打仗，北边的胡人看到机会，开始不时骚扰晋国，这让姬重耳颇为头痛。要治顽疾牛皮癣，只能下猛药，于是设立三行。城濮之战前，姬重耳已经建了三军，也就是三支正规军，三行相当于三支后备军。三军三行一搞，其实是六支军队。姬重耳为啥在名称上做文章，因为周朝有规定，诸侯扩军不能超过三军，名称一改，就算没违反规定。

但没过几年，姬重耳又开始调整，撤了三行，新设新二军。这是为啥？说来话长，对姬重耳来说，当年流浪岁月里与大臣共赴苦难的温馨已一去不复返，如今只剩争权夺利，虽然表面看起来大家还一团和气，但内心波涛汹涌却无处可说。此时晋国政治舞台上活跃的是狐偃和先轸，狐偃是姬重耳的舅舅，外甥的个性与舅舅相像，摩擦难免。先轸是武将，不傲不成活。唯有姐夫赵衰，为人低调，很少与人争功。赵衰的平和是姬重耳的甘霖，姬重耳需要赵衰的崛起来平衡狐家的势力。于是，赵衰一跃成了新上军首领。

到这时，晋国堂而皇之有了五军，姬重耳不再掩饰自己的实力，周朝的规矩见鬼去吧。只是，作为一位诸侯，走到这一步，难免不会被人骂“谲而不正”。

姬重耳已经老了，虽然狐偃更老，但身体还很好，这让姬重耳分外担心，怕自己走在舅舅前头。此时，赵衰便是他潜意识里的救命稻草，因此，他一边不遗余力地提拔赵衰，一边打压狐家。狐偃自然意识到这一点，无奈自己实在太老，撑不过外甥，先死了。狐偃一死，姬重耳一颗悬着的心总算落下，也平静地去了。

同样是霸主，姬重耳与姜小白的结局太不一样了。姜小白做了四十三年齐桓公，最后被饿死，齐国国力也随之一落千丈。姬重耳虽然只做了九年晋文公，但晋国国力不输齐国鼎盛期，他死后，他的儿子晋襄公姬欢为他办了一场体面的葬礼，前来吊唁的诸侯络绎不绝。

奇怪的是，近邻秦穆公嬴任好对姬重耳的死却是无动于衷。嬴任好与姬重耳是翁婿关系，女婿死了，老丈人却在拨小算盘，这事看起来很滑稽。

嬴任好在想什么呢？

争霸。

按理说，嬴任好老得快要成精了，哪有那么大力气争霸，还别说，他的精力真是旺盛，说干就干，派兵直奔郑国。

此时郑文公姬捷已死，继位的是郑穆公姬兰。当年姬捷因为太子姬华和公子姬藏谋反，一怒之下杀了他俩，又把别的儿子都赶走，诸公子呈鸟散状，各自飞了。

姬兰到了晋国，为姬重耳效力。姬捷一死，姬重耳将姬兰送回国，成了郑穆公。姬兰自然死心塌地跟着晋国，这让嬴任好非常不爽。因为烛之武搅和的那次，嬴任好派了人马守郑国，姬捷对秦国也是非常友好，姬兰一上台，郑国对秦国就不那么热乎了。

嬴任好憋了一肚子气，见姬重耳一死，心中再无忌惮，赶紧教训姬兰去了。况且，守郑国的秦将不甘寂寞，派人来，说咱们里应外合，此时偷袭最佳。老臣蹇叔和百里奚表示反对，秦国离郑国那么远，秦军浩浩荡荡赶去的时候，全天下都知道了。

但嬴任好如意算盘拨得啪啪直响，哪里肯听。他派谁去呢？百里奚的儿子孟明视，蹇叔的儿子西乞术，白乙丙。一般来说，儿子对老子的见解总有点儿看不上，孟明视觉得老爸太保守，不行不行。

可惜，人算不如天算，这次秦军在路上碰到郑国人弦高，他是位富商，正在贩牛途中，也就是说，他赶着一群牛，尘土飞扬地来了。

弦高这人实在机灵，得知秦军要去攻打郑国，立马计上心来。

他对孟明视说：“俺是姬兰派来的，给您送牛来了。”

孟明视一听，愣住了：难道俺来偷袭，郑国已经知道了？他尴尬地笑了笑，收下牛，却驻足不前。他想了又想，决定打道回府。

可是，就这么回去也太没面子了，孟明视越想越不对劲，他一边往回走一边瞎琢磨，等他琢磨透了，刚巧路经滑国。滑国是个小国，靠近晋国，滑伯很识相，对晋国点头哈腰地示好。

在孟明视眼里，滑国不过是只小蚊子，打一下就死了，果然，秦军一拥而上，滑国就没了。

孟明视爽够了，问题就来了。

晋国会怎么看这件事呢？姬重耳刚死，秦军就来欺负晋国的小弟滑国，什么意思嘛。

晋国可不是好惹的，好，给你点儿颜色瞧瞧。

这时先轸站出来，主张与秦军干一场。虽然也有声音要求与秦军修好，但先轸声音大，听先轸的，出征。

秦军正在路上，晋军得挑个地方等他们，哪里比较好？

崤山。

当年，晋献公姬诡诸为了夺取战略要地崤山和函谷关，耍了多少阴谋诡计，如今可派上用场了。晋襄公姬欢披麻戴孝，晋军臂缠黑布，在崤山静静等待孟明视他们的到来。

秦军刚取了滑国，唱着歌儿，打着嗝儿，开心着呢。不想晋军从天而降，天爷爷，这是咋回事？哭爹喊娘已来不及，秦军将他们困在山谷里了。秦军被晋军煮了一天一夜，一锅端了。

秦军输得实在彻底，孟明视、西乞术、白乙丙都被捕了。得胜而返的姬欢倍儿有面子，姬重耳的霸业因为这一仗而得到巩固。最没面子的是嬴任好，偷鸡不成蚀把米。

姬欢本想杀了孟明视他们，但文嬴出面了，文嬴虽不是姬欢的亲妈，但她是晋国国母，说的话还是有分量的。这样一来，孟明视他们算是捡回一条命。

先轸听说姬欢放人了，气得要命，一口气奔到姬欢面前，啐一口口水："呸，你这是放虎归山。"

姬欢呆了呆，问："咋办？"

把他们弄回来。

可是，他们已到了黄河边，上了船，追不回了。

先轸那口口水算是白啐了。

嬴任好一袭白衣，神情肃穆，站在城外，一见到三位大将，马上自我检讨："娃，都是我不好，让你们受苦了。"

啥都别说了，三位大将眼含热泪，回到秦国温暖的怀抱。

姬欢运气真不错，一上台就连打三场胜仗。其中前两场是先轸为他打的，活捉孟明视的"崤之战"让秦国彻底失了面子，"箕之战"则将蠢蠢欲动的翟人打得灰头土脸。翟国说起来与晋国关系不错，姬重耳当年逃难时在那住了很久，但是，"秦晋之好"都挡不住崤之战，与翟国那点儿关系哪能挡得住箕之战？

箕之战中，先轸打酣了，甩了甲胄，在翟军中发飙。这种情况非常奇妙，晋军胜了，主帅却死了。事实上，先轸的疯狂行为有自杀嫌疑，他似乎是在向姬欢表白他的忠诚，这位对国君啐口水的将军在战场上走完了最后的路。

先轸死后，姬欢让他的儿子先且居做了主帅。姬欢似乎在向世人宣告，咱是信任先轸的。

姬欢的第三场仗是与楚国打，这场仗看起来有些可笑。

姬重耳死后，楚成王熊恽的争霸之心立马死灰复燃，他派子上攻打陈国和蔡国。哪知陈国和蔡国一见楚国大军压境，就举手投降了，楚军觉得没意思，掉头去打郑国。

楚军来中原闹腾，作为霸主的晋国不能坐视不管，于是，姬欢派阳处父攻打蔡国，此时的蔡国投降了楚国，楚军自然会来帮忙。

很快，楚军来了。两军在泜水相遇，可是隔着一条河怎么打？

阳处父是个滑头，他对子上说："咱们别磨蹭了，要不你过河，要不我过河，岸上的让一让过河的，上了岸赶紧打。"

子上的谋士赶紧出主意，说："晋军坏死了，咱们不能上当，要是咱们过河，走到一半他们开打咋办，还是咱们让一下他们。"

于是，楚军开始后退。

阳处父一看：哈，中招了，赶紧让士兵喊"楚军逃了，楚军逃了"。喊得那个响。子上懵了，咱这是在逃跑？等他醒过来想骂，晋军早已唱着歌凯旋回师了。

子上没办法，也只好回去。只是，他的麻烦大了，长一百张嘴也说不清了。更何况，他的对头正等着呢。

子上的对头是太子熊商臣，当初熊恽立太子的时候，询问他的意见，他说熊商臣为人残忍，不能做太子。得，就这样结成冤家了。

熊商臣对熊恽说："爸，子上这小子肯定收了晋国的好处，要不怎么就退兵了呢？"

熊恽一听："嗯，有理，果真有鬼。"

子上就这样被处死了。

姬欢作为一个霸主，打胜仗确立威信是必不可少的。人家上门挑衅，打。没人来挑衅，那就找个人来打。

姬欢的下一个目标是卫国。卫国看起来像个受气包，老挨打。当然，这是有原因的。姬欢继位，卫成公姬郑没来拜见，礼数不到，当然要挨打。

这次姬欢亲自带兵前往卫国。路经王畿，也就是周王室的土地，先且居提醒说："爷，该去拜见周襄王姬郑。"

姬欢想想也对："好，去见一下。"于是，他去见周襄王姬郑，先且居则马不停蹄去了卫国。

周襄王姬郑其实挺寂寞的，来看他的诸侯越来越少，门前的尘埃越来越多，姬欢的到来让他的颜面增色不少。

先且居到了卫国三下五去二就将前来迎敌的卫将擒了。

卫成公姬郑傻了眼，咋办啊？俗话说，病急乱投医，他去找陈国帮忙，此时的陈国已投靠楚国，他想当然地认为楚国会来帮忙。哪知，卫成公姬郑的如意算盘打错了，陈共公妫朔其实是个蠢蛋，他给姬郑出主意：“别怕，与其被晋国打，不如去打晋国。”

这叫什么话呀？这是让姬郑拿鸡蛋碰石头。

哪知姬郑听了却觉得不错，嗯，就这么干，打晋国去了。

还别说，真有勇敢之人赞同这种说法，大夫孔达领兵出征了，不用说，肉包子打狗，有去无回。

先且居若是加把劲，将卫国连锅端了也不难。但时局发生了变化。

嬴任好时时刻刻盯着晋国，他见晋军出征，马上意识到晋国国内此刻是只软柿子，捏一捏没问题。于是，他派孟明视去了。

先且居自然也密切关注着秦国的动向，他立即撤军，转身迎击秦军。

秦晋两军在彭衙相遇了。

孟明视在先轸那里吃过亏，现在面对仇人的儿子，自然想要扳回面子。

但此时有个传奇人物出现了，他便是狼瞫。

崤之战那会儿，狼瞫因为勇猛被晋襄公姬欢封为车右。车右的职位仅次于主将，牛逼闪闪。但是，箕之战的时候，先轸将狼瞫的职务撤掉了。狼瞫气得要命，有人就怂恿他，杀了先轸。他摇头，说：“先轸撤我的职，是因为觉得我配不上这个职务，我杀他，反倒留下口舌。来日方长，走着瞧。”

现在，机会摆在狼瞫面前，证明自己到底行不行就看这一战了。

狼瞫领着一支敢死队，猛虎般闯进秦军队伍。不用说，秦军的队形很快被冲散了，先且居赶紧趁热打铁将秦军结结实实揍一顿。这次，孟明视又输了。

狼瞫如愿以偿得到了荣誉，但是献出了生命。

孟明视屡战屡败的表现让秦人对他很失望，他自己也感到羞愧难当，但嬴任好却坚定地相信他的能力。嬴任好的想法其实很实际，在战场上拼杀的将军需要磨砺，需要经历风雨。

孟明视果然不负所望，为了练兵，干脆与将士吃住在一起。没几年，一支猛虎型秦军诞生了。

嬴任好决定酝酿更大的战事。他亲自率领秦军过黄河。崤之战的惨败是他心中的痛，如果不拔掉这个痛，他片刻都无法安宁。在黄河边，他下令军士将渡船烧毁，就是说没有退路了。四百多年后，项羽也干过这样的事，叫做“破釜沉舟”。

这次，晋国的反应出乎嬴任好的意料，他们面对来势汹汹的秦军却是不闻不问。

这是为啥？难道是怕了不成？

倒不是。

晋国大臣在姬欢面前争得面红耳赤，最后，赵衰的意见占了上风。

赵衰认为，秦军这次抱着必死之心前来，不能硬碰硬，还是随他发泄，不要管。

果然，秦军在晋国耀武扬威一个月，并没碰到顽强抵抗的晋军，心里憋着的那股气渐渐瘪了。既然碰不到敌手，那么，去崤山，将战死将士的尸骨挖出来，好好祭奠。

孟明视在崤山大哭一场，当年的惨败终于以这样的方式雪耻了。

嬴任好此次过黄河大闹让大家看到晋国并非是坚不可摧的铁人，姬欢开始反省做个霸主是不是光打胜仗就万事大吉了，遇上秦国这样不怕死的硬汉，也麻烦。

之后，晋国开始改变做霸主的方式，以一种温柔的面孔示人。至于秦国，爽了一把之后，退回到黄河那边，终于断了争霸的念头，决定好好发展，来日方长。

晋国要温柔，第一个便是对鲁国温柔。为啥？因为上次鲁文公姬兴来访，吃了冷泡饭。

鲁国原本还能跟齐国横眉冷对，齐国衰了之后，鲁国衰得更快，姬兴是鲁僖公姬申的儿子，到姬兴这会儿，作为霸主的晋国根本不把他放在眼里。他风尘仆仆赶去晋国，碰了一鼻子灰回来，郁闷了好久。没想到，晋国的政策改变了，一张请柬飞到姬兴案头，邀请姬兴访晋。姬兴心里一阵激动，奶奶的，晋国终于把咱当国君看了。

于是，姬兴屁颠屁颠去了晋国。一到那儿，姬兴发现道路两旁站着手捧鲜花的百姓，脸上涂着腮红，看到车队前来，啪啪地鼓掌。姬兴心里那个美啊。

更美的事还在后头，因为姬欢将会诗兴大发，狠狠赞美姬兴。

姬兴被这样一捧，就好比坐上了氢气球，飘啊飘，飘到了半空中。

还是大夫叔孙得臣沉得住气，对姬兴说："姬欢这样对咱们，咱们也不能缺了礼数。"

姬兴点头称是，赶紧作诗赞美姬欢，"显显令德，宜民宜人，受禄于天"。如此一来，皆大欢喜。

姬欢将紧绷的弦松一松，诸侯们对他的态度也大大改观。为了让诸侯们对晋国的态度彻底改观，姬欢决定放了那位勇敢的卫国大夫孔达。

卫成公姬郑自然知道好歹，亲自去晋国表示感谢。

既然顽固派姬郑的态度都能一百八十度大转弯，那么曹共公姬襄没有理由不来凑凑热闹。当然，姬襄作为一位偷窥狂，说不定听说多了姬欢友好待人的传说，按捺不住，要去见识见识。对姬欢来说，姬襄能主动前来，没有不欢迎之理，宾主相聚甚欢。

姬欢这样摆姿态，看起来比他爸还善于搞外交。只是，所谓的完美掩盖不了现实的残酷，晋国国内到底是怎么个情况呢？说白了，大臣之间利益纷争不断，老臣派和少壮派吵得厉害。姬欢很头疼，手心手背都是肉，咋弄呢？

保持平衡。

只是要使这招不容易，最后还是少壮派取得了胜利。赵衰的儿子赵盾、狐偃的儿子狐射姑、先且居的儿子先克，不但入了六卿，还在三军中担任职务。其中，赵盾担任了三军最高统帅，于是，军政大权集于一身的新权贵出现了。

没多久，姬欢便去世了。他的儿子姬夷皋尚幼，让他驾驭一群能干的大臣几乎不可能。姬欢考虑到这点，临死前召见赵盾，向他托孤。

姬欢的遗命自然是为自己的儿子考虑，但赵盾可不这么认为，他觉得应该让贤能的人做国君，因此姬欢一死，他便说，姬夷皋太小，不能做国君。

那么谁能做国君呢？

姬雍。

姬雍是姬欢的弟弟，在秦国。让他做国君，一是人品好，二是还能与秦国重修旧好。

只是，此时的晋国还不到赵盾说啥就是啥的地步。

狐射姑站出来反对，姬乐也能做国君。

姬乐同样是姬欢的弟弟，在陈国。但是，狐射姑只不过为反对而反对，而且他还错误地认为只要让姬乐先回国，抢到国君帽子就行了，但他低估了赵盾的手段，姬乐尚在路上，就被赵盾的人给杀了。这下，狐射姑失去了手中的筹码，可他哪里肯咽下这口气。这时，他想起当初姬欢本想让自己做军中一把手，哪知被阳处父一句话搞没了，换成了赵盾，哼，既然你杀我的人，那我也杀你的人。于是，狐射姑派弟弟去杀阳处父，阳处父一死，倒是给了赵盾借口，他自然要找狐家算账，狐射姑瞄瞄形势不对，赶紧逃，逃到翟国。赵盾也不含糊，好，你既然逃了，那就不要回来了，于是派人将狐家的佣人和家具都送到翟国。到这，狐射姑算是把爷爷狐突、父亲狐偃在晋国的努力都弄丢了。

解决完反对派狐射姑，赵盾便派人去秦国，商量迎姬雍回国的事。嬴任好已死，继任是秦康公嬴罃，嬴罃听了自然高兴。

此时，有个女人不干了。她便是姬夷皋的妈妈穆嬴。一个弱女子能有什么办法，不外乎“一哭二闹三上吊”。其实使上第一招就够赵盾受了，穆嬴抱着姬夷皋坐在朝堂上哀哭不已，赵盾被搅得心神不宁，回家去，穆嬴又跟到赵家继续哭，赵盾没办法，只好改变主意，立姬夷皋为晋灵公。至于正在路上的姬雍，不要他回来了。赵盾亲自带兵将护送姬雍回国的秦军打跑了。混乱中，姬雍也死了。事情搞成这样，嬴罃自然愤怒不已，别再提劳什子秦晋之好了。

谁要露出马脚，谁就出局

姬夷皋年幼，晋国大小事都听赵盾的。

赵盾第一件事便是召开联合国大会，这是霸主的标志。当然，会议以姬夷皋的名义召开，到会的有齐、宋、鲁、卫、陈、郑、许、曹。只是，姬夷皋并没出席这次大会，会议由赵盾主持，这可没办法，谁说了算谁就是老大。

开会点名时，鲁文公姬兴居然迟到，搞得赵盾很不高兴："你迟到，什么意思？不把我放在眼里？"

姬兴其实没啥事要忙，他迟到，就是没头脑。

果然，赵盾一生气，晋军便直逼鲁国。

姬兴慌了，赶紧求饶。他派大夫东门襄仲去向赵盾求和，当然，金银财宝不能少。赵盾这才放过迟到者姬兴，宣布撤兵。

要说此时的鲁国，已经沦落为三流国家，对外硬不起来，对内同样软趴趴。姬兴看起来比较窝囊，大臣之间也不肯闲着，争权夺利忙不停。东门襄仲名叫姬遂，他爸是鲁庄公姬同，所以说他是姬兴的堂叔。他的对手名叫姬敖，庆父的儿子，也是姬兴的堂叔，人称孟穆伯。

东门襄仲由于经常去齐国、晋国出差，就好比孟加拉国的使者经常去美国出差，在国内的地位也变得日益重要。

孟穆伯怎么跟东门襄仲争呢？抢他的女人，当然，不是明抢，而是暗夺。

孟穆伯有俩老婆都是莒国人，很甜美，孟穆伯欢喜不已，寻思着向莒伯再要一美女，莒伯不肯答应：“你貔貅啊，没完没了。”

可是，做硬汉需要实力。徐国跑来讨伐莒国，莒伯没办法，只好向鲁国求救，孟穆伯带兵去了，三下五去二将问题解决了。接着，孟穆伯说要帮东门襄仲讨一媳妇，莒伯答应了。只是，美女一到孟穆伯手上，便肉包子打狗有去无回，孟穆伯将美女占为己有了。东门襄仲气得要命，要求姬兴同意派兵攻打孟穆伯。这时有人劝姬兴：“爷，大臣间的丑事，兵戎相见有点儿过分，不如劝和。”

姬兴想想也对，打什么打啊，都是一家人，赶快和好要紧。

于是，孟穆伯将美人送回莒国，东门襄仲也不再提此事。

矛盾解决没有？当然没有，只是暂时被捂着，谁要露出马脚，谁就出局。

孟穆伯这人实在不靠谱。周襄王姬郑死时，鲁国派他带着大礼去吊唁，他倒好，半路上私吞礼物，逃去莒国看美女老婆。

后来，孟穆伯要求回国，东门襄仲便规定，回来后不许外出。他乖乖地在家待了三年。三年后，觉得这日子没啥意思，又去了莒国，于是，他再也没能回来，最后死在齐国。

鲁国的重要大臣都这副德性，难怪鲁国要走下坡路。

东门襄仲这人也不是好鸟，他与姬兴的小老婆敬嬴关系密切，姬兴死后，敬嬴寻思着让自己的儿子姬倭继位，跟东门襄仲一商量，东门襄仲就开始活动了。姬兴的大老婆是齐国人，姓姜，她有两个儿子——姬恶和姬视，按照立嫡立长的规矩，怎么都轮不到姬倭。东门襄仲心想：姬恶和姬视的靠山是齐国，那就问问齐惠公的意思。齐惠公姜元刚继位，怕招惹麻烦，对东门襄仲说，随便。

东门襄仲见齐国没啥意见，手起刀落，杀了姬恶和姬视，让姬倭成了鲁宣公。怎么处置姬兴的大老婆呢？赶她回齐国。这个可怜的女人一路走一路哭，“天乎！仲为不道，杀适立庶。”鲁人看她可怜，叹一声：“哀啊。”于是，她被叫做哀姜。

再说赵盾，为了能向姬重耳、姬欢的霸业靠拢，在郤缺的建议下，决定以德服人，怎么弄呢？归还土地。

这事在当时可是非同小可，你想啊，大家争来夺去，不就为了土地么，现在赵盾将到手的土地还回去，诸侯还不感动得鼻涕眼泪一大把？情况真是这样，赵盾将晋国所抢卫国和郑国的土地还回去时，卫成公姬郑、郑穆公姬兰抱着赵盾的膀子，感激涕零："哥，啥都不说了，以后就听你的。"

赵盾如此风光，让一些老臣觉得特不舒服。当初晋襄公姬欢在的时候，老臣派与少壮派竞争，略输一筹，现在赵盾掌权，老臣派其实已一落千丈。当然，他们并不甘心处于这种局面，而是盯着少壮派分析：赵盾、狐射姑和先克三人，狐射姑已被排挤，先克一跃成了老二，这人本来就傲慢，现在更傲慢，还抢老臣派的土地，嗯，干掉他再说。

暗杀行动很顺利，先克死了。

但先克一死，赵盾立即感觉到威胁，下令彻查凶手，这一查，就把一条藤上的瓜都拉起来了。

赵盾抓了他们，派人去告诉哭婆婆穆嬴，穆嬴对赵盾素无好感，现在见自己亲近的大臣被捕，自然要帮着求饶。哪知赵盾只是知会一声，穆嬴的意见根本就不采纳，这样一来，老臣派算是彻底毁了。

这时的晋国，实际上已是赵盾的天下。

不过，赵盾无法解决所有的敌人。譬如秦康公嬴罃，他对赵盾恨得牙齿痒痒，被骗过一次，要记上一辈子。

嬴罃怎么弄呢？心里一不舒服就派兵攻晋国，打两下，抢点儿东西就走。

嬴罃这样，赵盾就很头疼，暗骂："嬴罃你这鸟人，咋回事嘛？"

臾骈建议："秦军远道而来，撑不了多久，我们跟他们对峙，等他们撑不住了，再狠狠打一场。"

臾骈的建议确实狠。这下嬴罃慌了："咱小打小闹发泄发泄而已，别给俺来真的啊。"

当然，嬴罃手下也有人。

士会就说了："这肯定是臾骈的鬼主意，咱们想办法破了它。"

士会是晋国人，对晋国的大臣很了解，他要利用一个人的弱点。

这人是谁？

赵穿。

赵穿是赵盾的堂弟，又是姬欢的女婿，牛逼闪闪。牛逼闪闪之人喜欢做牛逼闪闪之事。本来晋军用了臾骈的计谋在等秦军疲倦，但是，士会计谋中的一小股秦军前来骚扰，赵穿跳起来便去迎敌。大家说：“再等等。”

“等个屁。”赵穿骂一声，早带着人马冲前头去了。

这下，赵盾坐不住了，一挥手：“打。”

臾骈的计谋算是破了。尽管晋军只是仓促迎敌，怎奈实力实在强大，秦军顶不住，怎么办？

士会的计策又来了，咱们给赵盾下战书，约定明日再战。

于是，一封战书到了赵盾手上，赵盾一看，愣了一下。

臾骈说：“秦军这是想逃，我们将计就计，在黄河边上等。”

哪知赵穿又蹿出来了：“呸！去黄河边伏击秦军，太阴险，这是人干的么？再说，我们还没收殓阵亡战士的尸首呢！”

赵穿这么一闹腾，去黄河边的事就黄了。秦军自然顺利逃走。

事情变成这样，赵盾自然要追究原因，说：“士会多好的人才，居然被秦国所用，不行，得把他弄回来。”

士会为什么在秦国？因为赵盾派他去迎姬雍回国。后来嘛，搞得回不了国了。

可是，怎么让士会回国呢？士会这个人才，嬴罃也很欣赏。

好办，使“苦肉计”。

让谁去呢？魏寿余。

魏寿余其实姓姬，只因爷爷毕万侍奉晋献公姬诡诸有功，封在魏城，子孙以魏作氏。他爸爸是魏犨，跟着姬重耳流亡了十九年。

魏寿余便吵着闹着要投降秦国，晋国自然抓他家人，魏寿余气喘吁吁奔到秦国，秦国自然接纳。这样一来，魏寿余便有机会接近士会了，两人一聊，士会多明事理啊，很干脆就跟着回晋国了。

士会一回来，赵盾给他一个大大的熊抱：“辛苦你了。”

赵盾这人的厉害之处在于，只要你是能人，就用你。

于是，皆大欢喜。

秦国少了重要谋士，暂时不敢对晋国轻举妄动。但是别忘了，还有楚国。楚国一向对中原垂涎三尺，晋国独大，自然成了他的眼中钉。

楚成王熊恽与晋襄公姬欢干过一架，不过熊恽的将军子上被姬欢的老师阳处父耍了。回家后熊恽被太子熊商臣一句话就搞死了。

熊商臣确实如子上所言，为人残忍。他为了能快快成为国君，便逼自己的老爸。《史记》这么说，“冬十月，商臣以宫兵围成王。成王请食熊蹯而死，不听。丁未，成王自绞杀。”

熊蹯便是熊掌，熊恽临死前想吃熊掌，熊商臣不愿意。这娃够心黑的，怕熊掌煮熟太费时间，要老爸立时三刻便死。

熊商臣成了楚穆王后，开始跃跃欲试进军中原。

再看中原的情况，秦穆公嬴任好与晋襄公姬欢相继去世，秦晋之间因为姬雍一事，闹得很不开心。此时不出手，更待何时。熊商臣第一个相中郑国，打了再说。

郑穆公姬兰与晋国关系好得很，自然要抵抗，可惜势单力薄，经不起打，几位公子也被俘了，只好服输。

晋国此时在干吗？难道没看到楚国的动静？那倒不是。赵盾正在处理国内事务，如前面所言，老臣派搞少壮派，赵盾腾不出手来帮郑国。

赵盾处理完国内之事，领着晋、宋、卫、许四国联军来郑国了。

这下，姬兰就伤心了：“哎呦喂，俺没办法，只能假装与楚国好，俺对晋国可是真心诚意的呀。”

赵盾也不好说啥，拍拍姬兰的肩膀，算是和好了。

但熊商臣可不这么认为，他觉得赵盾肯定怕楚国，要不怎么肯忍气吞声？为了测试赵盾是不是怕楚国，第二年，他出兵攻打陈国。陈国也是晋国的朋友，此时陈共公妫朔的处境与郑穆公姬兰的处境一样，怕了，虽然陈国侥幸打了胜仗，但是妫朔决定向楚国贴笑脸。

熊商臣试了两下，两下都很爽，于是，他确信晋国已经挡不住他争夺霸位的步伐了。不过，他在中原风光之际，楚国国内却出问题了。斗宜西和仲归不服气，搞小动作，熊商臣啥人啊，回头就把这两人杀了。

熊商臣真是劳模，平了国内之乱，赶紧举起小喇叭，开始喊话：“郑、陈、蔡，咱们开会了。”喧嚣声传到晋国，赵盾头疼，可是没办法。

熊商臣一喊话，郑、陈、蔡自然乖乖听话。

干吗去？打宋国。

宋国一样软趴趴，楚军一来，赶紧举手投降。

熊商臣前后折腾了十二年，死了。这会儿赵盾总算可以松口气，因为熊旅继位成楚庄王了，这娃不像他老爸熊商臣那样爱闹腾，在宫里吃吃喝喝，不到中原来捣乱。

赵盾自然不放过这个机会，他让人做了面旗帜——“尊王攘夷”，夷就是楚国。赵盾这样一号令，郑、陈、宋几个国家脑子转得快，马上转风向：“嗯，还是晋国好，大哥，我们听你的。”

当然，也有死脑筋，蔡国便是。这种时候，识时务者为俊杰，不识时务者嗝屁。赵盾派郤缺去打蔡国，蔡庄侯依然对楚国寄予希望，派人去求救，熊旅却不理，还嫌人家打搅他喝酒。这下，蔡庄侯彻底绝望了，只好举手投降。

这么说吧，晋楚在中原大地博弈，晋国执红棋，楚国执蓝棋，诸侯们换衣换得忙，一会儿穿红衣，一会儿穿蓝衣。

当然，赵盾可不这么认为，他觉得自己是个“打遍天下无敌手”的擂主。只是，他的种种努力将随着晋灵公姬夷皋的长大而贬值。

长大后的姬夷皋其实是个孬娃，孬得不像话。国君“孬”起来跟普通人不太一样，普通人只能玩弹弓打别人家的玻璃，国君则弹路人玩。你想啊，走在路上，哼着歌儿，“嘣”地一声，倒地上了。一看，这人脑袋在冒血，被弹弓弹着了。谁干的啊？国君。再一看，国君正站在高台上偷着乐呢。

还别说，姬夷皋什么离谱的事都敢做。有一次，赵盾带兵去讨伐不听话的齐国，走到半路，姬夷皋传令退兵。赵盾不知道发生啥事了，赶紧撤兵，回去一问，原来姬夷皋收了齐国的钱。

齐国摸准了晋国的脉，其他国家也跟着看明白了，窃窃私语："哦，以后就这么办，赵盾再狠还得听糊涂虫姬夷皋的。"

姬夷皋胡闹可不止这些，有位厨师给他炖熊掌，他嫌不好吃，叫人杀了厨师，扔了。

姬夷皋这么干，赵盾自然看不下去，忍不住要规劝。姬夷皋不吃这一套，反倒对赵盾心生怨恨，像他这样的人，若是怨恨谁，定会杀了再说。果然，他派鉏麑去杀赵盾。鉏麑这人还算有头脑，知道赵盾是晋国的顶梁柱，他一倒，对不起晋国百姓，但是不杀，又不好交差，左思右想，干脆一头撞死在路边的槐树上。

只是，姬夷皋哪里肯放过赵盾，一计不成又生一计，派人叫赵盾来宫里喝酒，这其实是个阴谋，士兵早已在四周埋伏，但是这事被赵盾的车右提弥明识破了，提弥明走上殿堂，说："大臣陪国君饮酒，酒过三巡还不告退就失礼了。"说着，扶着赵盾就离开。

姬夷皋愣了愣："喂，咱还没动手呢。"

一个暗号，便有条猛犬蹿出。

姬夷皋喜欢养狗，跟喜欢养鹤的卫懿公姬赤一个路数，不但给宠物造豪华公寓，还给它们穿漂亮衣服，这样做摆明了向世人宣告，咱是玩物丧志的典型。俗话说：苍蝇不叮无缝的蛋，姬夷皋这个德性，"苍蝇"自然会拢上来，谄媚之人在他面前将狗夸得天花乱坠，他更是对狗爱到疯狂。

话说猛犬蹿到赵盾面前准备撕咬，被提弥明一刀解决了。

此时情况危急，埋伏在四周的士兵涌进来了，提弥明让赵盾快走，自己留下抵挡，可怜一位忠勇之士，死在乱刀之下。

侥幸逃脱的赵盾怎么办呢？

逃呗。

不过他没使劲逃，甚至没出晋国国界。这是有原因的，帮手赵穿上场了。

赵穿作为一个牛逼闪闪的人物，一不做二不休，将姬夷皋杀了。

在这时晋国就傻了，但没人敢说啥。只有太史董狐一笔一划写下，"赵盾弑其君"。

赵盾说：“明明是赵穿杀的，怎么赖我？”

董狐说，“子为正卿，亡不越境，反不讨贼，非子而谁？”

这下赵盾无话可说了。

这事叫做“董狐直笔”，说真话，不但需要勇气，还需要智慧。

姬夷皋死后，谁来做国君呢？

姬黑臀。他是晋襄公姬欢的弟弟。

让谁去迎呢？

赵穿。

赵盾这是在给赵穿找台阶下，戴罪立功。

赵穿去了，将姬黑臀迎回来，为晋成公。

姬黑臀很识相，知道自己做个国君全靠赵盾，那就送件礼物给他。

啥礼物呢？

平反。

姬黑臀举着小喇叭这么对大伙说：“杀姬夷皋的是赵穿而不是赵盾，赵盾并不知情，赵穿有赫赫战功，如今又拥立我，将功赎罪，免死。”

如此一来，赵家的丑事被姬黑臀洗得雪白。

在以后的日子里，晋国大臣大洗牌，能够上位的，都是赵盾所信任的。当然，赵盾不会让姬夷皋事件再度重演。

但是，有位强劲对手将很快出现在赵盾面前，他便是楚庄王熊旅。

熊旅这人真奇怪，在宫里吃吃喝喝了几年，突然有一天，变成了另一个人，“不鸣则已，一鸣惊人”，说的就是他。

一鸣惊人之前的熊旅是个啥样的人？看看“庄王葬马”便知。

熊旅爱马，与喜欢狗的晋灵公姬夷皋、喜欢鹤的卫懿公姬赤是好兄弟。马儿被熊旅喂成脂肪肝，营养过剩，死了。熊旅伤心得不能自已，要以大夫之礼厚葬它。

大伙懵了，熊旅你什么意思啊？

可是熊旅听不得不同意见，谁要是反对这事，杀。

此时，优孟号啕大哭跑到熊旅跟前，说：“王，你太小气了，爱马死了只肯以大夫之礼安葬，以君王之礼安葬才对。”

熊旅一听，小脸绯红，终于意识到自己错在哪儿了。

优孟也就是咱们现在说的小品演员。

不过，熊旅真正“一鸣惊人”还需要时间，因为，王宫酒窖中的酒还有很多，而且，陪酒的美女们真美。

熊旅又在饮酒。

伍举忍不住，问：“有鸟止南方之阜，三年不翅，不飞不鸣，嘿然无声，此为何鸟？”

伍举是位大夫，伍奢的爸爸，伍子胥的爷爷，急性子，看不惯熊旅沉沦。他虽然没明说，但熊旅听懂了。

熊旅也挺能说，“三年不翅，将以长羽翼。不飞不鸣，将以观民则。虽无飞，飞必冲天；虽无鸣，鸣必惊人。”

熊旅说得明白，韬光养晦而已。当然，他也不能无休止地韬光养晦，该行动了。

可是，大臣们等啊等，依然不见有啥动静。

大夫苏从出场了，他不像伍举这样含蓄，而是直接挑明。

怎么弄呢？号啕大哭。

熊旅被他哭得头皮发麻，问：“啥事啊？”

“我快要死了，楚国也快要死了。”苏从哽咽着，泪眼婆娑。

熊旅这下心里也发麻了：“此话怎讲？”

苏从说：“我要死是因为我来劝你，你会杀我。楚国要死是因为你整日吃喝玩乐，活不了多久。”

熊旅一听，果然怒了：“哼，你真想送命，傻不傻啊？”

苏从点头：“我确实傻，可是，你杀我，我将以忠臣的名义千古流芳，而你，却只能做亡国之君，你说，到底谁傻？”

一言惊醒梦中人，从此，一个新的楚庄王诞生了。

晋国如日中天，该怎么撬他的墙角？真是费思量。

别急，郑穆公姬兰来了。

这事得说到姬夷皋，赵盾伐齐，半路返回，伐宋也一样，原因相同——姬夷皋收受了贿赂。这种行为给大家的印象是，晋国毫无信用。但大家只是窃窃私语，没人敢公开批评。有一天，姬兰突然跳出来，大声批评晋国这种行为。

这又是为啥？原因很简单，郑国在国际事务中，以墙头草形象示人，左右摇摆，晋国不要看他，赵盾叫上中原一帮诸侯开会，独独不叫姬兰。

不出席会议便有出局的危险，不妥不妥。

姬兰赶紧申辩，赵盾才勉强同意他出席会议。但这事对姬兰影响深远，他开始考虑郑国是不是该另找大树作依靠。

此时，恰逢熊旅从梦中醒来。

嗯，就这么办。

于是，姬兰对晋国狠狠批评一番，然后一头扎进楚国的怀抱。

熊旅自然欢迎之至，因为郑国的行为起到带头作用，一些中原国家也开始向楚国靠拢。

但是，熊旅想要进军中原，得有个合适的契机。也巧，陈共公妫朔死了，他没派人去吊唁。陈灵公妫平国很生气，扭头跟晋国卿卿我我。

熊旅一看，机会来了，带兵将陈国一阵好打。之后，不过瘾，继续打宋国。

赵盾自然坐不住，带兵攻打郑国。

你打我的虾兵蟹将，我也打你的虾兵蟹将，就这么简单。

可怜中原大地，由于楚晋争霸，狼烟四起。

种种迹象表明，此时的晋国略处下风。这是有原因的，因为姬夷皋正在胡闹，很快，姬夷皋死了，姬黑臀成了晋成公。赵盾终于腾出手来全力对外，第一个便是打郑国，这次，郑国又做了一回墙头草，给赵盾贴笑脸。

晋国一动，楚国自然也要动，熊旅带兵浩浩荡荡开进中原，可惜，晚了一步，郑国的笑脸已做成大饼给了赵盾。

熊旅很恼火：大队人马出来，难道就这样退回去？丢脸！嗯，不能空手回去，那就去陆浑打戎族，陆浑也就是如今的河南嵩县北部，离周朝都城洛邑不远，不如再去洛邑看看。于是，熊旅带着人马到了洛邑城外，队伍整整齐齐排在旷野里。此时的周天子为周定王姬瑜，他站在城楼上便能看到如狼阵势，吓得不轻，赶紧派大夫王孙满去见熊旅。

熊旅见到王孙满便问九鼎的大小轻重。

九鼎是周王室的传家宝，代表天下。熊旅问这个，摆明了有觊觎天下的意思。

王孙满倒不含糊，说，“在德不在鼎。周德虽衰，天命未改，鼎之轻重，未可问也。”

王孙满这样回答，让熊旅倒抽一口冷气，不由讪笑，作罢。

此时的熊旅虽然豪气万丈，但也明白，要想取而代之，还不够格。况且，楚国国内的一锅粥炸了，很快，他将不得不回国处理纠纷。

这是咋回事呢？

当时的楚国，令尹是斗般，司马是斗椒，工正是蔿贾。斗椒和蔿贾要好，看不惯斗般，两人一合计，诡计就出来了，蔿贾出面诬陷斗般，熊旅便杀了斗般。斗般一死，斗椒成了令尹，不过，他和蔿贾也不好了。

斗椒这人真狠，将蔿贾囚了，又杀了，然后呢，将兵马屯在熊旅回来的路上。意思很明白，王，你看着办。

熊旅知道后，心微凉。当然，他也不能束手待毙，于是派人跟斗椒说，这样吧，我让王子给你作人质。

斗椒鼻子一哼，理也不理。

熊旅没辙了，只有一战。

斗椒从小就在军营中摸爬滚打，打起仗来自然如狼似虎，熊旅这边的军士见了，不由胆颤。

熊旅一看不是个办法，只好亲自擂鼓：“弟兄们，给我冲啊。”

这时，奇迹出现，养由基一箭，便要了斗椒的老命，斗椒一死，仗也不用打了，所谓树倒猢狲散，士兵们逃得比猴子还快。

《战国策》里这样夸养由基，“善射，去柳叶百步而射之，百发百中。”乖乖，一下搞定两成语，牛成牛魔王了。还别说，他有个外号，叫做“养一箭”，就是说一箭便能要人命。这可不是吹牛，将士上战场，浑身披盔挂甲，唯有脖子是软肋，他专射脖子，实在叫人胆寒。三十年后的晋楚鄢陵之战，他还将一显身手，救熊旅的儿子楚共王熊审。

斗椒死后，让谁做令尹呢？

由于养由基在讨伐斗椒的战役中立了大功，熊旅想让他做。但养由基坚决拒绝，他自然明白自己不过是一介武夫，做令尹这个相当于宰相的职位，实在难以胜任。

那么，就由虞邱子做。

虞邱子的家族与斗班、斗椒的若敖氏家族相比，微不足道，若敖氏家族在楚国像千年树妖，令尹几乎是他家世袭的职位，斗椒胆子这么大，自然与强势家族有关。虞邱子做令尹，就没这种危险了。

虞邱子是个“甜言蜜语”先生，他成令尹之后，经常与熊旅“杏花疏影里，谈心到天明”。

这种情况让熊旅的老婆樊姬很是焦虑，找谁谈心不好，偏找虞邱子，能有啥进步？樊姬作为一个漂亮女子，倒是没学妲己之流蛊惑君王，她在熊旅身边，相当于一把尺子，熊旅做些啥，她都能给量出分寸。此前熊旅的幡然醒悟，除了大臣力谏，其实也有她一番枕边劝说之功。如今，熊旅被虞邱子的口水泡着，樊姬自然不会听之任之。

樊姬问熊旅：“王，虞邱子是贤臣么？”

“当然是。”熊旅不假思索地回答。

樊姬“扑哧”一笑，说：“他算哪门子贤臣，这么多年，除了保荐他的亲戚，也没听说他推荐过哪位贤人，更没听说过他罢免哪位妄臣。他这样子，既挡贤人的路，又遮君王的眼睛。”

熊旅一听：“对啊。”于是，他便将这番话说与虞邱子听，虞邱子一听，浑身哇凉哇凉的。既然自己的鬼心思已被樊姬看透，那么，就再没有混下去的理由了。

于是，孙叔敖出场了。

孙叔敖在成为令尹前，是搞水利的好手，他主持修建的期思雩娄灌区是我国最早的灌溉区，老百姓称之为“百里不求天灌区”，想想看，这对当时靠天吃饭的农业来说，是件多么重要的事。

一锅汤引发的血案

孟子在《孟子·告子下》中例举了春秋时期的贤人——“管夷吾举于士，孙叔敖举于海”。管夷吾便是管仲，辅佐齐桓公姜小白，孙叔敖则帮助楚庄王熊旅。与管仲不同的是，孙叔敖为人厚道，他年轻时路遇一条两头蛇，据说见过这种蛇的人将会死去，于是，他便将蛇杀死，理由是，如果要死，就让我一个人死吧，不要再让别人见到这条蛇了。这个厚道之人为官清廉，后来，熊旅虽然屡次想要重赏他，但都被他拒绝了，他死后，家里穷得连买口棺材的钱也没有，他的儿子只能靠砍柴度日。

当然，他能够做到这点，据说是得了高人指点。

隐士狐丘丈人问孙叔敖：“人有三怨，子知之乎？”

孙叔敖表示不解。

狐丘丈人便说：“爵高者，人妒之；官大者，主恶之；禄厚者，怨逮之。”

孙叔敖颔首点头，说：“吾爵益高，吾志益下；吾官益大，吾心益小；吾禄益厚，吾施益博。以是免于三怨，可乎？”

从孙叔敖后来的行为来看，他的确实现了自己的诺言。

虞邱子举荐孙叔敖之后，便再也不出现了。他自然明白，在合适的时候退出，结局才不至于悲惨。

熊旅得了孙叔敖，可谓如虎添翼。楚国在孙叔敖的打造下，飞快地朝霸主之位奔去。

看起来，晋楚争霸，最倒霉的是郑国，时不时就挨打，完全没有理由。郑穆公姬兰过腻了这种日子，干脆一命呜呼。他死的时候，正逢斗椒跟熊旅叫板，所以，他的儿子郑灵公姬夷总算过上了几天安稳日子。只是，熊旅一摆平斗椒，马上又来郑国了，真是烦人啊。

姬夷最烦的其实不是这个，而是有人跟他抢吃的。

楚国给他送来了一只鼋，也就是咱们所说的甲鱼，炖汤味道可鲜了。说来也巧，正当甲鱼汤香气四溢之时，公子宋来了，公子宋是个馋胚，兴奋得食指大动，说："有好吃的啊。"

哪知，姬夷这人有点儿拗，公子宋想吃，偏不给，甲鱼汤煮好后，唤了很多大臣前来品尝，独独漏了公子宋，当大家吃完了，才唤他来。姬夷的本意是想羞辱他，哪知他并不好惹，用手指蘸了甲鱼汤尝了尝，扬长而去，这下，姬夷气得跳起来，声称要杀了公子宋才解恨。

公子宋呢，自然怨气难消，听说姬夷要杀自己，干脆先下手为强。可怜的姬夷做了国君不到一年，便因为一锅甲鱼汤被杀了，可谓是"一锅汤引发的血案"。

姬夷死后，他的弟弟姬坚成了郑襄公。

姬坚面临的问题是，熊旅来了，该怎样招待。熊旅显然对郑国情有独钟，一年来两次，比媳妇回娘家还勤。熊旅的意思很明白，他要郑国这棵墙头草倒向楚国。可是，郑国却对楚国的实力表示怀疑，觉得晋国更厉害些，因此，熊旅的频频造访并不能使郑国彻底折服。

有趣的是，陈国倒是被楚国的阵势吓住了，虽然熊旅并没对陈国怎样，陈灵公妫平国却主动投降了。这好比一伙强盗去阿里巴巴[1]家，阿里巴巴的邻居见了，怕得要命，主动奉献财物。

但是，陈国显然没郑国看得明白，此时的大老板还是晋国。果然，赵盾一恼火，带兵千里奔袭陈国，这还不算，又到楚国边境摆 pose。楚军一看，

[1] 阿里巴巴：出自阿拉伯民间故事集《天方夜谭》中《阿里巴巴与四十大盗》。阿里巴巴原来是个一贫如洗的樵夫。他为人忠厚老实，心地善良。在砍柴的路上，无意间发现了强盗集团的宝库，得到了大批财宝，但他并不据为己有。强盗们为除后患，密谋要杀害阿里巴巴。由于聪明、机智、嫉恶如仇的女仆美加娜的帮助，阿里巴巴才化险为夷，并战胜了强盗。

只有欣赏的份儿，却不敢同台竞技。

因此，赵盾继续召开联合国大会，这次到会的有宋、鲁、郑、曹、卫，连周王室的王叔桓公也来了。只是，赵盾瞧着风光，阳寿却到头了，一年后，他死了。

他死后，晋成公姬黑臀未能收回权力，成为赵盾接班人的是郤缺，当然，这也是赵盾临终前的安排。

郤缺有自己的想法，他一上台，将大臣们重新洗牌。赵盾的儿子赵朔在他的提拔下，进入六卿之列。

郤缺相比赵盾，显然温和些，他更信奉以德服人。陈国不是主动给楚国贴笑脸吗？那么就好言相劝一番，让他重回到晋国的怀抱。

只是，陈国学着郑国做墙头草，楚国可不答应，熊旅带着兵马很快来了。陈灵公妫平国一掂量，嗯，咱还是跟楚国好。

要说晋国，确实有些不顺，赵盾死后一年，晋成公姬黑臀也死了，晋景公姬獳继位。

一座大厦，两根大柱子先后倒了，政局动荡在所难免。对熊旅来说，晋国的不稳便是楚国的定心丸，争霸自然不能停。大国争霸，小国遭殃，郑国又成了楚国的靶子。但是，帮忙的晋军来得及时，晋郑联军还是有些实力的，楚军败了。

楚军虽然败了，郑国心里却更不踏实，因为他已清楚地意识到楚国的熊熊怒火，咋办呢？郑襄公姬坚决定两不得罪，派人悄悄向熊旅示好：“呃，咱郑国还是向着楚国的。”

这事本来只是秘密行动，但不知咋地搞得天下人皆知。

其实这事好理解，熊旅哪能让郑国暗地里两头讨好，你是啥态度，就摆明啥态度。

郑国做的勾当，很快便让晋国知道了，得，晋、宋、卫、曹四国联军来了。这下姬坚真是有苦说不出，只好狠抽自己耳光。没办法，还得给晋国贴笑脸。

郑国这样做，则完全激恼了熊旅，奶奶的，你什么意思啊？

楚军又来了。

这次郑国学乖了，赶紧向晋国求援。

郤缺派士会去救援，士会啥人啊，精明鬼。当初帮秦康公嬴罃赢过晋军，现在楚军到他手上，还不是一样吃苦头，果真，楚军又败了。熊旅郁闷得要死，可是能有啥办法，只好打道回府。

不过，晋楚争霸最终还是会分出胜负。熊旅的目标便是打败晋国，争夺霸位。对他来说，一次两次的失败算不得什么，最重要的是最后的胜利。

很快，熊旅的机会又来了。

郤缺死了。

熊旅不再犹豫，派兵攻打郑国，这次，郑襄公姬坚咋办呢？

那时没有天气预报，要想知道明天的天气，得问占卜师，同理，要想知道战事如何，也得问占卜师。占卜师告诉姬坚，求和不吉利，打仗才吉利。

这下可好，郑国人抱在一起哭得一塌糊涂。怎么打啊？楚军像箍桶匠一样围着。

但是，占卜师的话不能不听，姬坚硬着头皮撑着。

楚军围了三个月，还是进来了。姬坚这下知道错了，光着上身向熊旅求饶："爷，咱们和好吧。"

熊旅说："好吧。"

于是，楚军稍微退了退，退了三十里。又不走了，干啥呢？等晋军。

晋军此时正在黄河边呢，也在等。他们见郑国输了，知道这事要挽回就难了，便准备回去。

但是，先縠跳了出来，他是先克的儿子，先轸的曾孙，脾气跟父辈一样大，本事却了了。他大叫，晋国之所以厉害，是打出来的，我们跑来救郑国，却做缩头乌龟一样缩回去，这怎么行？

郤缺死后，接班人是荀林父，他的祖父便是荀息，当初为晋献公姬诡诸出计"假道伐虢"的高级谋士。荀林父虽是老臣，但却是新舵手，要掌好晋国这艘船，个人威信显然低于赵盾和郤缺，因此大臣之间也乱哄哄的。

先縠发了一通牢骚，带兵过黄河了，荀林父没办法，只好下令晋军过黄河。如此一来，晋军就被动了。

但是，熊旅心里也没底，当年晋楚城濮之战，楚军惨败，现在又要面对晋军主力，结局会怎样呢？

再说，楚军内部意见也不统一，孙叔敖认为跟晋军死磕还不到时候，但是伍参却坚持死磕到底。伍参虽然只是个小将领，却很受熊旅喜欢。只是这种时刻，熊旅也不想冒险，于是派使臣向晋军求和。

晋军内部呢，更是一锅粥。

楚军使臣一来，荀林父、士会、赵朔这几位主和派表示欢迎。但是，先縠、赵同、赵括这几位主战派差点儿要轰使臣走。

赵朔是赵盾的儿子，算是青年才俊。赵同和赵括则是赵盾的异母兄弟。当初赵姬就因为这些儿子没出息，只好将正妻的位子让给赵盾的母亲叔隗，好让赵盾以嫡子的身份继承赵衰的位子。如今，赵盾死了，这些兄弟终于有机会折腾了。

其实，闹腾的人不光他们，还有赵旃和魏锜。赵旃是赵穿的儿子，赵穿死后，他向荀林父讨卿位，荀林父没答应，这小子就在心里记上一笔。魏锜的情况也一样，他是魏犨的二儿子，却向荀林父要求做魏家老大，也就是公族大夫。荀林父自然不答应。

这两人够狠，假装说要代表晋军与楚军讲和，到了楚军阵前，却摇身一变成了“泼妇”，开始大骂。熊旅哪受得了这个，亲自带兵追杀这两人。

赵旃和魏锜逃得快，熊旅追得忙。

荀林父一看不对，要出事，赶紧派侄儿荀罃去接应。

荀罃的战车一出发，动静可大了。从楚军的角度来看，滚滚尘埃从晋营升起，负责观望的人赶紧报告：“坏了，晋军发动总攻了。”

孙叔敖一听，头皮一紧，妈呀，熊旅还在追那两“泼妇”呢。于是下令，全速前进。

这下，荀罃就惨了，楚军好比海啸，而他只是一片叶子，瞬间便被卷了，卷进楚营，成了俘虏，在楚国整整待了九年。九年后，在父亲荀首的努力下，这才得以回国。

至于晋军，更惨。领导们对于“战还是不战”的意见尚不统一。眨眼工夫，海啸到了眼前，晋军哪来得及抵抗？荀林父也傻了眼，逃吧。于是，他下了这样一道命令：谁先过黄河，有赏。

对士兵来说，赏不赏就不指望了，能活命就好。

逃命时分，人心之恶便暴露出来了。先上船的拿着大刀劈啪劈啪砍扒在船舷上的士兵的手指，一截一截的手指……

这场战争叫做邲之战，晋军遭此一劫，萎了。

熊旅终于实现了心中的理想，成为新一代霸主。

强国争霸，弱国在干啥？倒是不肯闲着，搞一搞风花雪月。话说陈灵公妫平国，他出名是因为一个女人，这个女人可谓人间奇葩，搞得妫平国为她丢魂失魄。当然，若是妫平国一人为她丢魂失魄，倒也并不稀奇，要命的是，另有男人也对她丢魂失魄。

她是谁呢？便是鼎鼎有名的夏姬。

夏姬是郑穆公姬兰的女儿，嫁的是陈国的司马夏御叔，生了个儿子夏征舒，夏征舒十二岁时，夏御叔死了，留下孤儿寡母，但是，他们的日子倒不苦，还很热闹，门前车马不断。

大夫孔宁是夏御叔的旧友，早已艳羡夏姬的美貌，夏御叔一死，他像只苍蝇那样飞了过去。

孔宁这人有点儿二，与夏姬云雨过后，居然偷了她的锦裆。这是要干啥？出去炫耀。

孔宁的炫耀对象是大夫仪行父，仪行父也见过夏姬，他心里自然痒得要命，于是也去找夏姬。

夏姬来者不拒，将仪行父伺候得舒舒服服。

一来二去，两人熟了，仪行父便说："你给孔宁锦裆，也得给我点儿东西。"

夏姬说："孔宁那是偷的，不是我送的，你与他不同。"说着，解下碧罗襦赠仪行父。

仪行父拿了碧罗襦转身便去给孔宁看。

孔宁看了，心里很不好受。呸，夏姬待你这么好。

妒忌中的男人果然鬼主意百出。

孔宁跑到妫平国面前夸耀夏姬如何如何美，妫平国一听，把持不住，立即去见夏姬。

夏姬确实非同凡人，妫平国一来，秋波暗送，搞得他心猿意马，不用说，好事又成了。

完事后，夏姬解下贴身汗衫赠妫平国。妫平国拿着汗衫好比拿着小心肝，心里那个美呀。

次日，妫平国便在朝堂上留下孔宁与仪行父，干啥？交流泡妞经验。

要说这妫平国，脑子里果真是一包浆糊，怎么半点儿廉耻也没有？既然国君也如此，孔宁与仪行父乐得顺水推舟。于是，三人有了共同语言，相约一起去夏姬那里玩乐。

这事搞成这样，最受伤的自然是渐渐长大的夏征舒，走在路上都会被人指指点点。

夏征舒到了十八岁，妫平国让他继承父亲夏御叔的职位，做司马，司马这个职位执掌兵权。妫平国并不知道这种安排对自己来说正是走向末路的旅程，他不过想讨夏姬欢心而已。

有一天，妫平国三人又去见夏姬，夏征舒刚好在家，他看到他们心里就发毛，借故躲开了。但是，他显然没走远，因为他们的谈话被他听到了。

这三人说什么不好，却说些侮辱夏御叔的话。

妫平国嬉皮笑脸，看着孔宁二人说："夏征舒挺像你俩。"

孔宁与仪行父是啥人啊，嘴上便宜哪能错过，便说："他也像你。"

夏征舒听了气得要命，老子好欺负啊。接下来，便出现这么一幕："灵公罢酒出，征舒伏弩厩门射杀灵公。"总之，年少气盛的夏征舒杀了妫平国。

孔宁与仪行父被吓得不轻，逃去楚国。太子妫午则逃去晋国。

夏征舒倒不含糊，自己做陈侯。

逃去楚国的孔宁与仪行父在楚庄王熊旅面前，自然将夏征舒说成是弑君篡位的大恶人。

没多久，熊旅带着楚军到了陈国，夏征舒只有一条路可走，那便是死。

至于夏姬，被熊旅带走了。妫午则从晋国回来做了陈成公。

话说熊旅一见夏姬，立马爱上了。这可真没办法，夏姬的魅力无人能挡。

熊旅动了心，有人不同意了。

屈巫说：“你要是娶夏姬，之前讨伐陈国的正义行为就白费了，大家会以为你去陈国不过是贪恋美色。”

熊旅想想也对，只能作罢。

熊旅放下的念头，司马子反却拾起来了，他也想娶夏姬。

屈巫又说：“夏姬的命太硬，男人沾到她便倒霉，老公死了，儿子死了，连国君也死了。”

子反一听，便把这个念头也放下了。

可是，既然将夏姬带到楚国，总得将她安置一下。那么，让她嫁给老将军襄老吧，襄老晚年丧偶，刚好没老婆。

襄老艳福不浅，可惜无福消受，他很快在邲之战中战死，连尸首也被晋国虏去了。要知道，邲之战的战胜国是楚国，没办法，他属于倒霉的那一类人。荀首为了寻找儿子荀罃，带着亲兵在楚军中横冲直撞，襄老便撞在枪口上了。他的儿子黑要见父亲死了，并不哭着喊着要找回尸首，反倒有些开心，回去就跟夏姬好上了。

这事到这越发离奇，因为真正的男主角开始对夏姬展开攻势了。他是谁呢？屈巫。

屈巫先阻止熊旅，后阻止子反，闹到最后原来他自己也想娶夏姬。

他怎么弄呢？办法倒是好办法。

他派人向夏姬传话：你回郑国，我便娶你。

郑国是夏姬的娘家。

然后，他又设法让郑人对夏姬说：你回来，就能得到襄老的尸首。

于是，夏姬便把郑人的话报告给熊旅听。

熊旅听了，与屈巫商量。屈巫说：“这事可信，荀罃在我们这呢，他的父亲荀首肯定会要求用襄老的尸首和公子縠臣作交换，郑国为了讨好晋国，肯定愿意这么做。”

楚公子縠臣在邲之战中被寻子心切的荀首所俘，与荀罃一样，也是个重量级俘虏。

屈巫这么一说，熊旅觉得有道理，便同意夏姬回郑国。

夏姬一回去，就不回来了，因为战俘交换暂时尚未进行，她便赖在娘家了。

可是，屈巫怎样才能将夏姬弄到手呢?

别急，慢慢来，他为了将夏姬弄到手，前后花了十几年时间呢。

话说晋军邲之战失败后，荀林父回去作自我检讨，晋景公姬獳本想狠狠惩罚他，但有人劝他，惩罚了荀林父，楚国可高兴了，不如让他将功赎罪。《左传》中说得明白，“得臣犹在，忧未歇也。困兽犹斗，况国相乎！”

于是，荀林父官复原职。

对骄傲的晋人来说，邲之战的失败只是个偶然，楚人的胜利说明不了什么。因此没过多久，在荀林父的建议下，姬獳亲自带着人马去了郑国。郑国亲楚，折腾郑国就等于折腾楚国。

郑襄公姬坚很识相，紧闭城门，随你城外锣鼓喧天，俺就是不出来。

姬獳也有意思，让军队站好队，风风光光检阅一番，这才回去。他这样搞，其实是做给楚国看，别以为侥幸赢一场就是老大。

隔一年，荀林父率军灭了山西潞城东北的赤狄。姬獳很高兴，赏他一千户狄人奴隶。荀林父觉得“将功赎罪”差不多了，再说已经很老了，于是要求退休。接替他的是机灵鬼士会。当然，他的儿子荀庚不能被亏待，荀庚拉着叔叔荀首的手，一起进入六卿之列。

再说楚国，晋国闹腾，熊旅哪能咽得下这口气，哼，你们欺负郑国，俺就欺负宋国。

不用说，宋国是晋国的铁杆粉丝。

此时宋国国君是宋文公子鲍。他是个师奶杀手，帅到什么程度呢，奶奶见了他也口水直流。这可是真事。子鲍的奶奶便是宋襄公子兹甫的老婆王姬，当然，不是嫡亲奶奶。王姬是周襄王姬郑的妹子，子兹甫死后，她便守了寡。这时，她看上了孙子，腆着老脸一心想讨好他。《左传》说得比较直白，“欲通之”。

怎么讨好呢？最好的办法莫过于让他做国君。

可是，有国君啊。

好办，把国君杀了呗。

于是，宋昭公子杵臼就倒霉了，他是子鲍的哥哥，但是没子鲍帅，王姬奶奶看不上。

子杵臼做国君是因为宫廷政变。他的父亲宋成公子王臣死后，叔叔子御跳出来，杀了太子，自己做国君。子御这么搞，当然不行，很快，他也死了，不服气的人将他杀了。于是，子杵臼成了宋昭公。子杵臼做了九年国君，也就是说他做国君第九年的时候，噩运来了。那天，阳光灿烂，鸟儿在枝头唱歌，他早早出门打猎去，然后，就没能再回来。因为，王姬奶奶派的杀手正在路上等他。

子杵臼死后，子鲍便是宋文公。

此刻，楚国又是如何对付宋国呢？耍心眼儿。

熊旅派使臣申舟出使齐国，特意吩咐不要通知宋国。这事就不好了，从楚国去齐国，自然要经过宋国。这下，宋国大夫华元不舒服了，哼，摆明了看不起咱们。他怎么弄呢？派人半路截杀申舟。

熊旅就在等借口呢，借口一来，直扑宋国。

楚军够狠，将宋国都城铁桶似的围着。宋文公子鲍带着众人连墙角的草根都挖了吃了，日子够苦，好不容易熬到来年春天，赶紧派解扬去晋国求援。

晋景公姬獳本想去救，但有人劝他：“不要去啊，你想啊，邲之战中咱们刚败，现在再打怎么行呢？”

姬獳一想：嗯，对啊，不去了。但是，他不能直接拒绝解扬，只说：“你先回，援军马上到。”

解扬高高兴兴回去了，路经郑国，哪知被逮了。郑国逮了他，马上送去楚营，熊旅见到他，吹胡子瞪眼：“嗨，你听着，去喊话，让里面的人投降。”

解扬哪肯答应。

熊旅也很倔，不答应就跟他磨。

解扬没办法，只好答应。

熊旅得意洋洋，让解扬站到阵前。

解扬喊："大伙坚持啊，晋国援军快要来啦。"

熊旅傻了眼："奶奶的，耍老子。"

解扬梗着脖子说："我答应你是为了完成使命，现在使命已完成，要杀要剐随你。

解扬这样硬气，熊旅反倒很欣赏，说："算了，你回吧。"

尽管如此，围城问题并没得到解决。宋人就惨了，城内"易子而食，析骸以爨"，已经到了人食人的地步。但是，他们并没投降，还在坚持。

熊旅围得心烦，准备回去。申舟的父亲跳出来，说："我儿子是怎么死的，王难道忘了？"

熊旅搔搔头，自然记得那个可怜的使臣。

于是，申舟的父亲建议："王，咱们干脆建房种菜，宋人见了，知道熬不过，也就服气了。"

果真，宋人见到楚营开始种菜，彻底崩溃了。

宋人崩溃的结果便是不再硬撑，派人出城与楚人谈判。

不过，打仗打到这一步，出城有危险。谁去呢？华元。

华元并没大白天出发，而是等到夜黑风高时。找谁呢？子反。

子反便是那位也想娶夏姬的司马，这会儿，他是楚军统帅，睡得正香。华元来了，他却一点儿也不知道，因为他喝醉了。

华元找他只有一件事：楚军后退三十里，宋国以后就听楚国的。情形有些微妙，华元三更半夜前来楚营，摆明了是在胁迫，不过子反醉了，华元说什么就答应什么。于是，两人开始谈心，一个说，再围下去宋国就要垮了；一个说，再围下去楚军也快没粮草了。

第二天，子反向熊旅一五一十地汇报，熊旅觉得继续拖下去也不是办法，于是答应宋国的要求，楚军后退三十里。

接着，宋楚两国写了份备忘录，“我无尔诈，尔无我虞”，八个月之久的围城解决了。华元作为人质去了楚国。六年后，宋文公子鲍病逝，华元这才以奔丧的名义回国。

华元挺有意思，他去了楚国，也没闲着，与楚国令尹子重成了朋友。后来，晋楚两国有意握手言和，他瞄准时机，两头跑，牵线搭桥，“如楚，遂如晋，合晋楚之成”，这事叫做“第一次弭兵会盟”，双方大使在宋国西门外见的面。当然，晋楚之间的关系属于化学中不稳定物质，极易分解，没多久，鄢陵之战便爆发了。

做什么不好，偏要开玩笑

楚庄王熊旅围宋一事，在当时的影响不亚于邲之战，你想啊，围了八个月，城里开始人吃人了，厉害，实在是厉害。

这对于想摆脱晋国控制的一些诸侯来说，是个福音。

昔日老大哥齐国沉寂多年，到了齐顷公姜无野这，摆脱晋国控制的欲望尤其强烈。他有时看着齐桓公姜小白的画像，心中便有一股豪情油然而生。确实，齐国最辉煌的岁月在姜小白手上，现在，姜无野想找回来，只是，任重而道远——难。

当然，姜无野并没蠢到主动去挑战晋国，他打擦边球。擦边球便是莒国。莒国是齐国的近邻，与晋国关系好得很，姜无野将它狠狠揍了一顿。

接下来，姜无野将目光投向鲁国。这次，他决定重拾齐鲁旧好。

鲁国国内的情况有点儿糟。鲁宣公姬馁虽为国君，但是，他说了不算，说话算数的是“三桓”，即季孙、孟孙、叔孙。鲁桓公姬允有四个儿子，嫡老大姬同为鲁庄公，其余三位便是“三桓”的先祖。庶老大庆父的后代为孟孙，庶老二叔牙的后代为叔孙，嫡老二季友的后代为季孙。看出来了吧，称他们“三桓”是因为鲁桓公这根藤上传下来的。“三桓”中，又数季孙行父最能干。

姬馁是鲁庄公姬同的曾孙，他能成为国君有点儿不清不白，他妈妈敬嬴与东门襄仲关系好，所以就上位了。那会儿，东门襄仲是鲁国的隐形老大，他死后，他的儿子公孙归父执政，不过，风水轮流转，公孙归父没父亲能干，跟“三桓”一比试，便落了下风。对于这种局面，姬馁和公孙归父都不答应，他们决定谋求出路。姜无野的出现，实在是一个再好不过的契机。于是，姬馁握着姜无野的手，假装成一对亲密兄弟。

姜无野的表现让晋国很是担心，他们决定派大夫郤克去齐国，跟姜无野拉拉关系。不过，这个安排却适得其反。

咋回事呢？

郤克在路上遇见同去齐国的鲁国大夫季孙行父、卫国大夫孙良夫以及曹国公子首，于是四人结伴同行。巧的是，这四人各有特色，郤克瘸了一条腿，季孙行父头上光秃秃，孙良夫瞎了一只眼，公子首背着一罗锅。

姜无野看到了，想笑，憋到肚子痛。这时，他想起自己的母亲。自从父亲死后，母亲一直愁眉不展，若是让母亲看到这四人齐聚一堂，那该是件多么开心的事。

于是，一场开不得的玩笑开始了。

姜无野宴请四人，派四位与他们相同残疾的仆人伺候。姜妈妈则在楼上看好戏。果然，这出戏实在太精彩，姜妈妈笑得前仰后合。

姜妈妈这么大动静，那四人岂有不知之理。

四人中，郤克的火气最大，回去后，越想越生气。他是郤缺的儿子，郤缺便是继赵盾之后执掌晋国的大臣。郤家可谓门庭显赫，这样的人在齐国遭此大辱，怎会轻易忘记。他决定说动晋景公姬獳打齐国。但是，姬獳不同意。这事好理解，郤克不过为一己私怨，姬獳要是同意，实在说不过去。

不过，精明鬼士会看得明白，“君子如怒，乱庶遄沮；君子如祉，乱庶遄已。”也就是说，若是郤克的怒气发到齐国，晋国就没事，若是郤克的怒气发在晋国，晋国就遭殃了。

于是，士会决定辞职，让郤克执政。如此一来，郤克的煤气管道通了，火燃旺了，就等齐国中招。

再说楚国，熊旅做了二十三年楚庄王，病死了，儿子熊审继位，为楚共王。熊审年幼，令尹子重和司马子反成了楚国的大佬。看起来，熊旅的霸业与齐桓公姜小白的霸业相似，人走茶凉。这可不是乱说，因为有见证人。这位见证人便是惦记着夏姬的屈巫。子重和子反是王族一派，与屈巫为首的屈家人关系一向不好，熊旅在的时候，还能勉强维持平衡，熊旅一死，平衡就打翻了，王族一派渐渐占了上风。屈巫可不想撑到山穷水尽的时候，他的小算盘早已打好。

刚巧，郤克逮到机会讨伐齐国。话说鲁宣公姬馁病死了，鲁成公姬黑肱继位，新老更替之际，“三桓”开始清算旧账，公孙归父没办法，只好投奔齐国。这样一来，姜无野得意了，鲁国乱，打鲁国。当然，他这是碰了多米诺骨牌，他一动，鲁国自然会求援，这不，就找到晋国。于是，郤克来了。

姜无野也算硬气，不过，他碰到报仇心切的郤克，还是败下阵来。他够狼狈，战马被绊住，战车走不了，眼看就要被活捉。这时，车右逄丑父想出个办法，爷，咱们换个衣服。于是，逄丑父成了姜无野。

怎么逃呢？晋将韩厥转眼就到跟前了。别急，有办法。逄丑父命姜无野给他舀水喝。姜无野舀来了，逄丑父嫌水脏，就说：“给俺找清澈山泉。”姜无野转身去找水，当然，就不回来了。韩厥也没在意，将逄丑父当成姜无野捉了，拉到郤克跟前，郤克自然认出他不是姜无野，气得要命，准备杀他。哪知逄丑父特机灵，说：“我是第一个代替君主赴难的人，要是把我杀了，以后还有谁愿意这样效忠君主。”

郤克自然要掂量这句话的分量，以德服人啊。于是，把逄丑父放了。

这一战叫做晋齐鞍之战。

齐国败了，向楚国求援，熊审派屈巫去齐国看看情况，于是，屈巫的机会来了。他带上细软出发，去齐国办完事，走着走着，到了郑国，这事看起来很荒唐，一个堂堂的大使，去齐国出差，不回国复命，却到了郑国。其实一点儿也不奇怪，因为夏姬正在郑国，屈巫这是要去找她，真是情种啊。

郑国不是久留之地，没多久，屈巫带着夏姬到了晋国。屈巫多精明的人，自然明白目前也只有晋国能罩得了他。果然，晋国对楚国叛逃者很欢迎，让他做了邢大夫。

屈巫的出走让楚国上下震惊，尤其让子反极度愤慨。说实话，子反更嫉妒屈巫得到了夏姬，他在院子里狂奔了一百二十圈也不能平息心中的怒火。

到这，屈巫对夏姬十几年的相思终于画上了完美的句号。但是，屈巫与楚国的恩怨并没完。他出逃后，子反杀了他全家老小，屈巫哭成一泪人儿。他要报仇。于是，他向姬孺请求出使吴国。去吴国干啥？教吴军打仗，“联吴制楚”，姬孺自然同意。后来，吴国强盛起来，犹如梗在楚国喉咙的一根刺，这是后话。

楚共王熊审的一生，其实有些憋屈，他看着晋国一步步走到楚国前头而无能为力。

姜无野原本还对楚国寄予厚望，但是晋齐鞍之战后，他也服输了。当然，不服输不行，逢丑父使上“李代桃僵”这一招才使他脱险，他哪敢再强硬。事实上，他在晋景公姬孺面前已经软得不行了，《史记》中有这么一句，“齐侯朝于晋，将授玉”。朝见天子才用玉圭，姜无野见姬孺用玉圭，这说明什么？就是说，姜无野使劲拍马屁，将姬孺当成大王了。姬孺虽然表面推辞，其实满心欢喜。于是，晋齐两国好的不得了。

这时的国际关系说白了就是小孩过家家，一会儿好一会儿不好。

晋景公十七年，姬孺做了一件绝情之事，那就是灭了赵家。赵家多么风光的一家子，被灭了。《史记》里那个“赵氏孤儿”便说这事。但《左传》不这么认为。鉴于姬孺并非糊涂蛋，加上赵朔属正常死亡，因此“赵氏孤儿”不过是编出来的故事。真正的事实其实是一桩丑闻。这事说来话长。赵朔死得早，留下赵庄姬这个寂寞寡妇。赵庄姬是晋成公姬黑臀的女儿。问题就出在她身上，因为她看上了一个不该看上的人。谁？赵婴齐。

赵婴齐是赵朔的叔叔，赵盾的异母兄弟，赵同和赵括的亲兄弟。

搞不懂赵庄姬怎么和叔叔搞一块儿了，不过这种事的发生实在有辱赵家的清誉。虽说赵同和赵括这两人也不咋地，但是再差劲的人也能做道德审判官，手一指，你你你，道德败坏。于是，他俩把赵婴齐赶走了，赶到齐国去了。

赵庄姬不干了。她怎么弄呢？到姬孺跟前挑唆，说赵同和赵括不是好东西，准备谋反。

君王对大臣的错误大多可以原谅，唯有一件不能原谅，那便是谋反。

这样一来，赵同和赵括没好果子吃了。再说，赵家红了这么多年，仇家可不少，仇家盯着赵家像苍蝇盯着肥肉，赵家这块肥肉从里头开始流脓，他们怎会不插一脚，姬獳听多了挑唆，于是便将赵家灭了。

赵庄姬没了家，只好回娘家，住进宫里。她的儿子赵武跟着她，活了下来。赵武便是传说中的“赵氏孤儿”，不过他的生活与“赵氏孤儿”完全不同。

姬獳想把赵家的土地赏给祁氏家族。这时，有人站出来了，说：“赵家为晋国立下汗马功劳，现在却沦落到连土地也要分给别人，这样的话，还有谁愿意为国尽忠？”

这话跟逢丑父说服郤克的话差不多，捏住了对方的软肋。

姬獳一想，觉得有理，于是，赵家的土地留下了。这为赵武后来东山再起留下了一桶金。

站出来的这位便是韩厥，他为啥要为赵家说话？其实很简单，他曾是赵家的家臣，没有赵盾的提拔，也就没有他的今天。

姬獳做了十九年晋景公，死了。他的死很传奇，居然跌落在粪坑中。《左传》写得明白，“如厕，陷而卒”。这是为啥？其实跟梦有关。

有一天，他做了个恶梦，梦见有人来追杀他，怕得要命，从此一病不起，咋办呢？找巫师。据说那位巫师很灵验。巫师来了，居然断定他吃不到新麦。他慌了神，赶紧找医生，秦国有名医高缓，快马加鞭来了。

这时，他又做了个梦，梦见病化作两个小鬼在商量对策，听说有医生来了，可厉害了，怎么办呢？

吖，找个地方躲一躲。

躲哪呢？

膏之上，肓之下，也就是心膈之间，再狠的医生也找不到咱们。

姬獳吓出一身冷汗，醒了。

果然，高缓来了之后也束手无策，说：“这个病在膏之上，肓之下，没有办法啊。”

姬獳哀叹一声，点点头，果真如此，没办法，只好躺床上等死。

那会儿只有死人和将死的人才躺床上，平时睡觉一般卧地板上，当然，地板上铺有皮毛，“食肉寝皮”就说这个。至于穷人只能卧薪，也就是麦秸上。

看起来，躺床上比较舒服，延续了他的生命。他熬啊熬，居然熬到新麦熟了，于是叫人煮了麦粥，得意洋洋，让巫师来看：“喂，这不是新麦么？”说完，一挥手，巫师就被拖出去宰了。可是，他真没吃到新麦，因为他刚想吃，肚子不争气，只好急奔厕所，一进厕所，人生就 over 了。

晋厉公姬寿曼在他老爸死之前一个月就继位做了君王。这事不奇怪，姬獳被巫师和医生判了双料死刑，躺床上考虑后事，把太子的事给先办了。

姬寿曼的运气比老爸差多了，为啥？因为他的结局是死在狱中，想想看，一个君王死在狱中，显然是被政变给害的。

要说姬寿曼，也是堂堂君王，晋楚争霸便是他画的句号。当然，这句号画得有些勉强，因为鄢陵之战的胜利纯属巧合。

晋楚之间每场战争都有个事由，这个事由十有八九关系到郑国。

没办法，郑国自从做了墙头草后就改不过来了。虽然晋国的实力像蒸笼里的馒头，越蒸越大，但是楚国给了郑国一小块土地，郑国有奶就是娘，立马吵着闹着要做楚国的小弟。

晋国闻风而动，一个字，打。

这次楚国看好了，也赶来了。

两军在鄢陵相遇，鄢陵在河南新郑市的东南，风景不错，打仗就可惜了。

按理说，楚共王熊审该让军队在鄢陵休息，看看风景。因为楚军从湖北疾行而来，累都累死了。但是熊审怕煮熟的鸭子飞了，赶紧开战。当然，熊审这样做是有原因的，因为他听说晋国要叫鲁、卫、齐来帮忙。

虽然晋军没楚军那么累，但是面对急吼吼的楚军，却有些怕。再说晋军阵营中对这场战争也有不同意见，精明鬼士会的儿子士燮表示反对，他认为只要有楚国这个强敌在，晋国上下还能绷着根筋，若是去了这个强敌，筋松了，内部就该混乱了。

士燮的看法对是对，但是没人支持。

此时晋国执政的是栾书，他认为在他的任内晋国不能示弱，该打的仗还得打。但是，主战派之间也有矛盾。栾书的意思是先坚守再谋划如何打，郤至则认为该速战速决。

显然，士燮是和平鸽衔着橄榄枝，栾书是缩头乌龟伺机咬人一口，郤至则是盘旋在空中的老鹰。

姬寿曼作为一个好大喜功的人，自然欣赏老鹰的看法。

于是，鄢陵之战便按照郤至的想法来。郤至这人是外交家，口才好，当初屈巫就是靠他引荐才在晋国落脚的。他一作动员报告，晋军好比打了鸡血，成了变形金刚。

再看楚军，他们左等右等，不见晋营有动静，那个焦急就甭提了。俗话说，等人最焦急，何况是等着打仗。那时没有望远镜，熊审只好爬到巢车上看。巢车其实是个活动瞭望台，站在上面，能看得很远。熊审看着看着，突然发现，晋营内“甚嚣，且尘上”。可是，他依然不能判断晋军是不是要开战。

不用说，熊审有选择综合症，拿不定主意。

终于，晋营那边战鼓擂得震天响，熊审吓了一大跳：“啊啊啊，开打了。”

嗬，晋军都快冲到楚营前了。

可这时晋军出了点儿小问题。晋营前有个泥坑，大家驾着战车出营时，都知道绕过那个泥坑，唯有姬寿曼的战车陷进去了。

熊审开心了，带着人马直扑陷在泥坑里的姬寿曼。

栾书一见，急了，回头去救。

这时，姬寿曼的司机兼保镖骂道：“你是元帅，指挥三军是你的责任，保护君王是我的责任，你不要搞错。”

混乱中，栾书被一盆水泼醒，于是赶紧指挥作战。

谁敢骂栾书呢？

是他儿子。

这娃煞是勇猛，眼看熊审就要冲到跟前了，他跳下战车，飞快地将姬寿曼从泥坑里捞出来。

说时迟那时快，魏锜一箭射中熊审的左眼，痛得熊审直骂。

魏锜在上次晋楚邲之战中干坏事，现在总算捞到机会立功了。他射了熊审一箭，准备再射第二箭。

熊审回过神来，大喊："养由基。"

熊审一喊，养由基马上就来了，可他箭袋里没箭啊，这事就奇怪了，神箭手在战场上怎么不带箭呢？

别提了，熊审这娃特没劲，养由基作为神箭手，喜欢露一手，"常蹲甲而射之，贯七札，人称神"，像这种功夫完全可以参加奥运会比赛了，但熊审很不高兴，呸，显摆。然后呢，将他的箭没收了。

熊审递给养由基两支箭，命他快射。

瞧熊审这人，这种时候居然只肯给两支箭。可是，养由基只用一支箭就完成了任务。且看他，"嘣"地一下，射中魏锜的脖子，魏锜应声落马，死了。另一支没用的箭呢，当然要还给熊审。

唉，熊审这样小气，能打赢才怪呢。

果然，打着打着楚军开始节节败退，退啊退，退到了颍水北岸。没得退了。咋办？

熊审又喊："养由基。"

这次，熊审给足了箭。养由基百发百中，一时间，战场成了养由基的表演赛。晋军缩着脖子，就怕养由基的箭不长眼睛。

可是，光这样还不行，晋军还在往前拥。这时，叔山冉来了，他抓起一个晋军，抡圆了往战车上扔，这叫什么啊？太骇人了，比金刚还要粗暴。晋军这才暂缓前行。熊审总算脱险。

问题是，天都黑了，还不分胜负，大伙饿都饿死了，真是烦人。

姬寿曼宣布休战，吃晚饭，明日再战。

但是，第二天天刚亮，晋军发现楚军消失了，咦，人呢？

这事又得说一说司马子反，子反是个酒鬼，上次楚军围宋，被宋国大夫华元摆了一道，可他并没吃一堑长一智，在战场上照样喝酒，再说拍他马屁的知道他的脾气，好酒都给他留着。这不，出问题了，美酒一熏，醉得不省人事。这节骨眼上，熊审却派人找他商谈军事大计。

可是，叫不醒，怎么叫都叫不醒。

来人只好回去复命。

熊审直叹气："唉，这都什么统帅啊，看来这次赢不了了。"于是，命楚军连夜撤走。

这次子反的错误犯大了，令尹子重拿着鸡毛当令箭，要他承担责任，统帅战败自杀有先例，当年子玉就自杀了，子反这次也只好自杀。

就这样，晋军算是赢了。

姬寿曼打了胜仗，满心欢喜，觉得快赶上晋文公姬重耳的功绩了。他哼着曲儿，寻思着该开一次联合国大会了。

不过，晋国此次鄢陵之战的胜利实在侥幸，郑成公姬睔拿定主意追随楚国，硬是没看见晋国赢了。于是，联合国会议议题有了——怎样制裁郑国。

到会的联合国成员有齐、鲁、卫、宋、邾。

没想到的是，开会开出个问题。

鲁国"三桓"之一的叔孙侨如向郤犨打小报告，说季孙行父要背叛晋国。

叔孙侨如之所以这样，是因为"三桓"在鲁国也有高下之分，孟孙和季孙排行在叔孙前头，他为了能上位，就要挤掉前面的。

郤犨是郤克的堂弟，他与两位侄儿郤锜和郤至并称"三郤"，在晋国算是说话如滚雷的人物。郤犨听了叔孙侨如的小报告，明知不可信，可他却将季孙行父逮了，让鲁成公姬黑肱回去，姬黑肱傻了眼，觉得事情不妙，赶紧派公孙婴齐去向郤犨求情。

姬黑肱之所以派公孙婴齐，是因为公孙婴齐与郤犨有亲戚关系。

当然，这又得提及另一桩八卦，公孙婴齐的父亲是鲁宣公姬馁的弟弟姬肸。姬肸这人是个现代青年，崇尚婚姻自由，他爱上一位女子，没经家人同意就结婚生子了，这个孩子便是公孙婴齐。这件事让鲁宣公姬馁的老婆穆姜很生气，她明确表示，“吾不以妾为姒。”也就是不愿与这种贱女人做妯娌。事情到这步就糟了，穆姜作为国母这么说，公孙婴齐的妈妈只有拍拍屁股走人的份儿。可是，她能去哪呢？只好嫁人，嫁到齐国，又生了一男一女。这俩孩子后来便托付给公孙婴齐，公孙婴齐将妹妹嫁给了大夫施孝叔，小夫妻日子过得还不错，但是郤犨来了。郤犨到鲁国来想找个媳妇，公孙婴齐听说后，赶紧将妹妹要回来，嫁给郤犨。原因么，不说也知道，郤犨在晋国炙手可热，攀上他是件多么显赫的事。妹妹哭得一塌糊涂，问施孝叔，“鸟兽犹不失俪，子将若何？”施孝叔期期艾艾：“吾不能死亡。”

妹妹看看这个男人，无话可说了。她嫁给郤犨后，为他生了俩孩子。要是日子就这么过下去，倒也凑合，但几年后，郤犨被姬寿曼干掉了，留下孤儿寡母，咋办？晋国人也有意思，将孤儿寡母送回鲁国，事先给施孝叔写了个失物招领，于是，施孝叔便在黄河边等，看到妹妹，不先拥抱问好，却将俩孩子扔河里了，妹妹气得破口大骂：“己不能庇其伉俪而亡之，又不能字人之孤而杀之，将何以终？”

妹妹骂得有道理，这男人太怂，既不能保护老婆，又不肯爱护孤儿，不是人，靠不住。妹妹很有志气，决定一辈子都不搭理施孝叔。

且说公孙婴齐去见郤犨，还没开口，郤犨便对公孙婴齐说：“干掉孟孙，将季孙留在晋国，你在鲁国做老大，如何？“

公孙婴齐把头摇得像拨浪鼓，他这人虽然会钻营，但还是知道自己的分量的，鲁国要是没了孟孙和季孙，立马会乱。郤犨这算是什么主意啊？

于是，公孙婴齐另辟蹊径，去找士燮，士燮看得多清楚啊，知道按照郤犨的搞法肯定不行。他赶紧去找栾书说明利害关系。

要说季孙行父这人，其实还算不错，《史记》这么说，“家无衣帛之妾，厩无食粟之马，府无金玉”。季孙行父好歹是个办实事的。至于叔孙侨如这人，倒是精通歪门邪道，为什么这么说？他为了能站到孟孙和季孙前面，居然跟鲁宣公姬馁的老婆穆姜眉来眼去，穆姜就是那种对人对己双重标准

的女人，她与叔孙侨如勾搭倒不觉得有什么不妥。不过，叔孙侨如攀上穆姜也没啥用，鲁国还是听孟孙和季孙的。但是，他哪里肯死心，这不，到联合国会议上打小报告去了。

再说栾书，早就对气焰高涨的“三郤”看不顺眼，士燮一摆明道理，他马上表示支持，决定放季孙行父回去。

季孙行父回去后，自然不肯放过叔孙侨如，带兵打架来了。这下，叔孙侨如终于尝到季孙行父的厉害，唉，早知不惹他了，可是，哪有后悔药吃，只好逃，逃去齐国。他到了齐国，寻思着要找个依靠，于是，将漂亮女儿嫁给了齐灵公姜环，女儿也争气，生下姜杵臼，后来，姜杵臼成了齐景公。叔孙侨如一与姜家后宫搭上话，老毛病就犯了，与姜环的妈妈声孟子好上了，声孟子见到他，唤声亲家公，真叫亲热。

这事绕来绕去，不比欧洲王室那点儿事逊色。

人算不如天算

且说栾书作为晋国的老大，却不甚如意，这是为何？说白了，有人碍手碍脚，让他在权力运用上无法得心应手。上有爱出风头的姬寿曼，下有超级能干的“三郤”，他夹在中间，个中滋味不好受。

栾书这人不像士会，心胸开阔，当初士会碰到憋着劲的郤克，索性退休。他不想这么干。于是，一场风云来了。

他第一个要对付的便是姬寿曼。至于怎么对付他也想好了，便是赶他走，找别人代替他。只是要完成此事，需要帮手，找谁呢？

郤犨。

就目前晋国的形势，只要郤犨肯帮忙，这事也就十拿九稳了。但郤犨不吃栾书这一套，反倒将他呛了一顿。

这事发生在鄢陵之战之前。

鄢陵之战后，“三郤”的实力大增，栾书更加坐立不安，明白自己再不动手，便要被拱走了。于是，他找到楚公子縠臣，这人在鄢陵之战中被俘，关在牢里，日夜想家。

栾书告诉他，作了伪证就能回家。他自然同意。

栾书要诬告谁呢？

郤至。

郤至是个外交家，经常出访各国。若是告他里通外国，可信度很高。

果然，姬寿曼就上当了。

楚公子榖臣说：“此次鄢陵之战是郤至的主意，郤至对我爸熊审说，假如晋国败了，就让姬周做晋国国君，以后晋国是楚国的小弟。可惜人算不如天算，楚国败了，要不是郤至对我爸网开一面，我爸哪能逃走呢？”

姬寿曼听了这些，小心脏“砰砰”剧烈跳动，他拿不定主意了，得找个人来合计合计，找谁呢？自然是栾书。

栾书假装恍然大悟，说：“对啊，我听说齐鲁盟军晚来，就是郤至搞的鬼，而且，他还劝你快点儿与楚军开战。这事我看这么办，郤至不是要找姬周做国君么，看看他俩有没有联系不就行啦。”

姬寿曼马上明白了：哦，怪不得鄢陵之战中郤至是只老鹰呢。

栾书出主意：“姬周住在洛邑，派郤至去洛邑出差，然后，就能看到真相了。”

洛邑是周王住的地方，姬寿曼派郤至去，让他向周王汇报一下鄢陵之战的战况。

姬周是晋襄公姬欢的曾孙，他爷爷是姬欢的小儿子。晋国的规矩是“不蓄群公子”，不继位的公子都被打发到国外了，因此，他家被安排到洛邑。姬周这人贤良，他让晋国那些期盼王者归来的人看到了希望，栾书挑中他其实是随大流的结果。当然，姬周可不知道栾书的鬼主意。所以，当栾书派人来悄悄对他说，郤至要来了，你该去看看他，对你将来回国有好处。他便真的去见郤至了。

两人相见，惺惺相惜，说了一宿的话。

这下，姬寿曼彻底明白了，好你个郤至，哼！

但是，姬寿曼对郤至还是充满好感的，一下子无法接受他反叛的事实。可是，另一件事很快就来了，这让姬寿曼的疑心病终于发作了。

那天，姬寿曼带着一群人出去打猎，郤至射了头野猪，这时，姬寿曼身边的太监孟张跑过去要拖走野猪，郤至觉得不可思议，不就一个太监么，敢来抢我的东西。他二话不说，拉弓搭箭，将孟张射死了。

姬寿曼一见，心里最后一道防线缺口了，大叫：“郤至，你欺人太甚。”

回去之后，姬寿曼招来亲信，商量怎么干掉郤至，胥童说："要干就干三个，单干一个，另两个就要动。"

胥童为啥这样狠？因为他父亲胥克在军中的职位被郤缺搞掉了，而理由是胥克有精神病。什么精神病啊？说白了就是不正常。胥童自然对郤家恨得牙齿痒痒。

姬寿曼命胥童带人去干掉"三郤"。

此时"三郤"倒不是毫无察觉，只不过他们觉得违抗君命便是反叛，于是，"三郤"烟消云散。

第二天，"三郤"陈尸朝堂，姬寿曼让大臣们观摩反叛者的下场。

胥童得意了，顺便将栾书和荀偃逮了。胥童摆明了要夺取胜利果实，自己上位。栾书就不用说了，荀偃是荀林父的孙子，家世显赫，说话响当当。胥童除掉这俩人，才能高枕无忧。

但是，姬寿曼不觉得栾书和荀偃有什么问题，他阻拦了胥童的屠杀行为："算了算了，俺讨伐的是郤家，没他俩啥事。"

栾书和荀偃战战兢兢走下朝堂，又互掐了一把，证明自己还活着，这才松了一口气。

他们受的惊吓可大了，之后，不敢出门，每日躲在家里，啃手指头。

但是，姬寿曼的行为激发了栾书的邪恶，他本来就想干掉姬寿曼，此时的愿望尤其强烈，况且，他得到了一位强有力的帮手，荀偃。

虽然荀偃并没有除去姬寿曼的想法，但经不住栾书的劝说，加上那天朝堂上的惊吓，便跳上了栾书的贼船。

两人一联手，姬寿曼自然就完蛋，至于胥童，也没折腾多久，跟着完蛋了。但是，胥童的完蛋跟姬寿曼的完蛋不同，胥童死，姬寿曼囚。

栾书不敢杀姬寿曼，毕竟是国君，杀了要乱，他很狡猾，决定问问大家的意见。

士匄是士会的孙子，士燮的儿子，但他显然不及父辈有智慧，只是装糊涂，不表态。

韩厥呢，毫不含糊，将栾书骂了一通。

但是，栾书没有回头路，姬寿曼不得不死。于是，一位刺客出现了，他是荀偃的亲戚，将狱中的姬寿曼杀了。

姬寿曼一死，栾书赶紧宣布国君驾崩。可怜的姬寿曼，用草席裹了，匆匆埋掉。

栾书考虑得很周详，刺杀姬寿曼的同时，派荀罃去洛邑接姬周回来，这样，姬寿曼留下的空缺，姬周填了。

姬周便是晋悼公。他的出现让栾书大跌眼镜，因为，他果真如人们传说的那样，非常贤良。虽然他才十五岁，但少年老成，栾书要想糊弄他，难。栾书很快便发现，自己做老大的梦想再也无法实现了。晋悼公时代，他将被人们渐渐遗忘。

事实上，姬周的出现是晋国的又一次荣光，晋国将重新称霸武林，将楚国远远甩在身后。

姬周在用人方面确实有眼光。韩厥这人不错，于是，栾书下去，韩厥上来。

再说楚国，姬寿曼一死，楚共王熊审觉得机会来了。晋国乱，可趁机揩油。哪知，探子来报，晋国新君不是一般的厉害，怕是揩不到油。

怎么办呢？

熊审不敢乱动了。当然，他可不死心。郑国不是甘愿做楚国的小弟么，让他去欺负晋国的小弟宋国好了。

郑国还真听话，立马去打宋国。

楚郑联军呼啦啦到了宋国，乒乓一顿打，占了宋国不少地方。譬如彭城就被占了，彭城也就是现在的徐州。

仗打完了，楚郑联军就回国了。宋国看准时机，要收复失地。也怪了，宋国费了好大的劲，连主帅也战死了，就是进不了彭城。

宋国的动静被熊审知道了，熊审急啊，怕彭城失守，赶紧叫子重去攻宋国本土。

这下，宋国没辙了，只好向晋国求救。

姬周赶紧开会，请大家讨论。

韩厥嗓门大，说，“欲求得人，必先勤之，成霸安强，自宋始矣！”这首四字歌记在《左传》中，实在荡气回肠。

姬周立马拍板，出发。

晋军在靡角之谷与楚军相遇了，这次楚军很识趣，转身走了。

接着，姬周召开联合国大会，参加者为鲁、齐、宋、卫、邾，讨论怎么帮助宋国，宋国自然希望联军能出面收复彭城。

于是，晋、鲁、宋、卫、曹、莒、邾、滕、薛九国联军出发了。可谓声势浩大。联军一到彭城，彭城很快便回到宋国的怀抱，因为守军看到乌压压的联军，没怎么抵抗就投降了。

如果细看大会成员与联军成员，会发现少了齐国。要知道，连未参加会议的小国都派兵了，齐国干嘛去了？

在观望呢。

齐国的行为让姬周极度愤慨。

姬周一生气，自然要打齐国，给他点儿颜色瞧瞧。

齐灵公姜环吓一跳，一看要动真格的啦，赶紧求饶。太子姜光被送去晋国作人质，姬周这才罢休。

但此次晋军声势浩荡地出兵，却没有威胁到郑国。

郑国坚持要做楚国的小弟，这让晋国情何以堪。晋国要想称霸中原，势必拿下郑国，郑国从墙头草变成死心眼，真叫晋国失望。晋国没办法，只好继续开会商量如何对付郑国。当然，办法是人想出来的。鲁国的仲孙蔑建议，在虎牢关筑城，威胁郑国。仲孙蔑便是孟献子，也就是“三桓”中的孟孙。

这个主意不错。为啥呢？因为，虎牢关在洛阳东边，位置相当于中原的喉咙口，卡住这，郑国哪还敢蹦跶。

果然，在虎牢关一筑城，郑国就傻眼了。

解决了郑国，晋国在中原也就畅通无阻了。

这事完了之后，鲁襄公姬午与晋悼公姬周在长樗见面，仲孙蔑建议姬午对姬周行天子礼。以前齐顷公姜无野拍晋景公姬獳马屁的时候，用上了朝见天子的玉圭。这次姬午更干脆，直接行礼。

荀罃急了，连忙摆手：“天子在，而君辱稽首，寡君惧矣！”

仲孙蔑便说：“以敝邑介在东表，密迩仇雠，寡君将君是望，敢不稽首？”

荀罃是出于谨慎，因为有周天子啊，住在洛邑好好的，姬午这样一搞，传出去可不好。当然，仲孙蔑也没错，不过是要与晋国拉关系。

一番表演之后，皆大欢喜。

接着，又该开联合国大会了。这次会议叫做鸡泽之会，会议地点在鸡泽，也就是如今的邯郸东北部。这次会议可隆重了，鲁、单、宋、卫、郑、莒、邾、齐、陈都来了。当然，也有小国不来的，譬如许国，晋国自然拿狼牙棒痛打一顿。此时形势很明朗，谁不参加晋国的会议，谁就是晋国的敌人。

晋国打了许国，吴国一看，赶紧派人来解释，咱本来要来参加鸡泽之会，可实在忙，脱不开身。虽然咱没来参加会议，但是咱的一颗红心是为晋国准备的。

吴国这么一表态，晋国自然同意他加盟。新盟友入会，联合国大会自然又要召开了。

所以，此时的情况大致这样，不打仗就开会。还是开会好啊，大家喝喝酒，聊聊天，多好。只是苦了马车夫，日夜赶路，路上呢，尘土飞扬，一问，全是去开会的。

至于楚国，反正不与晋国和好，晋国一开会他就生气，一生气就去欺负晋国的小弟陈国。陈国一挨打就喊救命。陈国一喊，晋国赶紧组织诸侯来帮忙。

姬周被搞烦了，索性派联军驻守陈国。

这时，韩厥老了，要求退休。于是荀罃上来了。荀罃做过九年楚囚，好不容易才回来，经历过磨砺的人到底不一样，稳重。

再说郑国对晋国服输之后，寻思着要有所表现。他怎么弄呢？打蔡国，将蔡公子燮俘了，献给晋国。看看这马屁拍的。蔡国是楚国的小弟啊，弄痛了蔡国，也就弄痛了楚国，楚国自然不肯放过郑国，派兵来打。

这下郑国又纠结了，墙头草该倒向哪边。

郑国大臣为这事吵得不可开交，亲楚与亲晋的意见一半一半，这事搞成这样，任天皇老子也没办法，谁让郑国地处的位置不对呢？中间位置，又是小国，日子实在难。

最后，亲楚占了上风。

得，又得罪人了。

姬周的办事效率多高啊，马上带着联军来了。

这次可狠了，晋、鲁、宋、卫、曹、莒、邾、滕、薛、杞、郳、齐，来了乌泱泱一大片。名将们也都来了，阵容实在庞大。

郑国人傻眼了，咬牙硬挺吧。

但是，姬周发了狠，下了死命令，士兵中老的和小的都回去，生病的去虎牢关休养，留下的备好干粮，围死丫的。

为了视线好，晋军连路上的树都砍掉了。

这下，郑国真的怕了，赶紧求饶："晋爷爷，咱们和好吧。"

但是，要不要接受郑国求饶，晋国有分歧。

荀偃认为：咱们继续包围，等楚军来，咱们和楚军决一死战。

荀罃则认为：和为贵，接受郑国求和。

荀罃的意见占了上风，因为一起来的诸侯们开始想家了，天天住帐篷的滋味不好受。

姬周想了想："好吧，接受。"

这事到这本来该结束了，但是，横地里蹿出个秦国。秦晋之好结束后，秦国就一直对晋国冷着脸。现在，秦国看到晋国又风光了，心里老不爽了。

秦景公嬴石派人悄悄与楚共王熊审联系，咱俩联手，打晋国。

熊审要是有头脑，就不该接受这个建议，但他脑子一热，说行。

于是，楚军也去围郑国了，这次他有秦军做后援，底气很足。

郑国就惨了，刚送走老虎，狮子又来了，还让不让人活啊。这时也容不得郑国多想，谁狠就服谁的气。于是，郑国又向楚国投降了。

不用说，郑国做墙头草一样是死，晋军来了。当然，晋军来了围一围，郑国讨饶就回去。

到这，出现了很不好的现象，晋军疲于奔命，又解决不了什么问题，老百姓养军队不容易，晋国国内怨声就大了。

这时，魏绛建议姬周将国库里的东西拿出来借给百姓，这样一来，货物就能流通了，一流通，就有钱了。另外，要节约开支，服饰啥的没穿坏就不要换。

果然，这些措施一出，老百姓就不抱怨了。

魏绛是魏犨的孙子，魏犨便是当年陪姬重耳流浪十九年的大臣之一。

魏绛是怎么走进姬周视野的呢，说来话长。

鸡泽开会的时候，姬周着实风光了一回。姬周的弟弟扬干比他还得意，一得意，就出事了，这家伙的马车搅了仪仗队，好比足球场上出现一裸奔的。

魏绛是司马，管军纪，扬干这么个搞法，他不能视而不见，于是，他逮了扬干的车夫，杀了。

姬周气得要命，叫着要杀魏绛。

哪知，魏绛早有准备，给姬周写了封信，陈诉杀扬干车夫的理由，然后准备自杀。

姬周一看信，折服了，这人太忠诚了，鞋也不穿，赶紧跑出来，拉着魏绛，说："俺呢，是为了俺弟弟，但是你，却为了这个国家。俺有弟弟，却不知道教导，让他犯了错，你就不要再让俺犯错了，你要是死了，俺就错得没谱了。"

关于不穿鞋，曹操也干过这事，他听说谋士许攸来了，鞋也来不及穿就赶紧去见了。

姬周的态度这么好，魏绛自然不死。

魏绛确实是能人，为了解决戎狄问题，他提出"和戎"方案。

这是咋回事呢？戎狄在晋国北边，没事老来骚扰。姬周的意思是，见一打一，见两打双。但魏绛建议，跟他们和好。这事在当时有点儿不可思议，好比秀才想和一帮土匪结拜兄弟。

但是，用了魏绛的建议，戎狄问题果然解决了，他们不来骚扰了，兄弟嘛，还打个啥。后来汉代学了这一招，跟匈奴"和亲"，结成亲家。

晋国元气一恢复，联合国会议又得召开了。这次，吴国也加入进来，吴王寿梦亲自到柤参加会议。柤在江苏邳州。

当然，开完会就得找个打架的，这是晋国一贯的作风。

这次，荀偃和士匄要求攻打逼阳，逼阳在山东枣庄、台儿庄那一带，在晋国到楚国的通道上。逼阳城虽小，却很坚固。说白了就是一块硬骨头，啃也费劲。荀罃不想打，但考虑到要是不同意他们的要求，会闹矛盾，好吧，打吧。

于是，鲁、晋、宋等十三国联军到了逼阳城外。

逼阳城果然名不虚传，太坚固了，攻了十几天，撼不动。

且说有一天，鲁国派人送来辎重，也就是军械粮草啥的。逼阳人一看，嘿，肥肉来了，抢。于是，打开悬门，准备出城来抢。鲁军一见，觉得机会来了，赶紧冲进城去，哪知，刚进去一半，逼阳人就开始关悬门。情况万分危急，悬门真要关上，进去的鲁军只能成为逼阳人的肉包子。

此时，一位大力士出现了，只见他双手擎住悬门，奋力一托，悬门卡住，落不下来了。他大喝一声："退兵"。后面的鲁兵见了，赶紧鸣金收兵，锣声哐哐直响。待鲁兵全退了，大力士才放下城门。

这件事在鲁军中影响深远，仲孙蔑大加赞赏："《诗》所谓'有力如虎'者也"。

这位大力士是谁呢？便是叔梁纥，孔子的父亲。

再说荀偃和士匄，他们觉得逼阳这块骨头实在太难啃，想要退出。荀罃发怒了，大骂："七天之内攻不下，我要你们的脑袋。"

果然，还是威胁有用，荀偃和士匄硬着头皮上，总算将硬骨头啃下来了。

此时晋楚争霸，晋国显然占了上风，依附晋国的诸侯越来越多。但是郑国还在犹豫，它作为一棵典型的墙头草，在晋楚之间不断挣扎，当然，他所追求的不过是利益最大化。晋国越来越强大，郑国当然看得清清楚楚，但是，它无法全身心地投靠晋国，他需要晋国先折了楚国的铁翼。

郑国怎么弄呢？决定跳一段探戈，进进退退。

郑国先是攻打宋国，摆明了挑衅晋国，以晋军为首的联军一阵风似的来了。于是，郑国服输，甘愿做小弟。

郑国要的就是这样，因为这样一来，楚军必会闻风而动。

果然，楚军来了，这次楚军为了保险一些，向秦国求援，于是秦军也来了。

郑国看秦楚联军来了，赶紧服输，加入他们的队伍攻打宋国。

这又是为何？其实简单，激恼晋国，让晋军再出动啊。

不消说，晋国领着联军又来了。

这次，郑国向晋国献了厚礼，以示忠心，什么厚礼呢？师悝、师触、师蠲三位音乐大师。你想啊，那个时代娱乐生活匮乏，音乐大师实在是个宝，郑国将他们献给晋国，这份礼不可谓不厚。当然，厚礼不止这些，郑国将国库里的好东西都拉出来送人了，譬如横阵车和屯守车。在那个时代，这相当于坦克和装甲车。晋悼公姬周很开心，嗯，郑国够意思，咱们和好。

郑人演这一出戏，其实就是为了与晋国的关系更牢靠，这下，目的达到了，可以睡个安稳觉了。

两年后，荀罃死了，荀偃上位。

荀罃死的这年，楚共王熊审也死了。他死后，楚康王熊昭继位。吴国就在楚国东边，觉得机会来了，打楚国去。可是，楚国有养由基，养由基不光是神箭手，还用兵如神，把吴军诱进埋伏圈，歼了。

当然，吴国一败，便可以向大哥晋国哭诉。于是，联合国会议又召开了。看看这个阵势，晋、吴、齐、鲁、宋、卫、郑、曹、莒、邾、滕、杞、薛十三国呢。负责接待的人员忙得团团转，他们狠狠感慨，要是能干的王熙凤来帮忙就好了。

且说此前晋国大部队在郑国进退之际，秦国觉得晋国国内空虚，去抽几下没问题，于是，晋国的屁股被秦国抽上了。秦国抽得挺凶，晋国虽然派人抵抗，但还是输了。这场战争叫做栎之战，惨败的晋军回去后哭了好几天。秦国这样对待晋国，晋国自然要报仇。

这不，荀偃带着联军讨伐秦国去了。姬周在国境线上等，荀偃他们深入秦国内部，一直行军到泾水。在要不要渡河这个问题上，各国军队有了分歧。当然，这时总会有积极分子，鲁国和莒国便是，他们找来渡船，赶紧渡河。鲁国和莒国这么积极，郑国和卫国也不甘落后，赶紧劝大家渡河。

于是，大家都过了河。

秦军都看着呢——你们过来正好，咱给你们好果子吃。

秦军怎么弄呢？在泾水上游下毒，水流啊流，流到联军肚子里去了。这下可苦了那帮士兵，上吐下泻，趴在地上起不来。

人都这样了，仗还怎么打？

别急，有积极分子呢。郑军率先出发了，于是大伙儿跟着上。

按理说，联军此时一鼓作气还能将秦军揍一顿。可是，晋军内部出了问题。荀偃大手一挥，前进，栾黡却领着军队撤退了。他一走，其他士兵也跟着走，荀偃没办法，只好重新下令撤退。

栾黡是栾书的儿子，他显然对荀偃不太服气。他这么一搞，联军算是白跑一趟秦国，没啥风景看不说，还吃坏了肚子。

这时，有人跳了出来。

谁呢？

栾黡的弟弟栾针。栾针觉得，咱们大老远来一趟秦国，怎好空手而回，怎么着也要打一场。

于是，栾针与士鞅带着人马与秦军干了一场，势单力薄啊，栾针就这么死了，士鞅呢，被逮了。

士鞅是士匄的三儿，士家与栾家其实是儿女亲家，栾黡的老婆便是士匄的女儿栾祁，她生了个儿子栾盈。但是，栾针一死，栾黡可不管士鞅是三舅子，恨上了。后来士鞅被秦人放回来，栾黡就逼士匄杀儿子，说是就因为他家狗崽子，自个儿弟弟才死的。

士鞅没办法，只好出国避难，去哪呢？秦国。看来他在那里做了一次战俘，就混熟了。

这场莫名其妙的战争被称作迁延之役，也就是退却之战。

晋军撤回之后，姬周一生气，重整了军队。确实，是该管管，主帅说话当放屁，这仗还怎么打。

可惜的是，第二年，不到三十岁的晋悼公姬周病死了。晋国一代巨星陨落了。

姬周死后，晋平公姬彪继位。

傲慢与偏见

姬彪要做的事也不过是开会。诸侯们为了表忠诚，一个个日夜兼程赶来了。这时，出现个问题，齐国只派了大夫高厚来。高厚虽是高官，但比较木讷，既不会吟诗，也不会跳舞，说白了，不擅社交。真搞不懂齐灵公姜环，怎么派这么个人物出席联合国大会。

高厚也挺尴尬，姬彪要求大家载歌载舞，“歌诗必类”，也就是说，吟什么诗就跳什么舞。

譬如：“啊，山川”，就做个拥抱山川的舞姿。

高厚什么也不会。

一般说来，人家诗盲舞盲，就不要为难人家。

可荀偃不这么认为，你什么玩意啊，咱国君费这么大劲和大家玩乐，你躲一边干啥？哼，摆明了有二心。

于是，他要让高厚与大伙结盟，以测试红心的纯度。再说了，开会的主题不就是结盟么，先前吟诗跳舞不过是热身。

别说，高厚还真不诚心，偷偷跑了。

高厚一走，会议议题便改为讨伐齐国。

不过，齐灵公姜环并不在乎这个结果，他干脆先讨伐鲁国。

鲁国赶紧大喊救命。

于是，晋军便去了。

姜环这是怎么啦？其实简单，因为他觉得翅膀硬了，干嘛老听晋国的。

可见，晋国时时开联合国大会是有道理的，他不过在提醒大家："喂，别开小差，听我的。"

姜环心里早有打算，他与晋国交往，自己基本不出面，不是大夫去忽悠一下，便是太子姜光去挡一挡。这次翻脸，其实已有准备。《左传》这么说，"王使刘定公赐齐侯命。"王便是周灵王，周灵王派刘定公给姜环赐命，这可不是一般的小事。姜环的意思很明白，他也想称霸。他这么干，晋国自然被激恼了。

晋鲁联军不管三七二十一，直奔齐国腹地，姜环没办法，只好在平阴迎战。联军攻势凶猛，姜环看了害怕，咋办？

这时，晋军又出一招，这招就狠了，叫做连蒙带骗。

士匄对齐国大夫析文子说："咱们是朋友，俺不能看着你跳火坑，这次联军动用兵车两千辆，齐国看来要灭了，你赶紧先替自己打算打算。"

两千辆兵车压境，确实吓人，黑压压一片，地上的蚂蚁都给压死了。

析文子听了，小心脏差点儿没蹦出胸膛。作为一个忠厚之人，这时他没顾上逃命，而是赶紧向姜环汇报。

姜环听了，小心脏一下提到了嗓子眼，妈呀，遇上狼了。他赶紧爬上巫山，观望联军的动向。

联军那边早已准备好。战车上绑着假人，车后拖着树枝，稍稍一动，尘土飞扬，快要飞到月球上了。

姜环看了，完全傻了。

傻掉后的姜环怎么办呢？还能怎么办，逃呗。

姜环一逃，晋鲁联军如入无人之境。一直逼到齐都临淄城下。

要说联军行军为何如此顺利，其实是齐军内部出了问题。

齐军本来由夙沙卫殿后，但是，殖绰和郭最却让他到前面去。

这又是为何？其实说白了，"傲慢与偏见"害人。

夙沙卫是寺人，寺人也就是宦官，身上少了样东西，殖绰和郭最看不上他，让他先行。

行军好好的，换什么位置？夙沙卫作为寺人，自然很敏感，他心里那个恨啊。哼，你们让我去前头，咱就去前头。

夙沙卫到了前头，干啥事呢？

设置路障。

他行到一处隘口，杀了马匹，堵在路上。

后头的殖绰和郭最就惨了，遇上交通大堵塞，动不了了。不用说，这两人被俘了。

联军一到临淄城下，姜环顶不住，又要逃。这时，太子姜光就说："爸，你还逃啊，再逃齐国真亡了！"

姜环不听，下令驾车快走。

姜光挥剑斩了马鞅，也就相当于拔了小车钥匙，这下，姜环走不了了，才没走。

姜环确实多虑了，联军在城外耀武扬威了一阵，就走了，到别处扫荡去了。

要说姜环这人，胸有大志，却无大才。再摊上个不省心的妈，真够他烦的。

姜环妈妈声孟子，前文说到，鲁国的叔孙侨如逃到齐国，与声孟子勾搭上了，要说这声孟子，确实不甘寂寞，她的情人可不止一位，庆克也是她的相好。

庆克是齐国大夫，一个大男人，为了见声孟子，居然男扮女装进宫，够刺激的，为见情人啥事都做得出来。

但是，庆克的丑事没做好保密工作，被大夫鲍牵发现了，鲍牵当然没义务为他保守秘密，赶紧跟正卿国佐说了。正卿也就是大臣们的老大。

国佐知道了此事，自然要骂庆克一顿。

庆克被骂红了脸，好多天都不敢出门。

这样一来，声孟子受不了了，奶奶的鲍牵，坏老娘的好事，等着瞧。

声孟子怎么弄呢？在儿子姜环面前说鲍牵的坏话。姜环缺心眼，他老娘说什么他就信什么。

国佐陪姜环去开联合国大会，鲍牵和高无咎看家。姜环回来后，声孟子对他说，“高、鲍将不纳君，而立公子角。国子知之。”这话是说鲍牵和高无咎要谋反。

姜环一听，头脑一胀，双眼一红，“刖鲍牵，逐高无咎。”

刖也就是砍去双脚。当初卞和三番五次献和氏璧，被楚王用了刖刑，脚被砍了，没法走路了。鲍牵因为看不惯丑事，被刖了，实在惨。

高无咎更冤，啥事都不知道，就被赶出齐国。他的儿子高弱生气了，在卢地叫着要讨伐昏君。卢地在如今的山东长清西南。

看看这事搞成啥样了。

姜环听说高弱跟自己叫板，很生气，派崔杼和庆克去打。

当时，刚好国佐带着齐军跟晋军在讨伐郑国，国内出了这种事，国佐赶紧请假回国。他带着兵马直奔卢地，不是打高弱，而是杀庆克，因为他知道是怎么回事。于是，庆克为自己的丑事付出了生命。

但在姜环看来，庆克是为国捐躯，于是，他的职位给了他的儿子庆封。

国佐干了这事，也没法回临淄见姜环，索性在谷地与姜环叫板。

姜环没办法，只好与国佐讲和，让国佐继续做正卿。但是，国佐的行为显然让姜环对他失去了信任。没多久，姜环便派人将国佐杀了。

姜环做的糊涂事可不止这些，关于太子一事，他也犯糊涂。

姜光做了好多年太子，但是架不住父亲变心，给废了。当然，这是有原因的，姜环喜欢小老婆戎子，戎子说，让姜牙做太子。

姜环就同意了。

虽说太子不能随便废立，但姜环觉得，谁做太子还不是自己一句话的事。于是，姜光被派去即墨，姜牙成了太子，高厚为太傅，也就是太子师傅。姜环折腾完太子的事，就病倒了。没想到的是，居然一病不起，快要死了。

国君病重，关心太子问题的人就多了。

崔杼开始盘算，咱经常与姜光一块儿出差，关系不错，要是让姜牙做了国君，好处就全给高厚了，不行。于是，他偷偷将姜光接回临淄。姜光倒是干脆，一不做二不休，直接将戎子杀了。

姜环躺得直挺挺，听说戎子死了，一抽搐，也死了。

于是，姜光顺利成了齐庄公。

姜牙就倒霉了，无路可走，被姜光杀了。至于高厚，则被崔杼杀了。

瞧瞧姜环干的糊涂事，搞得几家不得安生。

姜光这人遗传了祖母声孟子的品性，浪。可是，浪也该看对象，怎么学着高衙内，看上了林冲娘子呢?

姜光看上的是崔杼的娘子棠姜。棠姜貌美如花，她可是崔杼的心头肉。

崔杼真是打落了牙往肚里吞，帮了姜光的忙反倒帮出事了。崔杼责问娘子："你咋回事，为啥不反抗，由着他胡来？"

棠姜娇滴滴地说，"彼挟国君之势以临我，非一妇人所敢拒也。"

崔杼一听：也对，姜光你欺人太甚，我要不帮你的忙，你能做国君，你能欺压我娘子?

于是，崔杼不责怪棠姜了，而是将一腔怒气撒到姜光头上。这下，姜光没好果子吃了，被杀了。

崔杼干的，史官自然秉笔直言，"夏五月乙亥，崔杼弑其君"，但是，崔杼就急了："哎呦喂，你干嘛这么写，写姜光暴病而亡不就行啦？"

崔杼当然急，史官这么写就等于把他钉死在耻辱柱上了。

当初赵盾也碰到过这事，被史官董狐写了"赵盾弑其君"，他说不过董狐，也就作罢了。但崔杼不比赵盾，干脆将史官杀了。史官是家传的职业，哥哥死了弟弟来，再来一位还这么写，他又杀，一下杀了三位，第四位来还这么写，他终于手软了，放弃了。这事搞成这样，他不是妄臣，谁是妄臣?

姜光死后，弟弟姜杵臼成了齐景公，他是鲁国叔孙侨如的外孙。从某种意义上来说，他是鲁国"三桓"争斗所开出的奇异之花。

姜杵臼还是小孩，他做国君，基本上是个傀儡。右相为崔杼，左相为庆封，齐国大小事都得听这俩人的。但是，崔杼没能得意多久，因为庆封看他不顺眼。

庆封怎么对付崔杼呢？挑火。

当然，苍蝇不叮无缝的蛋，庆封也是看好了来的，崔府在闹"废长立庶"

的糊涂事。崔杼有俩儿子——崔成和崔强，他们的母亲死后，崔杼另娶了老婆东郭女，生了个儿子崔明。东郭女挺厉害，让前夫的儿子无咎和弟弟偃来崔府管事，崔成犯了错误，无咎和偃揪住不放，要废长立庶让崔明做继承人，这下，事情就闹开了。

崔成和崔强找到庆封诉苦，庆封叽叽咕咕一番，两人就闹得越发厉害，干脆杀了无咎和偃，这下，崔杼跳脚了，好小子，不想活了。他找到庆封，让庆封帮忙解决那两个逆子。

庆封自然应允，他派家臣卢蒲嫳带着兵马到了崔府，杀了崔成和崔强后，又顺便杀了其他人。崔府顷刻间便血雨腥风，一片凄惨。

庆封干完这事，回去和崔杼说，问题解决了。

崔杼到家一看：晕，没法活了，奶奶的庆封，你是故意的吧，杀了我一家老小。可是，他也没法怨人家，明明是他自己叫去的。这下，他彻底歇菜了，觉得自己活在世间也是多余，于是自杀了。

崔杼一死，庆封就做老大了。不过他做了老大才知道，太寂寞，不好玩。没多久，他就把职位让给儿子庆舍，自己呢，带着老婆们搬去卢蒲嫳家了。

这又是为何？

原因很简单，庆封跟他爸庆克一样，好色。卢蒲嫳有个漂亮老婆，被庆封看上了，便离不开了，干脆搬家。

卢蒲嫳这人也贱，庆封住他家，他觉得正是拉关系的好时机。他向庆封要求，让他哥哥卢蒲癸回来吧。

卢蒲癸是齐庄公姜光的亲信，姜光出事后，他逃去了鲁国。

卢蒲嫳这点儿要求，庆封自然答应，说没问题。

于是，卢蒲癸从鲁国回来了。卢蒲癸回来后，庆封让他去做庆舍的家臣。

庆舍跟他爸庆封没啥两样，卢蒲癸嘴上抹油，他照单全收。为了跟卢蒲癸关系更亲，他将女儿嫁给了他，于是，卢蒲癸见到庆舍便叫丈人。

谁都没想到的是，卢蒲癸的心里燃着一把火，一把复仇之火。接下来，有庆家好瞧的。

卢蒲癸对庆舍说，我以前有位同事，可勇猛了，也该让他为您效力。

庆舍听了，自然同意。

那人是谁呢？

王何。

王何也是姜光的亲信，姜光出事后，也逃了。

庆舍一召唤，王何就回来了。然后，王何与卢蒲癸成了庆舍的贴身侍卫。庆舍这下惨了，身边留着两条狼，没留神，就被狼吃了。

庆舍一死，庆封怒了，带兵去报仇，但大势已去，士兵们不想为他卖命，能躲的都躲了。

庆封傻了眼，只好逃，逃到吴国，吴王夷昧将朱方赐给他。朱方在如今的江苏丹徒东南。这下，他又得意了。但是，七年后，楚军来了。楚军伐吴的时候顺便将朱方一锅端了，庆家就真的烟消云散了。

卢蒲癸与王何杀庆舍并不是独狼行动，他们联合了栾、高、田、鲍四家的力量。

庆舍死后，由谁来主持齐国工作呢？

栾家和高家的公孙灶与公孙虿站了出来，这两人还算不错，齐国过了一段安稳日子，但是，他俩死后，便出现问题了。他们的儿子栾施和高强掌权。田家的田无宇看不下去了，他也想上位。怎么弄呢？挑拨栾、高的关系，可惜，这招不灵，栾、高是世交，凭几句话挑拨不了。

田无宇接着想办法，既然栾、高两家密不可分，那就联合鲍家。

一次，他趁栾施和高强凑一块儿喝酒，喝醉了，便与鲍牵联合偷袭他们。栾施和高强被这么一搞，也糊涂了，居然想挟持齐景公姜杵臼作人质以壮声势。挟持谁不好，偏偏想着挟持国君，这下完了，栾、高两家算是毁了。栾施和高强只好逃了。

田无宇可开心了，打了土豪分财产，栾、高两家的家产被他和鲍牵占了。

这时，晏婴说话了，这些家产该上交。

田无宇被晏婴这么一说，不敢"吃葡萄不吐葡萄皮"，只好上交，姜杵臼自然笑纳。

田无宇其实姓妫，他祖上是陈国王室，当初妫完从陈国逃到齐国，齐桓公姜小白封他为“工正”，也就是管理工匠的官员。后来，妫完改名田敬仲，“妫姓田氏”便是他家。从妫完传到第九世，出现了田和，田和不得了，将姜太公的齐国改成田氏齐国。这是后话。

齐国经过十六年的混乱，终于平静下来：一则姜杵臼已长大，能够当家；二则一直被压制的晏婴得到姜杵臼的重用，并开始发挥聪明才智。晏婴在齐灵公姜环那会儿继承了父亲晏弱的大夫职位，可惜无人识，直到姜杵臼这会儿，才成为齐国领导层的主力队员。

晏婴便是咱们所说的铜牙铁齿刘罗锅[1]。

就说有一次他去楚国出差，楚灵王熊围欺他矮小，叫人在城门边另外筑一小门，让他走。

晏婴不走，说：“出使狗国才走狗门，我现在出使楚国，应该走大门。”

接待的官员没法子，赶紧让他走大门。

晏婴见到熊围，熊围瞟了他一眼，说：“齐国真没人啦？派你来。”

晏婴呵呵一笑，说：“齐国的人可多了，临淄城里街道有百条，大伙儿一扬起袖子，太阳都被遮住了。”

熊围问：“那为啥派你来？”

晏婴说：“还不是因为俺国有规矩，体面的人去体面的国家出差，像俺这样不成器的，只能来楚国。”

熊围一听，面色绯红。

晏婴的铜牙铁齿确实厉害，三言两语也能杀人，“二桃杀三士”便是他的杰作。

是怎么回事呢？话说公孙接、田开疆和古冶子是好朋友，经常在一起切磋武艺，组成了“老虎队”。这三人自认武艺不是天下第一也是齐国第一，因此，谁都不放在眼里。他们这样，晏婴看着很担心，跟姜杵臼说：“这三人必是齐国大患。”

姜杵臼虽然觉得没啥大不了，但晏婴的意见不能不考虑，于是说：“好吧，你处理这事。”

[1] 刘罗锅：即刘墉，乾隆十六年（1751年）进士，官至内阁大学士，为官清廉。

晏婴得了许可证，自然要大干一场，还要做得神不知鬼不觉。

有一天，姜杵臼召见这三人，说是有赏。他们高高兴兴去了。一到那儿，发现案头上摆着两个桃子，就像是王母娘娘蟠桃会上摘来的，透着粉红，散着香气，别提多美了。

晏婴说：“三位是国家栋梁，所以啊，王宫里新种的桃子一成熟，国君就想着你们了。可惜的是，只熟了两个。这么着，你们自己评，谁更有资格吃桃子。”

晏婴话音刚落，公孙接就说：“俺杀过野猪，打过猛虎，当然有资格。”说完，他便拿了一只桃子。

田开疆看到公孙接拿了桃子，也赶紧上前，说：“俺老田上战场为国拼杀，流血流汗，自然当得起一个桃子。”

古冶子一看，急了，他心里嘀咕：奶奶的，我不就谦虚了一下，你俩倒好，明抢啊。这么想着，他就跳到两人跟前，叫道：“想当年，我护卫国君过黄河，行到一半，有只大鳖冒出来咬国君的马车，别人吓得要命，只有我跳进黄河，追杀大鳖九里路，最后将大鳖头献给国君。像我这样的勇士，却没有桃子。”

公孙接和田开疆听了，脸上挂不住了，丢人啊，邀什么功抢什么桃子，真正的勇士却没享用到桃子，我们算什么玩意。

这两人放下桃子，拔出宝剑，只听“咔咔”两声，自刎了。

古冶子见两人死了，不由悲从心来：“我们是朋友啊，不就为了个桃子么，我这样不仁不义，哪还有什么颜面活在世上？”

于是，他也拔剑自刎了。

一时间，三个有勇无谋的冤大头都被晏婴解决了，情形看起来颇为凄惨。

姜杵臼有晏婴辅佐，齐国很快便蒸蒸日上了。不过，姜杵臼的基因里有鲁国叔孙侨如的那点东西，叔孙侨如啥人啊，奢侈浪费的主儿。姜杵臼做了五十八年国君，如果全听晏婴的，齐国再次成为春秋霸主也说不定。但是，他还喜欢梁丘据、裔款这些嘴上抹油的家伙，离不开他们，所以，齐国政局出现一个奇怪的现象，晏婴代表清，梁丘据代表浊，两者泾渭分明，相安无事。

姜杵臼老的时候，做了件糊涂事，这件事直接导致姜家齐国变成了田氏齐国。

啥事呢？老调重弹了，“废长立幼”，这种事搁一个家庭里，家庭不和，搁一个国家里，国家命运也就变了。

姜杵臼快要死的时候，才想起还没立太子呢，左看右看，只有芮姬生的儿子姜荼最顺眼。原因嘛，不言而喻，芮姬人美，姜杵臼最喜欢。

可是，姜荼年纪太小。姜杵臼不放心，便将他托付给国夏与高张。

姜杵臼一死，姜荼继位，叫做齐晏孺子，这名儿够怪的，其实不奇怪，因为没多久，他就死了。

姜杵臼死时虽有安排，让儿子们都搬出临淄城，只留姜荼。但是，严防死守没能防住一个人，田乞。

田乞是田无宇的儿子，这人精明，明白人心可以收买，大斗出小斗进，别人占了他便宜，没有不说他好的。晏婴看出其中的道道，觉得不妥，跟姜杵臼说：“田家这样收买人心，其心可昭。”可惜，姜杵臼没听。晏婴去晋国出差的时候，与晋国大臣羊舌肸闲聊，感慨了下，“齐国之政卒归于田氏矣。”

田乞怎么个搞法呢？不外乎两面三刀。他表面上与国夏、高张两人关系好得很，暗地里却对大伙说：“这两人太狠，咱们要不先动手，被他们得手了可惨了。”

姜杵臼的墓地还没来得及长草，田乞就动手了。大臣们受了他的挑唆，都听他的，他和鲍牧领着大伙浩浩荡荡进宫去，国夏与高张听说了，赶紧来帮姜荼，双方短兵相接，国夏与高张输了，只好逃，从此杳无音讯。

他俩一逃，田乞就好办了，派人将姜阳生从鲁国接回，先藏着，然后呢，叫大臣们来家中喝酒。既然是喝酒，大家就都来了，喝得正高兴，怪事出现了，大厅中央的座位上本来是一只大皮囊，大伙都没在意，但是，田乞打开皮囊，里面是一个人。谁呢？姜阳生。

田乞说：“他才是齐国国君。”

大伙一个激灵，酒也顾不得喝了，赶紧拜见国君。

田乞说："这事由我和鲍牧商量着干的。"

鲍牧就恼了："屁，这事我半点儿不知道，大家难道忘了齐景公的遗命？"

大伙一听，想反悔。

姜阳生说："我做不做国君全凭大伙的意见。"

他这么一说，焦点全都转移到鲍牧身上了，鲍牧不傻，知道这个时候闹腾不明智，于是说："都是景公的儿子，有什么不可以做国君的。"

姜阳生成了齐悼公，小娃娃姜荼就惨了，只好搬家，搬到骀这个地方。至于芮姬，也一起搬了。当然，搬了家也没好日子过，很快，他们就被杀了。

田乞捧姜阳生做国君，原因很简单，因为两人关系好。果然，姜阳生一上位，田乞就得意了，成了老大。从此以后，田家这盆火在齐国越燃越旺，直至将姜家燃尽。

清明被文字记录下来

再看国际形势，晋国自从晋悼公姬周死后，开始进入沉寂期。虽说晋平公姬彪也使劲折腾，但毕竟不如姬周能干。

当然，他有亮点，祁黄羊“内举不避亲，外举不避仇”的名声便是他成全的。

祁黄羊是中军尉，负责练兵。他退休的时候，姬彪问：“谁可以接替你的职位？”

祁黄羊说：“解狐。”

姬彪一听，觉得奇怪，问：“解狐不是你的仇人么？”

祁黄羊说：“你问的是谁可以接替我的职位，而不是问谁是我的仇人。”

姬彪觉得有理：“嗯，那好，就解狐了。”

祁黄羊的父亲为解狐所杀，祁黄羊与解狐有杀父之仇，但是，他举荐了解狐。只是，解狐重病在身，没多久便死了。

解狐一死，姬彪又问祁黄羊：“中军尉这个职位谁担任比较合适？”

祁黄羊说：“祁午。”

姬彪听了又一愣：“祁午不是你儿子么？”

祁黄羊说：“你问的是谁可以担任这个职位，而不是问谁是我的儿子。”

姬彪觉得有理：“嗯，那好，就祈午了。”

至于祁黄羊的推荐有没有道理，还得看祁午的工作表现。从祈午后来公正执法的表现来看，祁黄羊倒没推荐错。

姬彪确实喜欢向他人询问，征求意见。他老了的时候，忽然想重回学堂，只是白胡子爷爷心里没底，这么老了，还能不能上学啊。于是问师旷，“吾年七十，欲学，恐已暮矣。”

师旷说：“点蜡烛。”

姬彪没搞明白，问：“你不是在戏弄我吧？”

师旷说：“爷，我是个盲人，哪能戏弄你啊？我听说，少年人学习，像初升的太阳，中年人学习，是烈日当空，老年人学习，好比烛光微微，但是，有烛光总比在黑暗中摸索好吧？”

姬彪一听，觉得不错。

师旷是个乐师，技艺精湛。这些成就似乎与他的盲人身份有关，盲人没有了视力，因此更专注于听觉。只是那会儿没有录音设备，师旷的天籁没有流传下来，倒是他精明的头脑被文字记录下来了。

晋国的一把手，荀偃之后是士匄。前面说到迁延之役，士家与栾家由亲家变为仇家，士鞅被栾黡逼得去秦国住了好多年。冤仇结得深了，总得有个了断。

怎么了断呢？

不外乎你死我活。栾家在这次争斗中，被士家彻底灭了。

话说栾黡死后，他老婆栾祁就与别人勾搭上了，栾祁嫌儿子栾盈碍眼，跟三弟士鞅一合计，干脆把栾盈赶走了。士鞅吃过栾家的亏，在这件事上自然很积极。

栾盈这人跟父辈差不多，狂。所以，妈妈和舅舅诬告他叛乱的时候，外公士匄不由分说把他赶出晋国。想想看，一个富家公子成了落水狗，真是伤心。绝望中的栾盈逃到楚国，不过他在楚国没等到什么机会，于是又去了齐国，齐庄公姜光这人有意思，让栾盈混进齐国嫁女的队伍中，将栾盈带进晋国。看起来，姜光是在赌博，赌栾盈赢，若是栾盈赢了，做了正卿，齐国就成了他的大恩人。可惜，赌输了。

栾盈一回晋国，所有的哀怨委屈便爆发了——造反。他一反，结局便是死，不光他死，整个栾家都亡了。当年，栾书挖空心思要栾家兴旺，却在孙子手上毁了。

要说士匄这人，除了对栾家有点儿狠，其实还不错。

郑国有个能人，叫子产，他对士匄提意见，说晋国向小弟要礼要得太多，大家实在不堪重负。

然后，他说了这么一段话："夫诸侯之贿聚于公室，则诸侯贰；若吾子赖之，则晋国贰。诸侯贰即晋国坏，晋国贰则千之家坏，何没没也，将焉用贿。"

这是实话，大家也就混个肚儿饱，没什么钱，晋国狮子大开口，谁受得了。

士匄一想，觉得对，行，那就少要点儿。

晋国这么干，小弟们自然欢欣鼓舞，真好真好。

子产这位能人，可惜生在了郑国，但是，他即使处于弱国，也一样能够实现理想，"铸刑书"便是他的首创。"铸刑书"可不得了，是第一部成文法。因为铸在鼎上，所以叫做"铸刑书"。有了成文法，"刑不可知，则威不可测"这种论调彻底没了市场。想想真吓人，不规定做什么事会犯法，犯法一事就变得极其神秘，只能看统治者是不是清明，若是碰到一群混蛋，死了都不知道为什么。

子产搞了"铸刑书"之后二十三年，晋国也有了"铸刑鼎"。士匄对这功不可没，因为他早在三十八年前就已经制定出"范宣子刑书"，又称作范宣子。当然，"铸刑鼎"的出现在当时尤甚于地震，孔子狠狠批评此事，"晋其亡乎，失其度矣"。

士匄死后，晋国一把手为赵武。这一年，楚国令尹子冯也死了，子木成了令尹。一时间，晋楚两国的政治气氛变了。于是，酝酿和谈的想法便冒了出来。鉴于第一次弭兵会盟的经验，第二次弭兵会盟的牵线搭桥人还是宋国人，宋国大夫向戌两头跑，会盟大会召开了，会议地点还在宋国西门外。这次规模大过第一次，有十四国参加。会盟内容是"晋楚之从交相见也"，就是说，晋国的小弟要给楚国送礼，楚国的小弟要给晋国送礼。

这种会议真是霸道，但小弟们为了晋楚不打仗，只好勒紧裤腰带，送礼。若是晋楚打仗，他们也一样要出兵出力。相比打仗，他们自然更喜欢送礼。不过小弟也分实力，齐国和秦国由于实力足，不用送礼。

赵武与子木一番唇枪舌战，签下《晋楚和约》，算是为国际和平作了贡献。

第二次弭兵会盟与第一次可不一样，此后十几年，再无战事。

晋平公姬彪做了二十六年国君，死了。他的儿子姬夷继位成了晋昭公，这会儿，齐国国君为齐景公姜杵臼，刚好到了奋发图强的时候，齐国一日三变，蒸蒸日上。

因此，姬夷召开联合国大会，晏婴大声发言，“盟无常主，惟有德者居焉”，意思就是，谁厉害谁做武林盟主。

晋国也有利嘴，羊舌肸针锋相对，“德虽不足，而众可用也”，意思是，谁能服众，谁就是老大。

在联合国大会上发言，全凭实力，换了晋悼公姬周时代，齐国才不敢这么说。

姬夷做了六年国君，死了，他儿子姬弃疾——晋顷公继位。这时的晋国国君说话已经不作数了，因为，晋国国内的厉害人物实在多，他们争来夺去，最后剩三位赢家，赵、魏、韩，日后“晋分三家”就是这么来的。

至于楚国，情况也好不到哪儿去。楚康王熊昭这人疑心病重，逼得一些人才只好出逃。大夫蔡声子看得明白，“今楚多淫刑，其大夫逃死于四方，而为之谋主，以害楚国，不可救疗。”

这段话说出了一个真相，“惟楚有才，楚才晋用”，就是说楚国的人才逃到晋国，为晋国所用。

其实，楚国的人才不止逃往晋国，还去了吴国，前有爱夏姬的屈巫，后有蒙冤的伍子胥，伍子胥的逃亡直接使吴王阖闾成了春秋霸主。

熊昭做了十五年国君，死后由儿子熊员继位，但他的弟弟熊围蹿了出来，将熊员杀了，自己上位，成了楚灵王。

要说熊围这人，真不是个东西，“上下其手”就是说他。

怎么回事呢？

第二次弭兵会盟的前一年，楚秦联军浩浩荡荡开向吴国，哪知，吴国罩了金刚罩，敲不动，于是，掉头打郑国，郑国不经打，印堇父和皇颉两位大将一下就被俘了，作为战利品，印堇父去了秦国，皇颉到了楚国。

皇颉在战场上被熊围与县尹穿封戌同时盯上，不过熊围手脚没穿封戌利索，被穿封戌抢了先，熊围见就要到手的猎物被穿封戌抢了，哪里肯依，上去便抢，穿封戌自然不给。熊围恼羞成怒，去哥哥熊昭那里告状，熊昭派太宰伯犁州审理此案，太宰也就是法官，不过伯犁州这个法官不公正，他不问皇颉到底是谁俘了他，而是介绍原告和被告。

他先是恭敬地指着原告："这位是我们尊敬的王弟熊围先生。"然后又不屑地指着被告："这人是边境上的小官穿封戌。"

皇颉多聪明的人，一眼就看明白了，于是一口咬定是熊围俘了他。

穿封戌气得要命，拔剑便刺熊围。当然，没刺着，被人拉开了。

熊昭想不出办法解决此事，只好两头安慰，两边都赏。唉，像他这样水平的国君，楚国能好才怪。

不过，熊围与哥哥相比，更不堪，做了十二年楚王，楚国就被他糟蹋了十二年。"楚王好细腰，宫中多饿死"，就是说他。

看起来，爱鹤爱马爱狗的国君都比不上熊围，这个艺术青年喜欢露一手，有时开宫廷舞会，他亲自下舞池，变幻为亮光闪闪的黑天鹅。这份功力若是不做国君，到哪儿都能混口饭吃，可惜，做了国君，白白糟蹋了这份天赋。

舞蹈者讲究体态轻盈，熊围对这方面的要求尤其严苛，喜欢细腰。得，宫女们就遭殃了，他爱细腰，也没人敢胖了，那时没有减肥药，想瘦只能不吃饭，唉，饿死了不少。

熊围这人不地道之处可不止这些，前文讲到晏婴出使楚国，他要晏婴钻门洞进来。不过，他可不是晏婴的对手，被晏婴几句话就拍飞了。但是，这人不肯吃亏，晏婴坐下来和他商谈国事，他倒好，叫人拉来齐国的小偷，到晏婴面前走一遭，他以为这样便能令晏婴蒙羞，但他哪里是晏婴的对手，被晏婴一句"橘生淮南则为橘，生于淮北则为枳"给撂倒了。

熊围喜欢欺负人这是不争的事实。

就说齐国的庆封，逃难逃到吴国，吴王将他安置在朱方（江苏丹徒），熊围打吴国的时候，哪肯漏掉这种让他出丑的机会，特意去朱方将庆封逮了，拉到众人面前，拿着小喇叭喊：“大伙不要学他，这家伙杀国君，欺百姓，还厚着脸皮要大臣支持他。”

庆封也是不肯吃亏的主儿，跟着唱对台戏：“大家不要学他，这家伙杀国君，国君可是他亲侄儿啊，还厚着脸皮要诸侯支持他。”

大伙听得乐死了。

熊围自己没道德，但不妨碍他成为一名道德警察。一有机会，他就去教训那些道德败坏者，譬如蔡灵侯，这娃杀了他爸爸蔡景侯，自己做国君。但蔡灵侯并不是那种蓄意篡位者，他是为了一个女人，这个女人便是他老婆。

蔡景侯给儿子娶媳妇，回家一看，真美，居然自己要了！蔡灵侯气得受不了了，一狠心，杀了老爸。

要说公公看上媳妇，很久以后唐明皇李隆基也干过这事，把儿子的老婆变为自己的杨贵妃。李公子可没敢咋样，最多夜深人静时对着月亮流泪。

熊围怎么搞掉的蔡灵侯呢？倒是费了一番苦心，他先是派人请蔡灵侯喝酒，蔡灵侯一醉，埋伏在四周的勇士便冒了出来，蔡灵侯就这么死了。

蔡灵侯一死，蔡国怎么办？

好办，熊弟弟多着呢，让熊弃疾去蔡国做国君。

不靠谱的熊围不靠谱的事干多了，也该歇手了。

谁让他歇了手呢？

熊弃疾。

当然，熊弃疾能得手主要是因为熊围做人太失败。有一年寒冬，下着雪，他带着楚军讨伐徐国，士兵们身着铁衣，冻得连话都说不利索。他倒好，饶有兴致地赏起雪来，赞叹一声，好美。他不怕冷是因为穿了“腹陶裘”，披着“翠羽披”，像个皮毛厚重的北极熊。人心都是肉长的，他这样子还有谁会喜欢？

熊围领兵出门去，熊弃疾瞧准机会，将他俩儿子杀了。就如当初熊围杀侄儿熊员一样，熊弃疾杀了两侄儿——熊禄和熊罢敌。看看熊家，血管里流淌着杀侄儿的血。

这场宫廷政变虽由熊弃疾主导，但他是楚共王熊审的小儿子，熊审共有五子，熊弃疾前头还杵着两个哥哥，因此不便直接做王，于是，老三熊比成了楚初王。

接着，熊弃疾派人去熊围的军队里策反，说："楚国有新君啦，你们若是回来，官复原职，若是跟着熊围，死路一条。"

士兵们听了这话，自然忙不迭回家去，熊围就惨了，俩儿子死了，他除了呼天抢地哭一场，再也没有别的方式可以释放情绪。这位昔日的楚王成了真正的孤家寡人，虽然熊弃疾并没派人来杀他，但他已无路可走，他一个人在路上流浪，又急又饿，不知将去向何方。

再说熊弃疾，他压根儿就不想将胜利果实拱手让人。

怎么弄呢？实在是绝。熊围不是下落不明么？这倒成了一个借口。

于是城里开始流传一个说法：熊围率兵正往郢都赶。

老三熊比听说了，吓得浑身筛糠一样抖。熊弃疾长叹一声，说："哥，你还是出去躲躲。当然，老四子皙也不能留下，被熊弃疾一并劝走。但是，他们还没动身呢，就听说熊围已经进城了，完了，这两人彻底绝望了，只好自杀。

瞧这熊弃疾的手段，哥哥们都被他玩死了。

熊弃疾神不知鬼不觉成了楚平王。当然，他对下落不明的二哥熊围很不放心，找了几年，找到了他的墓地，这才罢休。

熊弃疾这人虽然聪明，但气量太小。大才如伍子胥，他却是容不下的。当然，这其中自有原因。

熊弃疾让伍奢做太子熊建的太师，让费无极做少师，伍奢便是伍子胥的爸爸。

伍奢与费无极的区别在于，一个刚正不阿，一个爱拍马屁。熊建心中自有分寸，平时与费无极保持距离，与伍奢倒是亲近。熊建这样，费无极自然心潮起伏，夜不能寐。

熊建到了娶老婆的年龄，熊弃疾派费无极去秦国迎亲，费无极见孟嬴貌美如花，知道熊弃疾必定喜欢。于是，偷偷将孟嬴推荐给熊弃疾，熊弃疾哪有不要之理？这时，他也管不得是不是儿媳妇了。

熊弃疾这样一搞，熊建当然不开心。你想啊，血气方刚的小伙子，老婆被老爸抢了，这事真叫难堪。

其实，费无极在下一盘很大的棋。接着，他劝熊弃疾让熊建守城父，也就是安徽亳州谯城区，美其名曰让太子守外城。没几年，他就诬告太子熊建谋反。当然，他把谋反一事说的有鼻子有眼，太子和伍奢密谋联合晋齐啊。

熊弃疾一听，暴跳如雷，把太师伍奢叫过来，问他有没有这回事。

伍奢莫名其妙，只能劝熊弃疾别听小人谗言。

熊弃疾哪里肯信，将伍奢逮了起来。接着，他让奋扬去杀熊建。奋扬这人良心未泯，派人先去通报，自己呢，剪完指甲洗了头发再出发。

熊建已逃到宋国，奋扬这才赶到城父。

再说伍奢，他被捕后，费无极建议熊弃疾将他俩儿子也弄来一块儿杀了，不然，他俩会成为楚国的心腹大患。

熊弃疾自然言听计从，派人唤伍尚和伍子胥进宫。

在要不要进宫这件事上，兄弟俩有分歧。伍尚去了，伍子胥逃了，逃去宋国，找熊建去了。显然，哥哥对熊弃疾抱有幻想，弟弟对熊弃疾已死心。

伍奢听说伍子胥逃了，长叹一声，“楚国君臣且苦兵矣。”所谓知子莫若父，便说这个。

很快，伍奢和伍尚被杀，伍子胥则跟着熊建从宋国到了郑国，因为宋国正乱，没法待了。郑定公姬宁对他们倒是不错，好吃好喝招待。不过熊建觉得在郑国待着没啥意思，又去了晋国，他一到晋国，突然生出幺蛾子，因为晋顷公姬弃疾对他说，姬宁比较信任你，这么着，你去做内应，咱们合力拿下郑国，完事后厚封你。

熊建若是有头脑，定会拒绝姬弃疾的馊主意，但他的脑子实在不好使，竟然答应与姬弃疾合作。于是，重回郑国，不过，还没开始折腾，就被人告发了。姬宁二话没说，将他“咔嚓”了。

伍子胥一看不对劲，赶紧逃，这一路惊险万分。从郑国向南，得经过楚国才能到吴国，他的头像在城门口贴着呢。在昭关，卡壳了，昭关位于安徽含山县北，属于吴楚交界处，那里的工作人员办事认真，连只苍蝇也混不出去，这把伍子胥急得，头发一夜间全白了。

不过，祸兮福所倚，白发老人过关，有惊无险，他总算逃到了吴国。

此时的吴王为吴王僚。之前，吴国在吴王寿梦的捣鼓下，变得日益强大。寿梦死后，他的三个儿子诸樊、馀祭、馀昧挨个继位。

馀昧死后，问题就来了，“兄终弟及”已经轮了一遍，那么，接下来该由诸樊的儿子公子光继位，但是，馀昧的儿子吴王僚可不这么想，当仁不让做了吴王。

这样一来，公子光就不服气了。

当然，他一时半会儿也没办法，只好等机会。

伍子胥来到吴国后，找机会劝吴王僚讨伐楚国，但公子光说：“是宗为戮而欲反其雠，不可从也。”

公子光看透伍子胥的目的，是为家人报仇。

伍子胥多聪明的人，马上就懂了，看来吴国的厉害人物是公子光，于是决定投靠公子光。

公子光刚好用得着伍子胥，吴王僚是他心头上的刺，他需要伍子胥帮忙。

伍子胥果然有办法，找刺客。只是，刺客不是谁都能当的，找啊找，一眼相中专诸，“专诸方与人斗，将就敌，其怒有万人之气，甚不可当。”

专诸用的武器便是鼎鼎大名的鱼肠剑，这把剑大小如匕首，藏在鱼腹中，又称“鱼藏剑”。

公子光为了让专诸放心为自己卖命，答应厚待他的家人。后来，公子光也的确实现了自己的承诺，将专诸的儿子封为大夫。

暗杀行动有讲究，早一步晚一步都不好，需要等待时机，因此，从准备到实施历经九年。

楚平王熊弃疾死后，楚昭王熊壬继位，熊壬年幼，吴王僚觉得此时派兵去楚国骚扰一下没问题。于是，他的两个弟弟掩馀和烛庸带着吴军出发了，但是，楚军不是吃素的，断了吴军的后路，一时间，吴军进退两难，也回不来。

公子光一看，机会来了，赶紧请吴王僚来家中吃鱼。

专诸端着鱼来了，他到了吴王僚跟前，说时迟，那时快，鱼肠剑剑光闪现，吴王僚一剑毙命。虽然吴王僚的亲兵乌压压一大片，但都傻了，啥情况？有刺客。

这群傻掉的人围上前将专诸杀了。但是，大势已去，吴王僚时代过去了。接下来，该是吴王阖闾的时代了。

公子光成了吴王阖闾后，霸主的梦想开始在心中燃烧。

在伍子胥的引荐下，武学奇才孙武到了吴国，孙武有《孙子兵法》传世，若是谁学着一招半式，也够吃上一辈子。

不过，阖闾看了《孙子兵法》，却有些不放心，问："可试以妇人乎？"

孙武说："可以。"

于是，一支红粉部队出现了，阖闾坐在高台上看表演。

孙武将部队划为两支，由阖闾的两爱姬做队长。

只是，上百女人聚在一起，练兵场快要被她们闹翻了。

孙武绷着脸，喊口令，女人们却是嘻嘻哈哈，当是一场游戏。

孙武便说，"约束不明，申令不熟，将之罪也；既已明而不如法者，吏士之罪也。"孙武说的明白，队长没带好队，宰。

阖闾在高台听得明白，一个激灵，赶紧传令："刀下留人，没有她俩，咱连饭都吃不香。"

孙武说，"臣既已受命为将，将在军，君命有所不受。"

完了，两爱姬被孙武宰了。

阖闾心里虽然悲痛，但争霸的意念占了上风，失姬之痛暂且搁一边。接下来，情况全变了，红粉部队成了铁血部队。

孙武这样能干，给他一块臭豆腐，也能炼成钢镚儿。

再看国际形势，晋楚争霸已处于停息期，吴国异军突起有望填补霸主的空白。吴国与晋国是友好国家，因此，吴国的矛头便直指楚国。这一切，正是伍子胥苦苦盼望的，时间在流逝，报仇的胜算在增加。只是，要想打败楚国，不是件容易事，得慢慢来。

终于，机会来了，此时距阖闾做吴王已有九年。

怎么回事呢?

这事得说楚国令尹子常，这娃很贪，贪到蔡昭侯身上去了。蔡国是楚国的小弟，蔡昭侯给大哥送礼是应该的，但是，子常向他要东西，就不应该。子常要蔡昭侯的美裘佩玉，蔡昭侯不给，子常就不让他回国，这事搞得太霸道。蔡昭侯是倔种，不给就是不给。子常倒干脆，哼，不给别想回去。就这样，蔡昭侯在楚国一待就是三年。

唐国也是楚国的小弟，唐成公来见楚昭王，子常看上他的宝马。唐成公也不给，子常很生气。于是，唐成公与蔡昭侯一样待遇。

唐国大夫脑子活络，说:“爷，不就两匹马么，给他得了，你得回去啊。”

唐成公死脑筋，劝不醒。大夫没办法，只好与他喝酒，一杯两杯三杯四杯，喝到最后，唐成公醉了。大夫将马偷出来给了子常，子常见到马，手一挥，让唐成公回去了。唐成公醒来，马儿不见了，虽得自由，但心里那个恨哪。

蔡昭侯听说后，彻底泄气，赶紧把美裘佩玉给了子常，于是回国。不过，蔡昭侯越想越气，过汉水时发誓："再南来者，有如此江。"

瞧瞧，子常一贪，把蔡唐逼到晋吴那边了。

果然，蔡唐与晋吴结盟，商量着讨伐楚国。不过，晋国也有子常一样的人物，比如说荀寅。荀寅是荀偃的孙子，握着晋国兵权，他向蔡国要好处费，不给不出兵。

蔡昭侯不乐意了，掉头去找吴国。

再说楚国，被蔡国背叛后，自然要出兵讨伐蔡国。

此时，吴国君臣当机立断，决定倾全国之兵，救蔡国。

只是，吴军的行军路线比较奇特，先是乘船沿着淮水向西，到了淮汭上岸，然后从楚国北部直趋汉水，眼看就要到郢都了。这哪儿是救蔡国啊？分明是讨伐楚国。

楚国急了：“吴国你要干啥？”

“还能干啥，打你呗。”蔡唐两军在前头开路，吴军主力跟在后头，一副鬼子进村的架势。楚国不傻，自然感受到了威胁。于是，令尹子常、左司马沈尹戌、武城大夫黑与大夫史皇匆匆率兵拦在汉水西岸。

两军隔着汉水对峙。

怎么打呢？

沈尹戌有主张，咱们的主力凭借汉水牵制吴军主力，另外派人去方城调集兵力，绕到吴军身后，砸他的船，断他的路，然后左右夹攻。

主意是好主意，沈尹戌去调兵，子常带着人马牵制吴军。可惜，沈尹戌一走，武城大夫黑便建议：“咱们得速战速决，不能拖。”

武城大夫黑属于激进派，史皇也是。史皇说：“速战速决，拖什么拖。”

子常一听，觉得有理，等他沈尹戌调兵砸船，再来打吴军，黄花菜都凉了。于是，雄赳赳气昂昂带兵过了汉水。

再说吴军，楚军的动静自然有探马来报，沈尹戌的主意他们也知道，现在看到子常突然带兵来袭，觉得不对劲，为保险起见，决定后退。

吴军一退，子常就得意了：“哈，怕咱了，追。”

子常一追，正中吴军圈套，吴军自然将楚军带到不利对方的地形。在小别山与大别山间，楚军战吴军，三战三败。

子常肠子都悔青了，想逃。但是史皇盯着呢，还得专心作战。子常只好硬着头皮打。

要知道，连输三场是子常追着吴军打，吴军若是不退，反扑过来，结局会如何？

但是，阖闾并没下定决心要与子常决战，倒是他的弟弟夫概认为，子常这人不咋地，若是我们全力一击，楚军必败。

阖闾还是犹豫，夫概就不管了，带着自己的队伍，回头奋力一击，楚军果然大败。楚军一败，阖闾赶紧指挥吴军秋风扫落叶。

子常在最后一刻逃了，逃去了郑国，史皇则战死。

主帅一逃，楚军也就散了。这时，轮到吴军追着楚军打，吴军追得可凶了，楚军在路上饿了，想煮口饭吃，饭熟了，吴军来了，只好瘪着肚子逃。

虽说沈尹戌带着援兵来了，但楚军大势已去，沈尹戌瞧着不能赢了，命下属割了自己的头颅。

楚昭王熊壬听说前线战败，吴军正如潮水般涌来，吓得在宫中抖筛子，他不想被吴军活捉，决定西逃。这个时候，若是熊壬硬气一点儿，举全国之力，楚国或许还能挺一挺，但熊壬放弃了这个机会，逃了。

他一逃，整个楚军也就崩溃了，没人抵挡了。于是，吴军涌向郢都。

柏举之战，十天时间结束，楚国完败。

从棺材里拉出来，鞭尸

接下来，郢都就变得很难看，吴军涌进城，还能有什么好事，那时虽然常开联合国大会，但基本都是围着霸主转，没有订立“不可屠城”、“优待俘虏”之类的条例，因此吴军进了郢都，爱怎么着就怎么着，街头巷尾，一片惨状。

伍子胥将楚平王熊弃疾从棺材里拉出来，鞭尸三百下，够狠。

伍子胥这样做，有人不服气了，申包胥派人给伍子胥传话：“子之报仇，其以甚乎！吾闻之，人众者胜天，天定亦能破人。今子故平王之臣，亲北面而事之，今至于僇死人，此岂其无天道之极乎！”

骂得够狠。

伍子胥也不含糊，说：“吾日莫途远，吾故倒行而逆施之。”

其实，申包胥与伍子胥是朋友，两人都是热忱之人，伍子胥亡楚，他便决心救楚。

只是，楚国平时霸道惯了，举目四望，敌人有一群，朋友没几个。按照此时吴国的实力，找一个能与之抗衡的朋友，只有秦国了。再说，秦哀公嬴籍是楚昭王熊壬的舅舅。

前文说到，楚平王熊弃疾给儿子熊建娶秦国老婆孟嬴，孟嬴到了楚国，就成了熊弃疾的老婆。孟嬴生下熊壬，便是后来的楚昭王。

熊壬这娃不厚道，光顾自己逃命，连老妈也没带上。阖闾来的时候，“尽妻后宫，莫不战栗”，孟嬴只好自己仗剑守宫门，将阖闾骂走。关于孟嬴骂人这一段，《列女传》里有详细记叙。孟嬴在这时敢骂阖闾，确实值得赞叹。阖闾被孟嬴骂了，就不再骚扰，看来他的脸皮不是很厚。

申包胥打定主意，直奔秦国。《左传》中这么描述，“跋涉谷行，上峭山，赴深溪，游川水，犯津关，躐蒙笼，蹶沙石，蹠达膝曾茧重胝，七日七夜，至于秦庭。”

申包胥一路辛苦，到了秦国，嬴籍却不想帮楚国，他认为，楚王无道，活该被打。申包胥哪肯就此罢休，怎么办呢？只有最后一招，哭。“依于庭墙而哭，日夜不绝声，勺饮不入口七日”，看看申包胥的劲头，不比伍子胥差。

嬴籍终于见识到楚臣的倔强，感叹不已，于是出兵救楚。

吴军进入楚地，暴行多多，楚人极为不爽，上下一致抗吴。秦军一来，楚军声势大涨，吴军就吃不消了。

夫概先被打败。

与此同时，南方的越国看到吴国国内空虚，乘机来犯。

但是，阖闾在郢都吃吃喝喝不想回去。这次，夫概不劝哥哥了，偷偷回国，称王去了。

到了这一步，阖闾才忙不迭离开郢都，教训弟弟去，看起来，还是王位要紧。

弟弟斗不过哥哥，只好逃，去哪？楚国。

夫概挺有意思，刚从楚国回来没几天，又回去了。熊壬倒是大度，让他在堂溪住着，也就是河南西平县。

楚国被吴国狠狠抽了一鞭子，很快便醒了过来，楚国还是楚国。熊壬回到郢都，开始论功行赏，这种时候，原先脚底抹油的人开始削尖脑袋凑上去，而申包胥却不愿接受赏赐，他干脆逃走。这种风范，与当年在逃难路上割肉给晋文公姬重耳的介子推一般无二。

阖闾回去后，先赶走弟弟夫概，然后教训揩油的越王允常，做这些事也没费多大劲。隔一年，又去打楚国，逼得熊壬只好搬家，将都城搬到鄀这个地方，也就是如今的湖北宜城。

吴国这样一搞，大有天下第一的架势。

但是，阖闾并不总是这样好运。又过几年，越王允常死了，勾践继位，阖闾觉得此时讨伐越国不成问题，于是率兵在浙江嘉兴与越军大战。此时，他的克星出现，越国大夫灵姑浮对着他就是一戈，居然将他的大脚趾弄没了，他也算躲得及时，可惜，没能逃过此劫。大脚趾一没，他痛得一声惨叫，差点儿没晕过去。戈这种兵器长柄横刃，用于勾啄，在那会儿比较流行。

之后，他就病了，然后死了。

阖闾做了十九年吴王，西与楚国争斗，赢了，南与越国争斗，却是输了。这位心高气傲的霸主临死前唯一的心愿便是希望儿子夫差能够继承遗志，击败越国。

吴王夫差继位后，发誓要实现父亲遗愿，命伯嚭为太宰管理朝政，命伍子胥操练军队。俗话说，哀兵必胜，果然，三年后，吴军大败越军。

这下，越国慌了。越国大夫文种赶紧向伯嚭求情："爷，行行好，吴王面前说句好话，饶了我们。"

当然，礼物不能少。伯嚭收了礼，到夫差跟前一说，夫差就决定饶了越国。

伍子胥不同意，说："先王临死前怎么跟你说的，你难道忘了？"

夫差鼻子哼了哼，没反应。

再说勾践，虽然吴国暂时不进攻越国了，但是他心里没底，若是夫差变卦，越国那不就惨了，咋办？这时，范蠡出主意："王，咱服输，留得青山在，不怕没柴烧。"

于是，勾践去见夫差，吵着闹着要做他的奴仆，要为他鞍前马后效劳。勾践化身一朵棉花糖，夫差就得意了，哈哈，越王不过如此。

勾践给夫差做了三年奴仆，夫差倒是觉得不好意思了，堂堂一位国君，来做奴仆，实在不妥，说："喂，你还是回去吧。"

这时，伍子胥又提意见："王，不能放虎归山。"

但是，勾践的棉花糖形象已在夫差心中固化，他大手一挥，说："勾践，你回。”

于是，勾践便回去了。

勾践回去后干啥？卧薪尝胆。他将柔软的皮草撤去，换上柴草，每晚睡在柴草上，早上起来还要舔一舔苦胆，这种刻意的生活方式让他的苦瓜脸拉得很长。

你想啊，一个国君，给人做了三年奴仆，心里不是藏着一包炸药，便是杵着一块冰，总之不是常人了。

当然，光卧薪尝胆还不够，还要继续给夫差喂糖衣炮弹。于是，四大美人之一的西施横空出世了。西施在河边浣纱，被星探范蠡发现了，此女子美啊，实在美。

夫差见了之后，果真半条魂被勾了去，他牵着西施的小手，日夜不松开。

到这，夫差再也没有攻打越国的想法了。但是，英雄寂寞，总得找点儿事情做才好。刚巧，他听说齐国现在乱得很，于是决定讨伐齐国。

伍子胥却认为：“越王勾践食不重味，衣不重采，吊死问疾，且欲有所用其众。此人不死，必为吴患。今越在腹心疾而王不先，而务齐，不亦谬乎。”

伍子胥的意思很明白，齐国不是问题，励精图治的越国才是心腹大患。此时越国的国策是“十年生聚，十年教训”，勾践带头种地，老婆养蚕织布。为使人丁兴旺，越国奖励光荣妈妈，谁家生俩儿子，国家养一个，谁家生仨儿子，国家养一双。养这么多儿子不就为了打仗么？

可是，夫差怎么可能去打小亲亲西施的老家呢？

至于勾践，一听说夫差要去攻打齐国，赶紧带着厚礼来饯行。

夫差开心得要命：“哎呦喂，你想得太周到了。”

伍子胥心中暗叫不妙，吴国要完蛋了。但是，夫差不再听伍子胥的，他觉得这个老头已经成了吴国的累赘，甜言蜜语的伯嚭才是忠臣。

还别说，夫差攻打齐国，刚开始挺顺利，小胜了几场，搞得他信心爆棚。至于鲁国，见到吴国厉害，就派兵跟着吴军走，反正没啥损失。

有了小胜利垫底，夫差开始觉得齐国也不过如此。想来想去，就数伍子胥最讨厌，老盯着听话的越国，什么意思吗？

伍子胥呢，其实对夫差早已失望透顶，他将儿子送去齐国，自己则关上大门，不问世事。

这时，伯嚭开始煽风点火，他对夫差说：“伍子胥这人既暴躁又小心眼，上次说不能打齐国，王倒是打了胜仗回来，他心里肯定怨恨，现在他把儿子送去齐国，自己称病不出，看来怨恨深了，不能不防。”

夫差一听：“有理，哼，咱先下手为强。”

于是，一柄属镂之剑被送到伍子胥面前。

伍子胥见了，不由狂怒，说：“我死之后，把我的眼睛挂在东门之上，我要看越国灭吴。”

伍子胥的刚烈脾气到死也没改。

夫差听说后，更加愤怒，派人“取子胥尸盛以鸱夷革，浮之江中”，够狠。

两个针锋对麦芒之人，最后谁赢了，时间自有定论。

再说齐国，怎么个乱法呢？其实是老问题，田乞偷偷捧姜阳生做了齐悼公，鲍牧却对姜阳生很不爽。姜阳生做了四年国君，被鲍牧干掉了。

姜阳生一死，夫差又坐不住了，赶紧带兵攻打齐国。这次，吴军从海上走，但是输了。

夫差败了之后，却不以为然，与鲁、卫两国国君开了个小会，感觉上，他还是老大。

此时的夫差已经听不得半句真话了。勾践派兵与吴军斗，吴军输了，有人向夫差汇报，夫差却捂着耳朵不要听。他这个样子，跟狂妄症患者也没啥区别。

终于，勾践的大军来了，吴国国都姑苏（江苏苏州）被越军围着，像蒸笼里的鸭子，煮了三年。夫差实在受不了了，派人光着身子一路膝行到勾践面前求饶，但是，勾践摇头。夫差最后一点儿希望破灭了，没法活了，只好自杀。当然，自杀前他也有顾虑，觉得无颜去见伍子胥。

越军进城后，伯嚭照样喜颠颠，因为他帮过勾践的大忙，但是勾践才不要看他呢，杀无赦。

勾践取了吴国，一路向北，在山东滕州与诸侯们开了个会。周元王倒是个灵活之人，一看开会的主儿又出现了，赶紧派人给勾践送去“胙”，又封他为“侯伯”。“胙”虽是块不起眼的腊肉，但意义重大，是祭肉，“侯伯”则是诸侯的老大。到这儿，新一代霸主横空出世。

勾践花了二十多年时间，终于把夫差给的屈辱还回去了。从这时起，越国开始牛逼烘烘，但有个问题出现了，勾践过上了幸福生活，与他患难与共的功臣们将何去何从？

勾践若是晋文公姬重耳，文种和范蠡留在他身边没问题，但是，勾践是个卧薪尝胆的猛人，他不宽厚，范蠡深刻地认识到了这一点。所以，当越军攻进姑苏，他找到西施，牵着她的小手，匿了。临走前，他劝文种也离开，“蜚鸟尽，良弓藏；狡兔死，走狗烹。越王为人长颈鸟喙，可与共患难，不可与共乐。子何不去？”

但是，文种不像范蠡，他放不下既得的生活。取舍之间，便是命。

果然，有人在勾践耳边谗言几句，勾践便赐了一把剑给文种，就像当初夫差赐剑给伍子胥一样，君要臣死，臣不得不死。

只是，文种毕竟温和，他没有骂人，甚至连叹息也是轻轻的，他悄无声息地死了。

勾践成了武林盟主，昔日的盟主晋国又是如何呢？

前面说到，晋国到晋顷公姬弃疾这会儿，国君说话已不作数，六卿比国君狠，他们便是赵、韩、魏、士和两荀，两荀便是荀林父的后代中行氏以及弟弟荀首的后代智氏。其实可以这么看，晋国好比一个翻版的周朝，天子说话不作数，得听诸侯的。

“三家分晋”发生的时候，据春秋末代霸主勾践死时已有六十多年，这六十多年里，纷扰自是不断，这些纷扰中，最有看点的是晋国的纷扰。

咱们往前说，晋国纷扰中少不了士鞅这个老油子，他是士匄的三儿。士匄做了七年正卿。之后是赵武，做了八年。接下来是韩起，做了二十八年。再接着是魏舒，做了六年。看看他们的名字，就知道晋国的朝政就在这几个家族中轮流转。不过，晋国的六卿并不是一根绳上的蚱蜢，他们自由组合，组合成小虎队或者小猫队，看谁不顺眼，就修理谁。

魏舒当政的时候，士鞅没少搞小动作。当然，这是有原因的，羊舌氏和祁氏在争斗中落败，被灭了，他们的土地被韩、魏、赵以及智氏荀跞分了，士鞅与中行氏荀寅没份儿，这样一来，魏舒就捅了马蜂窝了，被士鞅与荀寅恨上了。

荀寅这娃前面提到过，是个伸手要钱的主儿，头脑不太好使。士鞅刚巧用得着这样的人。至于赵家的赵鞅，尚年轻，士鞅要搞些什么名堂，他还没有招架之力。

赵家还有一分支，便是赵穿的后人，住在邯郸，又称邯郸氏。士鞅让荀寅将姐姐嫁给邯郸赵胜，裙带关系搞上了，赵胜的儿子赵午也就成了荀寅的外甥。

这时，六卿中有三张牌在士鞅手上。

士鞅怎么搞魏舒呢？这事得说到“铸刑鼎”。一年冬天，赵鞅和荀寅领着晋军在河南中北部汝水之滨修建城防工事，这事本来干得好好的，但是，幺蛾子飞出来了。

荀寅说：“鞅哥，咱们收缴铁器吧。”

赵鞅说：“好啊。”

要说收缴铁器这事也正常，从民间收上来，上交国库，然后打造兵器。但是，铁器收缴之后，荀寅宣布：魏舒有令，熔铸成鼎，将范宣子士匄的法度铸在鼎上。

赵鞅对这事并不知情，但是到了这一步，他只能顺着总策划士鞅画好的路线走了。

这事在国内外引起巨大反响，前面说了，孔子忍不住大骂，“晋其亡乎！失其度矣。”事实上，孔子的看法很对，晋国将会灭亡。

晋国太史蔡墨则这样写，“范氏、中行氏其亡乎？中行寅为下卿，而干上令，擅作刑器，以为国法，是法奸也。又加范氏焉，易之，亡也。其及赵氏，赵孟与焉。然不得已，若德，可以免。”意思是说，范氏是士鞅，中行氏是荀寅，蔡墨认为他们将会灭亡，至于赵鞅，得长长脑子才不至于灭亡。

其实，最震惊的是魏舒，你想啊，他是正卿，部下做些啥事他却不知情，这不明摆着在作弄他么？

魏舒大叫："停停停，回来。"

但是，荀寅置若罔闻，该干嘛还是干嘛。至于赵鞅，他一脚已经踏上这条船，另一只脚只能向前跨。

鼎铸成之后，他俩这才回去。

发生这种事，魏舒自然要问责，不过，魏舒发现自己虽是正卿，但声音实在太微弱。六卿中，士鞅、荀寅和赵鞅三卿参与此事，智氏荀跞不说话，只有韩须支持他。所以这问责会议没法开了。

魏舒在郁闷中做了六年正卿，死了。

魏舒死后，等了很久的士鞅终于上位。

不过，士鞅这人做正卿，对晋国来说其实是一场灾难。你看他，一上台就开始整死去的魏舒，按照"铸刑鼎"上的法律给他定罪。魏舒犯了什么法？为周王室筑城墙的时候擅离职守。因为这事，魏舒的葬礼被降格，正卿之礼改为大夫之礼，魏舒的儿子恨得牙齿痒痒。

当然，士鞅做正卿也想有所作为，恰逢楚国令尹子常欺负蔡昭侯，为了美裘佩玉，将蔡昭侯扣留了三年。蔡昭侯离开楚国后，发誓报仇，他先找到晋国，士鞅一看机会来了，赶紧发起十八路诸侯会盟昭陵的倡议，士鞅的本意是想借此机会重新挑起晋楚争霸战，哪知荀寅伸手向蔡昭侯要好处，蔡昭侯不给，荀寅很生气，掉头跟士鞅说："咱们别打了。"

荀寅的建议士鞅不能不考虑，于是就说："好吧，不打了，散会。"

后来么，攻打楚国的机会被吴王阖闾得去了。

晋国这样胡闹，小弟们心里犯嘀咕。他们决定寻找新的依靠，齐景公姜杵臼那盆火燃得正旺，投靠齐国的不在少数。

但是，宋国在这股浪潮中显得慢了半拍。

大夫乐祁忍不住，提醒宋景公子头曼："爷，咱们要有所行动，现在大家都在背弃晋国，咱们既不背弃，又不靠拢，不妥。"

子头曼想了想，觉得还是晋国好，便派乐祁出使晋国。

乐祁到了晋国，士鞅派赵鞅去接待。赵鞅与乐祁挺投缘，成了朋友。当然，乐祁也在观察，觉得赵鞅这人靠谱，将来肯定是晋国的掌舵人。

乐祁为表诚意，将自己带来的六十块盾牌送给赵鞅。六十块盾牌在今天好比六十只欧米茄[1]，够贵重的。

但这事也就捅了马蜂窝。

为啥呢？

乐家一直与士家友好，现在改换门庭，与赵家亲热，士鞅心里自然不舒服，于是，鬼主意也就来了。他对晋定公姬午说："乐祁作为使者，跑到晋国来勾结赵鞅，兴风作浪，咱们不能饶他。"

姬午反正是一傀儡，士鞅说啥就是啥，于是乐祁被逮了。

不过，乐祁虽被逮了，宋国依然是晋国的小弟。

三年后，眼看着晋国的小弟快要跑光了。这时，赵鞅向姬午提出，宋国是咱们最铁的小弟，逮他的使者，实在不妥。

赵鞅的意思很明白，就是放了乐祁。但是，士鞅哪肯让赵鞅来做这个好人，他先是阻挠，见阻挠不成，只好放人，当然，要放人也得由他放。

不过，士鞅的如意算盘落空了，因为乐祁还没走出太行山，就一命呜呼了。他一死，事情就不好办了。

士鞅反应倒是飞快，立即派人去抢乐祁的尸首，作为与宋国和谈的资本。但宋国完全被激怒了，与晋国翻脸，把小弟的帽子甩了。

这样看起来，士鞅更像一根搅屎棍。

士鞅在正卿之位上折腾了九年，死了。

他死后，智氏荀跞上位。

荀跞这人比较低调，由于他爸爸早逝，他作为一个孤儿，只好依附在荀家中行氏的羽翼之下，这种童年生活让他养成了谨言慎行的个性。

因此，赵鞅虽是他的副手，但是说话声音比他大。再说，赵鞅也有资本大声说话。士鞅时代，赵鞅狠劲发展赵氏经济，搞得红红火火。

[1] 欧米茄：由路易士·勃兰特始创于1848年。是国际著名制表企业和品牌，英文名omega，代表符号"Ω"。欧米茄标志着制表历史上的光辉成就，傲视同侪。

这时，发生了一件事，赵家内讧了。

咋回事呢？

赵鞅派家臣董安于去修建晋阳城作为自家的堡垒，董安于有眼光，别家树木柱，他树铜柱，城墙也与别家不一样，板夹夯土，土中掺着鸡蛋和食盐，相当于现浇混凝土。铜墙铁壁就说的这。

晋阳城修完，赵鞅想起卫国进贡的五百户人家还在邯郸寄养着，于是跟赵午说，把那五百户迁来晋阳。

赵午当时口头同意了，但跟家人一商量，家人不同意，于是他改变主意，也不同意了。赵鞅很生气，干脆将赵午杀了。这样一来，就出事了。

赵午的家臣涉宾连夜赶回邯郸，和赵午的儿子赵稷拿起大喇叭叫唤，说要讨伐赵鞅。

赵鞅也不是吃素的，命司马籍秦率军攻打邯郸赵稷。

赵午是荀寅的外甥，外甥一死，舅舅哪能闷声不响？荀寅与士鞅的儿子——士吉射关系好得很，两家一合计，决定合力攻打赵鞅。

此时，董安于提醒赵鞅："爷，大事不妙，早作准备。"

赵鞅摸摸脖子，说："铸刑鼎上说得明白，首先发动祸乱的人要被处死，还是等等吧。"

董安于见赵鞅不行动，便背着他调兵遣将。果然，不到一个月，荀寅与士吉射的大军压来，幸亏董安于做了准备，不然赵鞅真被一锅端了。这时，籍秦调转枪头，不打赵稷，来打赵鞅，情势急转而下。原因简单，因为籍秦是荀寅、士吉射那一派的。

三十六计，走为上策，赵鞅赶紧躲回晋阳固守。

不过，荀寅与士吉射这样一搞，韩不信与魏侈就看不顺眼了，当然，他们几家之间本来就有宿怨，此时干脆爆发了。

那么，荀跞该站哪一边就值得考虑了。

为了争取荀跞的支持，韩不信与魏侈想出个绝妙好主意，就是将荀寅灭了之后，让梁婴父代替他的职位。

荀跞果然动心，表示支持，因为梁婴父是荀跞最宠爱的人。

另外，士家旁支士皋夷也凑上来，若灭了士吉射，职位刚好由他替代。

五个人商量妥当后，一道由晋定公姬午发出命令开始执行，攻打荀寅、士吉射。

如此一来，荀寅和士吉射招架不住了，只好逃，逃到朝歌喘口气，朝歌位于河南淇县，他们到了这，也轻松不了。大家凑在一块儿正商量如何掀起下一波狂澜。不过，他们在商量大事时出了点儿问题。

啥问题呢？

因为赵鞅解围后官复原职，赵鞅不同意荀跞他们的既定方案。在赵鞅看来，梁婴父是个小人，让他替代荀寅，不可。至于士皋夷，也好不到哪儿去，他不过是为了自己的贪欲。

韩不信与魏侈一掂量，也跟着反对。道理其实很简单，让梁婴父代替荀寅，荀跞的势力就大大增强了。而士家由几代人苦心经营，早已肥得不行了，让士皋夷接手，那么士家还是原来那个肥士家。

到这，荀跞心里除了怨恨，也想不出什么好主意。

但是，梁婴父有主意，奶奶的赵鞅，你不让我舒服，我也不让你快活。他怎么弄呢？让荀跞向赵鞅问责，虽说祸乱因荀寅与士吉射而起，但归根结底问题出在你的家臣董安于身上，你说怎么办吧？

董安于对于赵鞅好比左膀右臂，但是，荀跞来问责，赵鞅不能装糊涂。如何是好？

这时，董安于就说了："爷，若是我死了，赵家就能太平，晋国就能太平，那我用不着继续活下去了。"

这个心如明镜之人明白，此时只有将自己推到前台，才能平息荀跞的怒火，于是，上吊自尽了。

掉进内乱的漩涡

失去董安于的赵鞅并没停止前进的步伐，他决定与荀寅、士吉射死磕到底。但是，那俩人在朝歌也没闲着，他们想尽办法，先向齐景公姜杵臼求救，接着连戎狄也拉出来，攻打晋国都城绛都，当然，绛都由老谋深算的荀跞守着，这帮人跑去张牙舞爪了一阵，又退了回去。

姜杵臼这人长寿，共做了五十八年国君。他看着晋国从巅峰摔下来，如今又掉进内乱的漩涡，可把他开心坏了。他邀了卫、鲁、郑、宋开会，商讨如何救荀寅与士吉射。这次他决定下一注大赌注，怎么弄呢？让郑国的子姚、子般做押运官，带着一支军队，给朝歌送粮草辎重。

士吉射赶紧出来迎接。

赵鞅听说后，哪肯让这支补给队伍到达目的地，他急忙调动军队。于是，两军在戚邑相遇了。戚邑属于卫国，在河南濮阳。

接下来，一场血战不可避免。

战斗开始之前，赵鞅给将士打鸡血，“克敌者，上大夫受县，下大夫受郡，士田十万，庶人工商遂，人臣隶圉免。”

领导发言简短扼要，这样的鸡血比什么都灵验。

后来，商鞅根据赵鞅的发言，为秦国制定了军功爵制度，使得秦国军事实力大大增强，秦始皇嬴政能够横扫六国即源于此。

但是，郑军乌压压一片，赵军虽有丰厚赏赐做诱饵，此刻却管不住脚脖子发软。

赵鞅没有别的办法，继续打鸡血，这次，他把魏家发家史说了遍，又总结道："看看，魏家祖先不过是个平民百姓，由于勇猛作战，被封了地，子孙位居正卿，大家努力啊。"

这个实在太有诱惑力了，赵军很快成为一支敢死队。当然，赵鞅作为敢死队队长，冲在最前面。只是，郑军的箭雨比牛毛细雨还密，赵鞅肩膀中了一箭，痛得他一头栽在战车上。此时，车右卫太子蒯聩用戈将他捞起，他硬撑着站了起来。将士们见他这样生猛，不由得更加热血沸腾，一时间，居然将郑军冲得七零八落。

郑军一落败，受伤的赵鞅便先回去，让蒯聩继续追。郑军没办法，只好丢了粮草辎重赶紧逃。

这样，这场"铁之战"赵鞅完胜。

说到卫太子蒯聩，这娃与后妈南子不和。

美女南子是宋国人，她在闺中时有情投意合的男友公子朝，可惜一对鸳鸯被拆散了。她嫁给大她三十多岁的卫灵公之后，没少折腾，红杏出墙是家常便饭，看来她是心有不甘，索性破罐子破摔。

蒯聩对南子的不满便与公子朝有关，卫灵公为了讨好南子，居然邀请公子朝来卫国玩。那会儿，刚好蒯聩去齐国，经过宋国，宋国人很是八卦，唱歌给蒯聩听："你家发情的母猪已经得到了满足，为啥不归还给我家风流的公猪？"

蒯聩听了小脸绯红，恨上了南子。他与家臣戏阳遬一商量，决定刺杀南子，哪知，戏阳遬在行动前忽然反悔，任凭蒯聩拼命使眼色，就是不行动，这下糟了，被南子识破。事情败露后，只好出奔，辗转到了晋国，在赵鞅手下混饭。

南子的结局很有看头，看起来她并不像她所表现的那样放荡，最后还是与初恋公子朝私奔了。

再说赵鞅，打完铁之战没多久，荀跞死了，他成了正卿。此时晋国政局该如何变化呢？不用说，六卿缩水成了四卿——赵鞅、韩不信、魏侈与荀跞的儿子荀申。

韩不信与魏侈就不用说了，他们听赵鞅的，荀申呢，水平一般，溅不起多大的浪花。这时的晋国其实就听赵鞅一人的。

对赵鞅来说，他的首要任务便是除掉荀寅和士吉射，他们一天不死，他就一天不舒心。但是，一时半会儿他没法遂了自己的心愿，怎么弄呢？杀鸡儆猴。

他第一个便盯上苌弘，苌弘碍赵鞅啥事了？说来简单，他是周王室刘文公的大夫，刘家与士家世代通婚，士家出了事，苌弘就帮了下忙。

赵鞅带着人马直逼王畿，周王室大惊失色，其实，赵鞅不为别的，就为向刘文公问罪，刘文公吓得直打哆嗦。这个时候，只能舍弃苌弘了。他杀了苌弘后，还向赵鞅保证，再也不干这种傻事了。

赵鞅见目的已达到，自然表现得宽宏大量："好，饶了你。"

可怜一代贤臣苌弘，就这样死了。苌弘多才多艺，不但是天文学家，还是音乐才子，孔子曾向他请教过音乐方面的问题，苌弘的回答让孔子大为赞叹。可惜，这样一位贤人生不逢时，卷入晋国的纷争，最后死于非命，实在可惜。

《庄子·外物》中有这样一段话，"人主莫不欲其臣之忠，而忠未必信，故伍员流于江，苌弘死于蜀，藏其血三年，而化为碧。"

很久很久以后，关汉卿写《窦娥冤[1]》时，不忘写下这么一句，"等他四下里皆瞧见，这就是咱苌弘化碧，望帝啼鹃。"

对赵鞅来说，除掉苌弘不过是向士家敲警钟，接下来，他的矛头便直指士皋夷，士皋夷不是想取而代之么？赵鞅干脆一不做二不休，派人将他杀了。

这样一来，赵鞅与士家算是彻底翻脸了。

接着，赵鞅大军又向朝歌压进，荀寅觉得再待在朝歌也是死路一条，于是突围，去邯郸找赵稷。士吉射就惨了，他待在朝歌眼看着就要被赵鞅

[1]《窦娥冤》：全称《感天动地窦娥冤》，是元朝关汉卿的杂剧代表作，悲剧剧情取材自"东海孝妇"的民间故事，是中国十大悲剧之一的传统剧目。

吞了。这时，齐景公姜杵臼派人来救他。

赵鞅不想硬碰硬，虚晃一枪，走了。

他去哪？

邯郸呗。

荀寅和赵稷在邯郸死守两个月，没能挡住赵鞅的大军，邯郸易主了。

姜杵臼觉得，晋国大乱的时候不揩油，以后就没机会了。于是，以齐军为主力的联军在晋国大地上驰骋，东奔西突救荀寅他们。赵鞅心里冒火，但有苦说不得，只有咬牙硬挺。最后，他将荀寅一伙人赶得在晋国无处藏身，只好逃去齐国。

历经八年的晋国内乱终于平息了。

巧的是，晋国国内问题解决后，国际问题也迎刃而解了，因为姜杵臼死了，齐国陷入内乱，再也无法与赵鞅领导的晋国抗衡。

赵鞅失去姜杵臼这个对手后，吴王夫差来了。不过，此时的夫差已是强弩之末，很快，他便被越王勾践灭了。

赵鞅的能力让一些人感到害怕，却又无可奈何。举目四望，在晋国还真找不到一个能与赵鞅抗衡之人。

荀申决定作一次挣扎，不过，这种挣扎其实使荀家智氏陷入了无望的泥淖。

他到底干了什么？

说来真是悲催，他选择了一个错误的继承人。

从晋国六卿几代人的发展来看，优质继承人才是家族可持续发展之首要条件，荀家中行氏和士家之所以陷入绝境，全是因为继承人太挫，把祖宗的功德败光了。因此，荀申决定选一个厉害人物作继承人，他看上了二儿子荀瑶。但是族人智果反对，他认为荀瑶这人“贪而不仁，且好凌人”，荀申却不听，智果没办法，只好未雨绸缪，到工商部门重新注册，另起炉灶，改智氏为辅氏，表示脱离关系。工商部门也就是太史，负责记载姓甚名谁。

荀瑶这人确实厉害，赵鞅死后，他成了正卿，但是，正是由于他，晋国四卿变成了三卿，智氏消失了。

荀瑶究竟做了些什么，以致让智氏陷入绝境？

说白了，其实就是耍心眼最后耍了自己。

荀瑶做正卿的时候，国际形势变成了齐、晋、楚、越 F4[1] 组合。要知道，晋国是老牌大哥大，与新冒出来的小弟齐名，实在心有不甘。

荀瑶心中自有打算，他盯上了卫国，只是他所用的伎俩实在不高明，你看他，居然假装成木马病毒，想让吴国使者赤市夹带晋军到卫国。

那会儿吴国尚未灭亡，夫差派赤市来晋国庆贺荀瑶成了正卿，荀瑶热情接待不说，赤市回去时还要派豪华巨轮相送，赤市不傻，觉得这事有蹊跷，派人一调查，吓了一大跳："哎呦喂，好你个荀瑶，这不是害人么？"

于是，赤市装病，不走了。木马计划算是失败了。

但是，一次失败算不得什么，荀瑶不想放弃。

很快，卫国接到来自晋国的厚礼——宝马四匹，宝玉一枚。卫出公很是开心，召开庆祝大会让群臣观摩。这时，大夫南文子提醒说："这事不妥，大国给小国送礼，居心叵测啊，爷，咱们还是小心为妙。"

说到这事，晋献公姬诡诸就干过，当初他为了取虞国，给虞侯送过礼。

卫出公倒是没虞公那么傻，赶紧命令士兵严阵以待，提防晋国。

果然没多久，荀瑶领着晋军来了。但是，卫军已有准备，荀瑶讨了个没趣，只好打道回府。

两次失败对荀瑶来说依然算不得什么，第三次，他决定用"舍不得孩子套不得狼"这一招。

荀颜是他的嫡长子，他居然翻脸要处罚他，将他赶出晋国，当然，这种事在当时不稀奇，公子王孙经常四处晃荡。于是，荀颜的车队浩浩荡荡出发了，目的地是卫国。

南文子对卫出公说："荀颜这人不错，无缘无故被处罚，实在蹊跷，若是他的车队超过五辆，咱们就不要放进来。"

果然，又被南文子说中了。荀瑶的计划又一次流产。事不过三，到这，他才总算消停。

[1] F4：知名亚洲男子组合，成员有 4 人，21 世纪初，凭剧《流星花园》一炮走红。

再看荀瑶与三卿的关系。

赵鞅的继承人为赵无恤。有一次，荀瑶与赵无恤带兵攻打郑国，郑军敷衍了事，导致晋军一路畅通无阻到了郑国都城下。荀瑶让赵无恤出兵攻城，赵无恤不愿意。这事好理解，自己的兵，受了损失没补偿，当然不愿意。

荀瑶很生气，破口大骂："你个没本事的胆小鬼，赵鞅怎么选了你做继承人呢？"

尽管如此，晋军在郑国扫荡一番，收获颇丰。回去以后，开庆功大会，荀瑶喝多了，想起赵无恤不听他命令，便将酒杯狠狠地砸向赵无恤。

赵无恤的家臣看到了，气得一个个跳起来，要与荀瑶拼命。倒是赵无恤拦住了他们，说："我爸之所以选我做继承人，就因为我能忍，还是算了吧。"

其实，荀瑶不光对赵无恤这样，对韩虎、魏驹也一样。冯梦龙在《东周列国志》中写了这么一段。

有次晋军打了卫国回来，开庆功会，荀瑶又喝多了，他对韩虎说："俺翻史书发现，各国中与你同名的，齐有高虎，郑有罕虎，你是韩虎，三虎啊。"

当时，韩虎的家臣段规在旁边，便说："哪能直呼其名呢，你在戏弄我家主人。"

春秋那会儿，直呼其名确实是大大的无礼。

荀瑶见有人跟他顶嘴，抬眼一看，哦，原来是个小矮人，站在他身边，才到他胸口。于是，他拍拍段规的头，说："小孩子懂什么？一边去。"说着，他自觉好玩，拍手大笑起来。

段规见势不妙，看看韩虎。

韩虎假装醉了，"嗯哪"一声，就告辞了。

荀瑶之所以如此，不过是想"倚天既出，谁与争锋"，他要在晋国做独一无二的老大。当然，这事有难度，若是翻船，全盘皆输。

话说荀寅与士吉射逃去齐国后，两家的领地大多还在其族人手上，四卿并没捞到多少油水，荀瑶想起此事，心有不甘，他怎么弄呢？扯出一面旗，上面写着"清余党"。

什么“清余党”啊，不过是想重新分配肥肉。在他的号召下，四卿的军队向肥肉进发。曾经轰轰烈烈的荀家中行氏和士家终于烟消云散了，“掩耳盗铃”的故事其实也可佐证他们的衰败，那个小偷便是去士家空宅里偷钟，想想看，士家最终成了空宅，士鞅搞那么些算是白搞了。

这次分肥肉，荀瑶得了大头，他摇头晃脑，高高兴兴地回来了。

但是，四卿的行为让晋出公姬凿再也忍不下去了，要知道，流亡在外的荀寅与士吉射托人带信说，他们的领地由国君处置。现在倒好，被四卿稀里哗啦分掉了，太过分了。

十几年来从不发怒的姬凿终于发怒了，他宣布，四卿是贼。

既然是贼，那就得讨伐，可姬凿手里没兵啊，没办法，他只好向齐国和鲁国借兵。这时，国际舆论也纷纷批评四卿。荀瑶有些慌了，怎么办呢？他倒好，赶紧向赵无恤他们贴笑脸，哥们儿，咱们快联合，要不然就完了。

于是，四卿又一次联合行动，姬凿哪有招架之力，三下两下就败了。

姬凿败了之后，只有一条路可走，那便是逃，他准备逃去齐国组建流亡政府，可惜，还没到齐国，半路上便死了。他一死，接下来的事情就好办了。在荀瑶的力荐下，姬骄成了晋哀公。

姬骄是谁呢？姬凿的远房亲戚，晋昭公的曾孙，荀瑶将他扒拉出来，其实是搞了个傀儡。到这时，晋国就由荀瑶说了算。

不过，举目四望，三卿依然迎风招展，这让荀瑶很不爽，接下来，他该对三卿下手了。

三卿中，韩虎最弱，荀瑶对韩虎说：“虎哥儿，咱晋国本来是中原霸主，但如今越国强大了，想顶替咱，这怎么行呢？这样吧，俺作表率，拿出一万户的封地给国君，你觉得如何？”

韩虎还能怎么样，荀瑶明摆着是要土地。他当然不愿意。这时，家臣段规就说了：“爷，你得给啊，荀瑶什么人你不是不清楚，不给他肯定会打咱们，若是咱们给了，他还会向别人去要，咱们就等着看好戏吧。”

果然，韩虎给了地，荀瑶又向魏驹要地去了。魏驹开始也不肯，被家臣任章一劝，也给了。

接下来，轮到赵无恤了。

这次，荀瑶的条件更苛刻，他要赵家祖宗的封地，也就是赵家的发源地。

赵无恤坚决不给，荀瑶也不含糊，立马宣布赵无恤为叛徒，要讨伐。

荀瑶带兵前来，赵无恤已有防备，与荀瑶翻脸的结果他已考虑过了。不过，荀瑶来势汹汹，还逼着韩虎、魏驹也派了兵。因此，第一回合，荀瑶胜。

但是，赵家有后盾，那便是晋阳城，这座城池修筑得堪比铜墙铁壁。

赵无恤在家臣张孟谈的建议下，决定去晋阳死守。

荀瑶向韩虎与魏驹许诺，攻下晋阳，大伙平分赵家。就这样，三家合围晋阳，一围便是两年，怎奈晋阳城里粮草充足，百姓生活如常，这种日子仿佛能够天长地久过下去。

荀瑶有些头痛，这事怎么解决呢？

咦，有了。

荀瑶毕竟是个头脑灵活之人，他在晋阳城外待久了，发现了一个问题，那便是，晋阳城虽然固若金汤，但是地势低洼。

于是，一条“水漫金山”的毒计来了。

荀瑶派士兵在汾水作坝，然后挖沟，将水导入晋阳，于是，一夜工夫，晋阳城便成了水泽之国。

荀瑶站在山头看着自己的杰作，不由得很得意，没想到啊，没想到，水的威力居然这么大。

水淹之后的晋阳再也守不下去了，“城中巢居而处，悬釜而炊，财食将尽，士卒病羸”。虽然赵无恤死命硬撑，但是，两个月后，城内已出现“易子而食”的现象，也就是人吃人。

赵无恤想不出办法，问张孟谈怎么办？

张孟谈说：“事到如今，别无他法，让我出城见韩虎和魏驹吧。”

月黑风高夜，张孟谈悄悄溜出晋阳城。他见到韩虎与魏驹后，不说别的，只说唇亡齿寒，赵家灭了，该轮到韩家与魏家了。

韩虎和魏驹听了，后背凉飕飕，似有冰块侵袭。

这时，他们的家臣段规和任章也劝主子："爷，荀瑶不是个东西，不可信任，灭了赵家，咱们两家也快完了。"

这种情况下，也由不得韩虎与魏驹踌躇了，他们决定反水。

于是，荀瑶尝到了"以其人之道还治其人之身"的苦头。

那天一早，韩虎与魏驹带兵突然出现在汾水的堤坝上，将荀瑶的亲兵杀了，然后，挖沟将水导向荀瑶的军营。

水流一变向，晋阳城的水位就低了。赵无恤一见，知道韩虎与魏驹已按计划行动，于是打开城门，领兵直奔荀营。

再说荀瑶，正在梦中呢，被一阵喧嚣声吵醒，睁眼一看，发现自己正处于汪洋之中。不用说，他很快便被活捉了。

赵无恤恨荀瑶恨得牙痒痒，二话不说，将他杀了，这不算，还将他的头颅割下，将头盖骨当酒杯。

荀瑶一死，他的军队也就散了。

赵无恤、韩虎与魏驹得胜而返，回绛都向晋哀公汇报情况。当然，在他们的报告中，荀瑶成了叛徒，该死。

接下来，三卿集团合力剿灭荀瑶一族，最终，智氏荀家只得离开晋国，避走秦国。

其实，"水漫金山"那会儿，智果提醒荀瑶，晋阳城眼看快要破了，小心为妙，不如将两个万户封地赏给段规和任章，这样的话，也好让他们劝着主子死心塌地跟你攻打赵家。

荀瑶不同意，说："我们已经说好了打下赵家三人平分，若是再给两家臣封地，我这不就白忙乎了？"

荀瑶死后，赵无恤成了正卿。此时，一双复仇的眼睛正盯着这位胜利者，他便是豫让。

豫让是个家臣，当然，他在这个职位上辗转了好久，先是在士家，接着去了中行氏荀家，最后，他来到智氏荀瑶家。在这里，他终于感受到了被重视的温暖。

荀瑶死后，豫让夜不能寐，辗转反侧，决定要为荀瑶报仇。他怎么弄呢？将自己伪装成一个受刑之人，去赵家厕所里干活，赵无恤上厕所，遇见他，觉得怪怪的，问：“怎么回事？”他倒是老实，说：“我是来为荀瑶报仇的。”

赵无恤叹了声，说：“你是贤人，你走吧。”

赵无恤放了豫让，但豫让心中那盆火还燃着。接着，他“漆身为厉，吞炭为哑”，总之，将自己折磨得不成人形，连老婆都认不出他了，但是，有位朋友认出他来，便劝：“凭你的本事，不如先到赵无恤那里混饭吃，然后再下手。”

豫让不同意这个主意，说：“我去伺奉他，又想着要杀他，这是心怀二心，我做不到，我要让那些怀着二心伺奉主子的人心生惭愧。”

可是，不接近赵无恤，该怎样刺杀他呢？豫让决定埋伏在他必经的桥下。

当赵无恤的车队经过时，马忽然受惊。赵无恤觉得可能又是豫让，于是派人去查看，不用说，桥下的豫让被一逮一个准儿。

赵无恤问豫让：“我说你这人可真奇怪，你当初不是也伺奉过士家和中行氏么？他们出事你不为他们报仇，这会儿荀瑶死了，你倒是来胡搅蛮缠？

豫让说，“众人遇我，我故众人报之。国士遇我，我故国士报之。”他的意思很明白，别人怎么待我，我便怎么报答他。

赵无恤听了，有些感动，但是，他不会因为感动而再次放了豫让。

豫让见状，知道自己必死无疑，于是要求赵无恤将衣裳脱一件给他，他仗剑斩衣，算是为主子报了仇，然后，伏剑自杀。

第四篇

黑铁时代——乱舞战国

谁本事大，就是谁赢

赵无恤做了三十三年正卿，赵魏韩“三家分晋”的格局也确立了。他死后，魏斯接着做正卿。这个时候，赵魏韩三国只差一个名分了。于是，三家派了使者到洛邑去见周威烈王，要求册封为诸侯。周威烈王不傻，赶紧同意。公元前403年，赵魏韩成了与晋侯并列的诸侯，当然，他们比晋侯硬气。公元前376年，他们干脆将晋国剩下的最后一点儿土地分了，晋静公也给废了，晋国就这样彻底消失了。

三国中，赵国位于北部，中间是U型针魏国，南面便是稍小的韩国。

此时，也可从版图上看出战国七雄的雏形。秦国在西，赵国在北，东北是燕国，楚国在南，齐国在东，中间是魏国与韩国。所谓战国，就是战争不断，只是苦了百姓，永远都在逃难的路上挣扎。

且说魏国，在战国初期，居然独占鳌头。当然，这主要得益于魏文侯魏斯的眼光。所谓千里马常有，而伯乐不常有。李悝、吴起、西门豹这样的良相名将可谓星光灿烂。

李悝是魏国人，他做魏国上地郡守时，西边便是秦国，秦人常来骚扰，搞得他很烦。

怎么办呢？他想出个绝妙好主意。诉讼案的是非曲直由射箭技术来定，谁本事大，就是谁赢，这样一来，军民的射箭积极性被激发了，日夜训练，唯恐落后。秦人再来，碰到的个个都是神箭手，只好服气。

后来，李悝成了魏斯的丞相，魏国在他的治理下，成了一方强国。一个国家能够强盛，必定得益于一些新想法。李悝提出，“食有劳而禄有功，使有能而赏必行，罚必当。”

这个主张其实就是废除世袭制，能者上，吃父辈老本的一边去。

至于别的国家，看到魏国实行新法变得日益强盛，当然眼红，也赶紧实行，于是，这一主张在当时变得很流行。

《法经》的出现则使得李悝成了法家始祖，《法经》包含六篇:《盗法》、《贼法》、《囚法》、《捕法》、《杂律》和《具律》。后来，商鞅将《法经》带入秦国，成为秦律。再后来，汉朝沿袭秦律生出汉律。不妨说，《法经》是中华法律的始祖。

李悝还看到，粮食问题是个大问题，因此，在他的主导下，重农主义成了主流，“农者寡而游食者众，故其国贫，危。”于是，商业被压制，变为末流。

由于人们专心致志种地，魏国在短期内居然成了一个粮仓。这在当时，实在是一个奇迹。

吴起与李悝不同，他是卫国人，辗转好几个国家才到达魏国，他的身份是军事家，后人将他与孙武并列为“孙吴”。

要说吴起这人，功利心实在太重。少年时，他喜欢舞枪弄棍，被妈妈呵斥，他一发急，咬着自己的臂膀与妈妈道别，“不为卿相，不复入卫”。

然后，他拜儒家曾申为师，勤奋学习，妈妈死了也不回去。儒家的规矩是，爸妈死了，得守孝三年。吴起这样，让曾申很鄙视，这人太寡情。

吴起呢，也不含糊，俺才不愿浪费三年时间呢，然后走人。

接着，他到了鲁国。齐国大夫田居出使鲁国时，听说吴起很厉害，便去相见，一番交谈之后，觉得果真名不虚传，英雄相惜，便将女儿嫁给吴起。

后来，齐国侵鲁，鲁穆公姬显有意让吴起做主帅，但这时有人说吴起的老婆是齐国人，不妥。吴起倒好，二话不说将老婆杀了。他这样表忠心，姬显自然将帅印交给他。鲁军与齐军一战，果然大胜。但是，他老婆就可怜了，不敌丈夫的功利之心。

虽说吴起为姬显打了胜仗，但却被更多人看扁了，他们将他的种种丑事搬到姬显耳边，这样一来，胜仗也抵不住姬显对他的讨厌。

他只好走，去了魏国。

魏斯对吴起的事也略有耳闻，于是问李悝的意见，李悝说，吴起的人品确实不咋地，但是他善于带兵打仗。

于是，吴起留在了魏国。

后来，魏武侯魏击继位。魏击这人很有想法，他与韩赵两国结成三晋同盟，与楚国大战，楚军节节败退，楚悼王熊疑没办法，只好求和，但是同盟不答应。

熊疑想来想去，决定找秦国帮忙，当然，秦国不是白帮忙，楚国没少给金银珠宝。秦军出动后，先打三晋中较弱的韩国，宜阳被攻破，这样一来，同盟军只好放慢对楚国的紧逼，回头打秦军，两军在陕西武城相遇，大战一场，斗得天昏地暗，却不分胜负。

熊疑使了双保险，向西求秦国不算，还向东求齐国。此时齐国由田和当家作主，“姜齐”的末代国君为齐康公姜贷，这娃除了吃吃喝喝，什么事也不做，田和“迁康公于海上，食一城”，也就是说，姜贷成了岛主，齐国再也没他啥事了。

田和收了熊疑的礼，自然积极出兵，魏国的襄陵被占了。魏击两头受敌，只好停止攻击楚国。

不过，这时的国际关系分分合合没个准儿，过了几年，田和想名正言顺做诸侯，便通过魏击，去周安王跟前说道。此时的魏国实力雄厚，魏击说句话，周安王不能不听，于是，田和没费劲就得到了周安王的认可。公元前 386 年，田和终于遂了心愿，成为齐太公。

魏击帮了田和的忙，齐国与魏国便有了短暂的和平。但赵国与魏国翻脸了，因为三晋同盟在一起打仗，分果实时赵国却分不到，当然，这是有原因的，赵国在魏国和韩国的北面，所夺的楚、郑、宋等国的土地与赵国挨不上边，赵国出兵出力只好白忙活。

赵敬侯赵章很生气，决定与魏国对着干，为此，他将都城迁到邯郸，这地方易守难攻，打起仗来有保障。

再说秦惠公，他显然是个执拗之娃，当时在武城与魏军斗，没占到便宜，隔一年，他又卷土重来。这次，他动了五十万大军，秦军像蚂蚁一样向魏国进发。阴晋之战打响了。

吴起有办法，指挥魏军以一当十，大败秦军。

要知道，这些士兵日日盼着打仗呢，听说秦军来了，个个踊跃报名参战。因此，五万魏军敌五十万秦军不在话下。

吴起到底使了什么魔法？说来简单，其实是将人的功利性激发到了极致。每场战役后，他便请魏击主持召开庆功会，立大功者坐前排，用金银餐具，吃最好的肉，中等功勋者次之，无功者只好坐冷板凳。这些还不算，立大功者的家人也有赏赐，甚至派人去他家吹三天喜庆喇叭。这样，将士上战场自然勇如天兵天将。

隔两年，吴起率领无功者攻打秦国，想想吧，这些无功者多么迫切希望成为立大功者，因此，秦军被打得七零八落，惨败。

这一年，秦惠公死了。他一死，秦出公继位，这娃才两岁，什么都不懂，他妈妈小主夫人垂帘听政，小主夫人水平很差，搞得秦国“群贤不说自匿，百姓郁怨非上”，也就是说，大家一肚子的怨气。这种情况下，嬴连的机会来了。

嬴连是秦灵公的儿子，秦灵公死的时候，嬴连年幼，叔叔秦简公将君位抢去，嬴连只好逃走，去了魏国，一去便是二十九年。

他等啊等，花儿也谢了。

秦简公死后，秦惠公继位。秦惠公死后，秦出公继位。

忽然，花儿又开了。

根据当时的国际局势，也就明白，魏击将不得不选择送嬴连回去。

赵国与魏国翻脸，此时吴起又在楚国，楚国与赵国关系不错，一南一北，夹着魏国。秦国在西边，若是再与魏国作对，魏国只能被瓮中捉鳖了。因此，魏击决定送嬴连回去。但嬴连明白，若是自己得了这个人情，以后秦国就得听命于魏国，他不想这样，因此，他对魏击说，需要时间准备，最起码一年。

嬴连需要时间不过是想派人回去策反，果然，间谍活动非常有效，以致秦国人人都觉得，若是嬴连回来，秦国才有救。

一年后，嬴连见时机成熟，便悄悄回国。回国前，他向前来饯行的魏击保证，他魏击在世时，秦国对魏国绝对秋毫无犯。

魏击听了这话，老大不舒服，可是，也只能如此。

嬴连回国的事被小主夫人知道，她便派兵拦截。只是，这些兵士早已被嬴连的人策反，他们高高兴兴将嬴连簇拥回都城，至于小主夫人和幼小的秦出公，则被杀。嬴连顺利地成了秦献公。

嬴连很能干，在他的治理下，秦国又一次强盛了。

值得一提的是，嬴连废除了殉葬制度，当然，这是因为他想积蓄青壮劳动力，为兵营注入新鲜血液。但在当时，殉葬制度一废除，老百姓们拍手称快。只是，贵族们葬礼的体面不能丢，于是陶俑[1]开始出现。

吴起去楚国一事，得说到魏国丞相公叔痤，这人对吴起很忌惮，觉得吴起的存在会威胁他的地位，便设计让魏击不再信任吴起，吴起只好走人，去了楚国。

当然，吴起出走的原因归根结底在于魏击，魏击的眼光有问题，丧失了两次任用吴起为丞相的机会。第一次，魏击任用田文为丞相，田文这人与吴起比，水平差远了，但田文出身高贵，魏击觉得他够体面，于是弃用吴起，搞得吴起老大不高兴。田文之后，公叔痤为丞相，这次更绝，魏击干脆失去对吴起的信任，白白将人才拱手送给楚国。

楚悼王熊疑求贤若渴，任用吴起为令尹。于是，一场改革在楚国开始了。吴起的改革多半学的李悝，但楚国的情况与魏国不同，楚国的贵族犹如千年树妖，吴起要想将他们连根拔起，难度实在大，因此，熊疑死后，大臣们竟然在灵堂前作乱，攻击吴起，吴起没办法，只好躲在熊疑的尸体旁，但这些人不依不饶，射死了吴起，熊疑的尸体也中了数箭，这事实在离谱，

[1] 陶俑：早在原始社会，人们就开始将泥捏的人体、动物等一起放入炉中与陶器一起烧制。到了战国时期，随着殉人制度的衰落，陶俑替代了殉人陪葬。

再说也违法了，楚国有条法律，“丽兵于王尸者，尽加重罪，逮三族”，动手的官员统统被夷族了。

三晋同盟由于赵国翻脸，已处于崩盘的边缘。这个时候，如若一战，同盟便也瓦解了。

确实是这样，魏击居然插手赵国事务，赵朝这小子对赵章不服气，逃到魏国，魏击不但接纳他，还帮赵朝攻打邯郸，幸亏邯郸易守难攻，才没让赵朝得逞。所以赵章对他已愤怒到极点。

赵家的事，还真复杂。赵无恤虽有五个儿子，但他却选哥哥赵伯鲁的后代做继承人，赵伯鲁的儿子已死，于是他的孙子赵浣继位。赵无恤之所以这样做，是因为他这个继承人身份是赵伯鲁给的。当初赵鞅看中这个庶出儿子有出息，让他继位，嫡长子赵伯鲁反倒没份儿。因此，赵无恤将继承人身份还给大哥的家人，情理也通，但是，赵无恤的弟弟赵嘉见了不服气，将赵浣赶走，自己做。不过，赵嘉在位只一年便死了。赵浣又回来，重新继位。赵浣死后，他的儿子赵籍继位。赵籍便是赵烈侯，与魏斯、韩虔二人被周威烈王册封为诸侯。

赵籍死时，赵章尚幼，因此，赵国的大小事由赵籍的弟弟赵武公做主。赵章长大后，赵国政权归还于他。赵朝是赵武公的儿子，他对赵章很不服气，闹到了魏国。

赵章怎么对付魏击呢？打魏国的小弟卫国，卫国不经打，赶紧向魏国求救，魏击派兵与赵军在兔台大战一场，兔台在河南清丰，魏国得胜而返。到这儿，魏赵算是撕破脸了。

魏击这样做，赵章如何咽得下这口气？第二年，赵军继续攻打卫国，但这次卫国不怕了，因为有魏国撑腰，加上魏国的好友齐国也帮忙，卫国居然出兵攻打赵国，一直打到中牟，也就是现在的河南鹤壁西面，占了赵国的土地。

赵章简直气炸了，好啊，你们一个个不是东西。

第三年，赵章决定收回失地，派兵攻打驻扎在赵国本土的卫军，魏击看到了，居然派兵大举进攻赵国。赵章终于懵了，魏击你啥意思？我不过是夺回我的土地，你却要赶尽杀绝，好啊，谁怕谁！

赵章决定向楚国求救。

熊疑毫不迟疑，赶紧派兵攻打魏国，这个时候，魏击才发现，自己原来并不是一头狮子，充其量是只纸老虎，南北一夹攻，就受不了了。

赵章见状，赶紧乘胜追击，赵军到了魏国，魏国的棘蒲邑一下就没了。棘蒲邑在如今的河北魏县南面。

此时情况对魏国极为不利，魏击想了想，决定与赵国和好。要知道，那时的分分合合是家常便饭，没有永远的敌人也没有永远的朋友。

赵章觉得，与其跟魏国对着干，不如和好算了，当然，和好有条件，以后有啥战利品，不能少了赵国。

于是，三晋同盟破镜重圆。

引爆炸弹炸了粪坑

不过，国际局势犹如跷跷板，这头低来那头高。

先前，齐侯田剡与魏击合力攻打赵军，一眨眼，三晋同盟又合力攻打齐军了。

这是为何？

这事牵涉到燕国，燕国在东北角，南靠齐国，西依赵国。田剡觉得自己的狼牙棒很厉害，便发兵攻打燕国，燕简公姬载赶紧向赵章求救。

赵章不是有三晋同盟么，于是乎，赵魏韩三军合打齐军。

田剡火得要命，奶奶的，欺人太甚。

第二年，齐军继续攻打燕国，不用说，同盟军又来了，这次，他们决定给田剡点儿颜色瞧瞧，追着齐军，一直追到灵丘，也就是山东高唐。这下，田剡终于服气了。

其实，田剡也没几年折腾了，弟弟田午盯着他呢。

不出几年，田午将田剡杀了，连他侄儿也一块儿杀了，自己做国君，便是齐桓公。田午做国君的方式很不光彩，但后来他做了件颇为光彩的事，中国第一所官办大学“稷下学宫”便是他创办的，“招致贤人尊宠之”。

由于田午曾将都城迁到河南上蔡，因此，他又被称为蔡桓公。

神医扁鹊见蔡桓公见的便是田午。扁鹊三次劝他快治病，可他不听，小毛病拖成绝症。最后，扁鹊发现他已病入膏肓，只得赶紧逃，去了秦国。

田午的弑君行为在当时不亚于引爆炸弹炸了粪坑。国际舆论纷纷骂田午，你这个小人，不要脸。

魏击很兴奋，觉得机会来了，赶紧联合燕、卫、鲁三国讨伐齐国，有点儿替天行道的意思。

田午有苦说不出，三方敌人来势汹汹，齐军疲于应付，除了骂娘，也没别的办法发泄。

赵章冷眼看着这一切，卫军出动后，卫国国内不就空虚了么？于是，赵章决定做一只黄雀，攻打卫国。

这次，赵章搞的是闪电战，卫国毫无招架之力，很快，一半国土被赵军占了。

卫声公哭着鼻子，要魏击为自己做主。

魏击倒不含糊，立马带兵攻打赵军，在蔺这个地方将赵军打败了。蔺也就是山西离石。

到这时，魏赵的关系又不好了。

当然，魏击再怎么能折腾，也无法拒绝死神的召唤，两年后，死了。

他死后，两个儿子魏罃与魏缓争君位，魏罃赢了，成了魏惠王。

魏罃也有雄心壮志，可惜，魏国在他手上却是一步步走向衰落。

这事得说到商鞅和庞涓。

商鞅是卫国人，是丞相公叔痤的家臣，公叔痤临死前对魏罃说："商鞅这人是奇才，王，要么用他，要么杀他。"

魏罃没把这话当回事，既没用商鞅也没杀商鞅，也就是说，他将人才白白浪费了。

战国时期什么最紧缺？人才。

浪费人才，等于慢性自杀。

后来，商鞅听说秦孝公嬴渠梁在招贤纳士，觉得自己在魏国没啥发展前途，便去了秦国。

商鞅受李悝、吴起的影响很深，因此，他在秦国的改革其实是李悝改革的延续。他主张"废井田、开阡陌，实行郡县制，奖励耕织和战斗，实行连坐之法”。他够严苛，甚至不给自己留后路。太子嬴驷犯法，他坚持要惩罚，于是嬴驷的老师公子虔与公孙贾代为受罚，一个割了鼻子，一个脸上刺字，从此变为丑八怪。

看起来，商鞅正以一种飞蛾扑火的勇敢帮着秦国走上正轨。有人劝他不要做得太绝，他不听。

确实，他有理由不听，因为秦国在他的治理下犹如猛虎。秦赵联军甚至大败魏军，逼得魏罃只好将河西之地割给秦国，当然，这河西之地原本是秦国的，魏国强盛时，被魏国抢了去。魏罃失了地，为安全起见，只好将都城搬到大梁，也就是开封。

嬴渠梁死后，嬴驷继位，成了秦惠王。嬴驷当年吃过商鞅的亏，所以，他没法不恨商鞅，加上公子虔告发商鞅谋反，于是下令逮捕商鞅。商鞅没办法，只好逃，哪知，秦国已在他的治理下成了一只铁桶，实在插翅难飞。

商鞅被逮后，尝到了自己一手打造的秦律的严苛，被嬴驷车裂了，也就是五马分尸，实在惨。

至于庞涓，魏罃对他倒是宠信得很。

当然，庞涓作为神人鬼谷子的学生，很有本事，带着魏军左冲右突，打过几场胜仗。只是，这人心胸狭窄，害人害己。

他与孙伯灵一起跟鬼谷子学习兵法，他先出来到魏国求职，得到魏罃的宠信后，觉得师弟比自己厉害，若是师弟被魏罃知道，自己主帅饭碗恐怕不保，于是，他决定除掉孙伯灵。

庞涓施什么计谋呢？

他先是偷偷叫人送信，让孙伯灵来魏国。接着，他让魏罃相信，孙伯灵的心在齐国。

这计谋够毒，孙伯灵是齐国人，加上有庞涓伪造的书信，魏罃自然深信不疑，于是下令处罚。

孙伯灵也惨，被处以膑刑，故称孙膑。他的膝盖骨被挖掉了，再也站不起来，只能坐着，脸上也被刺了字，也就是黥面。看起来与废物没啥区别。

后来，齐国有使者来到魏国。孙膑偷偷去见使者，一番交谈之后，使者大为佩服，于是悄悄将他带到齐国。

孙膑到了齐国，受到齐将田忌的赏识，于是留在田府。

接下来，一场“田忌赛马”将让孙膑大出风头。

有一次，田忌与齐威王田因齐赛马。孙膑给他出主意，下马对上马，上马对中马，中马对下马。虽然他的马儿不及田因齐的好，但通过孙膑的排序法，赢了。

这样一来，田忌将孙膑推荐给田因齐，自然很有说服力。

田因齐是田午的儿子，他继位后，胸怀大志，有意要称霸天下。当然，此时各国君王都有大志，就看谁更有眼光了。

田因齐的前半生与楚庄王熊旅很相似，《史记》中这么说，“好为淫乐长夜之饮，沉湎不治。”但后来，他变成了另一个人。

当然，一个人能够有所变化主要取决于他自己。淳于髡劝他，“酒极则乱，乐极则悲，万事皆然”。田因齐听后，感慨良久，从此舍弃长夜之饮，正儿八经做一个君王。

还别说，田因齐的觉悟确实高，“正人先正己，己不正难以正人”便是他的看法。

这田因齐得了孙膑，魏罃就惨了。因为孙膑指挥的两场战争让魏国从霸王的椅子上摔了下来。

第一场是桂陵之战。这场战争刚开始是魏国攻打赵国，庞涓真狠，将邯郸围了一年，赵成侯赵种挺不住了，向齐国求救。

田因齐派田忌出兵，孙膑做参谋。

孙膑没让田忌直奔邯郸，而是直逼魏国的军事重镇平陵，也就是如今的山东定陶。为了迷惑庞涓，孙膑派了两位水平不高的将军去叫阵，结果兵败战死。

这下，庞涓放心了，齐军水平太差，不用管。于是，他继续全力攻打邯郸，很快，邯郸沦陷了。庞涓得意洋洋进了邯郸。

这时，孙膑突然让田忌发力，猛攻魏国都城大梁。这下，魏罃急了，十万火急召庞涓回来。

庞涓也傻了，只好放弃邯郸，率兵回国，由于魏罃召得急，他不敢怠慢，连辎重也顾不上带，急冲冲回国了。

孙膑料定庞涓必将经过桂陵，也就是河南长垣，于是率齐军主力在桂陵伏击。

庞涓一到，孙膑就爽歪歪了。长途跋涉的魏军本已疲惫不堪，被以逸待劳的齐军一顿好打。

“围魏救赵”就是说这事。

庞涓大败后，灰溜溜逃回大梁。至于他怎么向魏罃交代，恐怕也不是两言三语能搪塞的。

十四年后，马陵之战爆发了。

一开始，魏国决定攻打韩国。韩国相对而言比较弱小，不经打，没挨两下就嗷嗷直叫，向齐国求救。要知道，魏国虽在桂陵之战败了，但实力还是很足。

于是，齐国内部展开了一场争论，救还是不救？

丞相邹忌主张不救，因为齐军的实力不如魏军。田忌主张救，不打白不打。孙膑的意见则是“深结韩之亲，而晚承魏之弊”，也就是说，救还是要救，但不能早救。

田因齐觉得孙膑的主意好，便答应韩国。

韩国得到齐国的允诺，心里有底气了，于是与魏国狠命打。可是，打五场败五场，齐军却没来。这把韩国给急的。

至于魏军，打了五场后，不但没取得大的战果，还累得要命。

孙膑要的就是这个效果。

于是，齐军出发了。这次还跟上次一样，田忌带兵，孙膑做军师。

庞涓一看，齐军又来捣乱了：“哼，这次老子要你好瞧。”

他怎么弄呢？丢下韩国，直逼齐军。

齐军也好玩，一碰上魏军，撒腿就跑。庞涓一见，哦，齐军原来是怂包。就追上去。

当然，这是因为孙膑要让庞涓相信，齐军确实是怂包。

孙膑的主意也真绝，庞涓查看齐军撤走的军营时发现：第一天，有灶头十万，第二天，变为五万，第三天，干脆只剩三万。

庞涓瞧着，心中有数：哦，齐军果真是怂包，兵士们逃得差不多了。这时，他觉得没必要带着步兵和辎重前行了，要速战速决，于是只带精锐骑兵日夜兼程追赶。

这次，孙膑又料准了，魏军必将经过马陵，也就是山东郯城。这个地方地势险要，若是在这打一场伏击战，必定爽歪歪。

孙膑命弓箭手埋伏于道路两旁，看到火光显现便弩箭齐发。接着，他又叫人剥掉路旁一棵大树的皮，刻着“庞涓死于此树之下”。

到了晚上，庞涓果然赶到马陵，他看到那棵大树被剥皮刻字，很奇怪，叫人点火照明观看。一行字还没看完，天罗地网式的箭雨便来了。不用说，魏军大败。

到这，庞涓才明白，自己再怎么折腾，终归敌不过孙膑。无路可走的他，自杀了。

当然，最伤心的是魏罃，他怎么收拾残局呢？说来也黯然，他在山东滕州尊田因齐为王，当然，田因齐也给魏罃面子，承认魏罃为王。两人互赠一顶高帽子后，商量着讨伐楚国。“徐州相王”就说这事。滕州在那会儿被称作徐州，当年，勾践称霸时，与诸侯们也在这开过会。

田因齐与魏罃称王，别的国君自然不能落后，秦、韩、赵、燕相继称王，称王成了一种风气，这让周王室情何以堪，但是，最郁闷的要数楚威王熊商，我呸，你们开会，主题居然是讨伐楚国，搞得熊商几个晚上都睡不好。

熊商自然是狠角色，他决定主动出击。魏齐开会的第二年，楚军出动了。不过，他先拿宿敌——越国试刀，将越军一顿好打不说，还杀死了越王无疆，从此，越国变为楚国的附庸。然后他挥师北上，齐军不敌，大败。此时的楚国俨然成了超级大国，长江中下游以及淮河流域都是他的地盘。

楚军伐齐的时候，燕赵看到机会，觉得此时伐齐实在是千载难逢的机会，赶紧出兵。尽管如此，他们不过是猴子打群架，打完就散，齐国仍是齐国。

此时尚未出现一种力量，能够改变战国格局。

两朵奇葩相映红

且说魏国在衰败的路上越走越远，似乎与魏罃的长寿有关，魏罃活了八十二岁，做了五十一年国君，倘若他很能干，他的长寿对魏国来说是种福音，可惜，他的眼光太差，人才从他手里溜走，去别国效力了。

且不说蒸蒸日上的秦国，就连昔日手下败将赵国，也在一步一步向前。赵肃侯赵语决定与秦国合作，组成联军，攻打魏国。赵国在魏国北边，秦国在魏国西边，两边一夹，好比剪刀交错，魏军就惨了，被联军打得除了嗷嗷叫唤，没有别的办法。

秦赵联军搞得魏罃很沮丧，晚年过得太不安逸了。

攻打魏国的除了秦赵联军，还有齐国。看起来，邻居们打架比较方便，动不动便兵戎相见。所以，赵语临死前干的最后一件事便是和韩国联合，攻打魏国。

赵语死后，赵雍继位，此时赵雍不过是个小小少年，白胡子老头魏罃就得意了，明里，他唤上楚、秦、燕、齐四国吊唁去，暗地里，却派了精兵去看好戏，若是赵雍这娃娃傻里傻气，那就顺便欺负一下。哪知，赵雍这孩子机灵得很，他在丞相肥义的支持下，下令全国一级戒备，又派人去跟韩国和宋国握手。韩、宋两国虽小，但与赵国遥相呼应，正好嵌在秦、魏、楚、齐之间。当然，光这样还不能解决问题，得找个替罪羊。谁呢？越国。

为了说动越王无疆，赵国可是花足本钱。无疆收了赵国的礼，当然要帮忙办事，于是越军攻击楚国，楚军也就顾不得赵国了。无疆这替罪羊做得真不错，后来他被楚威王熊商给灭了，此事前文已述。

解决了楚国,接着是燕国。怎么弄呢？给楼烦送礼。楼烦是北狄的一支，他们收了礼，立马攻打燕国。这样一来，只剩秦、魏、齐了。到这，他们觉得再对赵国有所企图也没多大意思了，于是，吊唁之后，各回各家。

魏罃这才觉得赵雍这娃实在不可小觑，于是向他示好，带着太子魏嗣前来进行国事访问。赵雍自然笑脸相迎。

赵雍不是一般厉害，他为了强兵，进行了一场改革，长袍宽袖一律改为窄袖短衣，战车不用了，骑马射箭，这便是“胡服骑射”。不用说，他在向英勇善战的胡人学习，“师夷之长技以制夷”，有何不可？只是，赵国有些贵族却要呼天抢地哭骂一场，骂赵雍忘了祖宗之法，情绪有些失控。当然，改革总会遇到抵触，大家虽在同一条船上，但觉悟有差别。在赵雍的坚持下，“胡服骑射”实行了，赵国也就成了可以与秦国、齐国一比高下的军事强国。

在此后的几千年里，骑马射箭成了作战主流。

魏罃死后，魏嗣继位，为魏襄王。

此时，齐宣王田辟疆已做了一年国君。田辟疆是田因齐的儿子，这娃能干程度不输他老爹。他有个老婆很有名，名叫钟离春，也就是无盐姑娘。上帝创造钟离春的时候显然正在看恐怖片，因此，钟离春长大后成了这样一个女人：“臼头深目，长指大节，卯鼻结喉，肥项少发，折腰出胸，皮肤如漆。”用一个字概括，那就是“丑”。

钟离春这么丑，找对象就很困难，她年纪很大了，还嫁不出去。有一天，她鼓起勇气，跑到临淄，去见田辟疆，表示愿意嫁给他。

田辟疆惊呆了：“喂喂喂，不是开玩笑吧？“

战国那会儿见国君不是什么难事，一番交谈之后，让国君为你折服，才是难事。

且听钟离春怎么说，“今王之国，西有衡秦之患，南有强楚之雠，外有二国之难，一旦山陵崩弛，社稷不安，此一殆也。渐台五重，万人罢极，此二殆也。贤者伏匿于山林，谄谀者强于左右，此三殆也。饮酒沉湎，以夜继昼，外不修诸侯之礼，内不秉国家之政，此四殆也。”

钟离春指出齐国的四处失误，其实，这几条每个国家都能套用，因为国家的核心问题即在于此。

田辟疆一听，觉得太有道理了，于是娶了钟离春，决心做一个好国君。所谓浪子回头金不换，果然，齐国在田辟疆的打造下，变得日益强大。田辟疆还向田午开创的“稷下学宫”投下巨资，因此，孟子、荀子这些牛人能在大学里潜心教学，星光辉映。这时的人们对学说没有偏见，儒、墨、道、法、兵、刑、阴阳、农、杂各学派在大学里时不时开个讨论会，并没有谁对谁错的问题。这正是所谓的“百花齐放，百家争鸣”。

只是，齐国一强，就想着打仗了。打谁呢？燕国。

燕国正在内乱，哪是齐军的对手。因此齐军一路畅通无阻，开进燕国都城蓟，也就是如今的北京。齐军撤退时，除了带走金银财宝，还攥着燕国十座城池不撒手。

燕国内乱是因为燕王姬哙老糊涂，听多了“尧舜让位”的故事，也要让位。让给谁呢？丞相子之。

这样一来，太子平不服气了，他和将军市被决心拉子之下马。于是燕国内乱开始，“构难数月，死者数万，众人恫恐，百姓离志”。够惨，太子平、将军市被以及丞相子之，都在这场内乱中一命呜呼了。

燕国另一个邻居——赵国也关注着这一切，但赵武灵王赵雍没有像齐国那样趁火打劫，而是将在韩国做人质的公子职送回燕国，成了燕昭王。

看看齐国和赵国的表现，一进一退风度差远了。

姬职刚接手燕国的时候，其实得到的是一堆烂摊子，为了改变现状，他便问郭隗：“先生，我该怎么办？”

郭隗给他讲了个故事：“古之君人，有以千金求千里马者，三年不能得。涓人言于君曰：‘请求之。’君遣之。三月得千里马，马已死，买其首五百金，反以报君。君大怒曰：‘所求者生马，安事死马而捐五百金？’涓人对曰：‘死马且买之五百金，况生马乎？天下必以王为能市马，马今至矣。’于是不能期年，千里之马至者三。”

这个故事说明一个道理，要想求得贤才，先得摆出诚意。

姬职不笨，赶紧筑了黄金台聘请郭隗，这相当于打出招贤纳士的广告。

那时人才流动比较自由。人才们见了广告，赶紧前往燕国。

乐毅便在此时来到了燕国，姬职拜他为上将军。乐毅的出现让姬职在三十年后尝到了报仇雪恨的滋味，齐国在乐毅“举天下而攻之”的策略打击下，奄奄一息。所谓“举天下而攻之”，其实就是群起攻之，赵、秦、韩、魏、燕五国联军攻齐国，齐国尽管强健似牛，也抵不住群狼围攻。

此时，演说家苏秦也到了燕国。

苏秦是洛阳的一个穷小子，他发奋图强的目的大概是为了改善生活。他从鬼谷子那里学成后去了秦国，推销他的治国策略，但秦王没把他当一回事。他只好怏怏不快地回家，家人又给他脸色看，“妻不下纴，嫂不为炊，父母不与言”。瞧瞧，这都什么家人啊。

不过，苏秦并不觉得家人势利，反而把这事迁怒到秦王身上，“妻不以我为夫，嫂不以我为叔，父母不以我为子，是皆秦之罪也”。

从此,他把对秦国的怨恨化作动力,“悬梁刺股”中的“刺股”就说的他。这娃对自己够狠，读书读困了，便拿锥子刺自己的大腿，血一直流，流到脚上，痛苦让他变得清醒，于是继续读。

当然，苏秦有理由这样做，穷小子的出路只能靠自己打拼。他最风光的时候，腰挂六国相印，走路叮当作响，人生之巅任他攀爬。他衣锦还乡的时候，老婆、嫂子跪在地上连头也不敢抬。到这时，他也算扬眉吐气了。

只是，他的路子不正，什么不好做，非要做间谍。

这是怎么回事?

这事牵涉到一桩八卦。苏秦到了燕国，受到燕昭王姬职的赏识。但是，他却与燕国太后热恋了。这事倒不奇怪，他和老婆感情淡漠，见到宫中雍容女子，心自然乱颤。

姬职不高兴了，决定赶苏秦走，但是，他不想浪费苏秦这个人才，于是派他去齐国。

做什么呢？讨回被占去的十座城池。

苏秦说没问题。

他怎么弄呢？其实就是忽悠。他见到齐宣王田辟疆后，先是一番祝福，然后开始念悼词。田辟疆被这位神叨叨先生唬住了，赶紧问："这是为何？"

苏秦说："王，你见过人饿的时候吃毒药么？没有吧。虽然吃毒药能填饱肚子，但马上会死啊。燕国虽然弱小，但与秦国的关系不错啊。如今你夺了燕国的十座城池，也就与秦国结了仇，若是秦燕联合起来对付齐国，王，你不就倒大霉了么？我看啊，跟吃毒药也没啥区别。"

田辟疆听得一愣一愣，问："咋办呢？"

苏秦说："好办，将十座城池还给燕国，然后派人对秦王说，俺是看着您的面子还城池给燕国的，这样一来，秦王开心了，燕王也开心了，秦国、燕国跟齐国就成朋友了。你想啊，不费一兵一卒，摆平两个国家，何乐而不为？这可是圣人做事的方式啊，转祸为福，因败取胜。"

田辟疆被苏秦说动了，于是将城池还给了燕国。

当时忽悠成了流行，一不当心，就被人忽悠了去。

只是，苏秦忽悠到最后，却是送了卿卿性命。

咋回事呢？

在姬职的要求下，苏秦一直待在齐国从事间谍活动。齐国要攻打燕国，他劝架，但燕国攻打齐国，他却劝不了。你想啊，姬职憋劲憋了三十年，岂会因为苏秦几句话而放弃报仇？

后来，姬职命乐毅攻打齐国，身在齐国的苏秦就惨了，他的间谍身份被齐闵王田地识破，车裂了，结局跟商鞅一个样。

与苏秦一起被称为演说家的还有张仪，可谓两朵奇葩相映红，当然，更确切的说法是两根搅屎棒。

张仪是魏国人，比苏秦出道早，他死的时候，苏秦作为一个演说家还没出名。张仪这人能耐非比寻常，两次做秦相，两次做魏相。

苏秦搞合纵，让六国联合起来对付秦国。他搞连横，让秦国与六国中较弱的国家合作，对付其他五国。看起来，张仪的搞法更阴毒些，此人为达目的，不择手段。楚怀王熊槐就被他耍了。当然，张仪主要利用了熊槐的性格弱点——贪。

张仪对熊槐说：“你若是与齐国断绝关系，秦国将给你六百里地。”

熊槐听后，眼前一亮，仿佛看到了六百里地。于是，跟齐国绝交，与秦国好上了。

其实那六百里地不过是海市蜃楼，飘渺虚幻得很。这娃真是蠢，屈原劝他，不能上张仪的当，他偏不听。

这不，地没搞到，还大失面子。

愤怒的熊槐决定讨伐秦国，只是，两次出兵两次惨败。

到这时，他才想起屈原的忠言，于是派屈原去与齐国修好。屈原去了，圆满地完成任务。

可是，熊槐这人实在蠢，上了一次当，也该吃一堑长一智，他却一点儿也不吸取教训，张仪再来时，他的天平又摆向秦国。在张仪的忽悠下，居然与秦国签订“黄棘之盟”。

如此一来，齐楚的关系又搞僵了。

屈原作为齐楚友好关系大使，自然要向熊槐力陈利害关系，熊槐倒好，捂着耳朵不听，干脆将屈原赶走，将他流放到汉北，搞得屈原只好把名字倒过来写成了“冤屈”。

当然，张仪次次都能忽悠成功，除了因为熊槐傻，还因为他买通了熊槐身边的人——令尹子兰、上官大夫靳尚以及甜心郑袖，他们都帮张仪说话。真搞不懂，这些人在楚国要风得风，要雨得雨，难道不明白楚国若是被张仪搞垮了，他们也没好果子吃吗？

熊槐真心实意与秦国好，秦国不过是耍他一耍。后来，熊槐被骗去秦国，就再也没能回来，只好客死他乡。

张仪的结局与苏秦相比，倒是还能终老。他挖空心思为秦国卖命，但秦惠王嬴驷死后，秦武王嬴荡不喜欢这个两面三刀的家伙，于是，他只好离开秦国，去了魏国，在丞相的任上病死。

流行包养门客

那会儿，像苏秦、张仪这种凭嘴吃饭的人很多，不过，有些人没有直接找国王，而是次而求之，找贵族包养，他们被称为门客。

有个 F4 组合因为包养门客而出了名，他们便是齐国的孟尝君田文、赵国的平原君赵胜、魏国的信陵君魏无忌、楚国的春申君黄歇。

孟尝君名叫田文，父亲为田婴。田婴是齐宣王田辟疆的异母弟弟，田文是他四十多个儿子中的一个。从一群人中间脱颖而出，田文自然费了很大的劲。当然，田婴能将偌大家业交给田文，也说明田文与其他兄弟比起来，高明些。

田文财大气粗，一下收了上千门客，他的招人原则是多多益善，鱼龙混杂在所难免。但他几次逢凶化吉，倒是多亏门客帮忙。

秦昭王嬴则听说田文的大名后，决心要得到他，派弟弟泾阳君去齐国做人质，以便交换田文。田文想去，但门客们都劝他，秦国乃虎狼之地，去不得。于是，他打消了这个念头。

不过第二年，田文还是去了秦国，因为田地派他去。

田文到了秦国，嬴则满心欢喜，赶紧让他做丞相。可是没多久，就有人在嬴则耳边嘀咕，田文这人是不错，可惜他是齐国的宗室，考虑问题的时候，肯定会为齐国打算，这样秦国就惨了。

嬴则一听："对啊，我怎么这么糊涂呢？"

于是，他把田文关了起来。

田文急了，咋办呢？

还能咋办，求人呗。

求谁呢？嬴则的甜心小老婆。

他的小老婆说：“行倒是行，只是我要田文那件狐白裘。”

狐白裘也就是白色的狐皮大衣，别说那时，就搁在今天，也是无价宝。

可是，田文只有一件，来秦国时，献给嬴则了。

哎呦喂。田文真急了。

这时门客中有一位自告奋勇，说：“爷，莫急，这事好办。”

原来，这位门客以前的营生是个小偷，他像条狗那样溜进王宫的仓库，将狐白裘偷了出来。

那小老婆得了狐白裘，自然帮田文在嬴则耳边说好话，于是，嬴则放了田文。

田文一脱身，便连夜坐着马车离开了秦国。

到函谷关时，城门关了。函谷关的规矩是听到鸡鸣才放客人出关。这也正常，那会儿没有时钟，鸡鸣算是闹钟吧。

可是，等到鸡鸣再出关实在危险，因为嬴则很可能反悔，派人来追。

事实上，嬴则已经反悔，追兵正在路上呢。

这时，门客中有个人会打鸣，他一打鸣，周围的鸡都跟着打鸣，守关的兵士听到了，赶紧起床开城门。

真是有惊无险，田文就这样离开了秦国。

回到齐国后，田地便让他当了丞相，其中的原因么，可能是出于内疚，派他去那么个虎狼之国，也可能是觉得别国争相要的人才，不能视而不见。

田文的门客中，并不全是鸡鸣狗盗之流，有一位比较奇特，他便是冯谖。

有一天，冯谖唱起了歌，“长铗归来乎，食无鱼。”还有伴奏，他的长剑在叮叮作响。

门客中自然有人向田文打小报告。

田文听后，说：“食之，比门下之鱼客。”

没几天，冯谖的歌声又响起来了："长铗归来乎，出无车。"

打小报告的门客一边笑一边向田文汇报："爷，这家伙又提要求了。"

田文说："为之驾，比门下之车客。"

冯谖坐上分配到的马车，高高兴兴去见朋友，说："孟尝君客我。"也就是田文待我不错。

不过，冯谖很快又有要求了："长铗归来乎，无以为家。"

这下，打小报告的门客也愤怒了："爷，这家伙简直贪得无厌。"

田文摇头，派人打听出冯谖还有个贫困中的老妈，于是"使人给其食用，无使乏"。

到这，冯谖完成了他的三部曲，该为田文办实事了。

还别说，冯谖确实有一套，田文让他去封地薛邑收租，他倒好，将人家欠账单据烧了。老百姓们自然对田文老爷感激涕零。但田文很恼火："你你你，这是在胡闹。"

冯谖说："爷，我这是为你好啊。"

说白了，冯谖是在为田文收买人心。

到这会儿，田文心里即使有一百个不乐意，也不好说什么了。其实，他很快便会看到冯谖的策略对他实在大有裨益。

且说有人向田地打田文的小报告，田地便把田文给辞了，理由是"寡人不敢把先王的臣当作自己的臣"。这都什么理由啊，可是，田文有啥办法，雇主要辞退自己，还能赖着不走？那时又没工会可以说理。

失业后的田文无精打采地回到自己的封地，薛邑人民听说田文回来了，赶紧站在道路两旁拍手欢迎，这让深受打击的田文心中一暖，唉，冯谖这小子真不错。

当然，对于田文的失业问题，冯谖不能坐视不管，他说："爷，你别急，这问题我来解决。"

冯谖怎么弄呢？

去魏国，向魏惠王魏罃推销田文。

当然，魏罃早已听说田文的大名，加上冯谖把他说的神乎其神，兴趣来了，说："好啊，咱聘他。"

魏罃派使者带了千斤黄金和百乘马车前去聘请田文。

可是，使者走了三趟，田文却是不答应。人家诸葛亮也只要三顾茅庐就出山了，田文这是为何？其实，他是在等田地的聘书。

果然，田地听说魏国要聘田文，有些急了，赶紧派人去聘田文。

田文等的就是这一天，于是，咸鱼翻身，又成了丞相。

平原君赵胜是赵武灵王赵雍的儿子，与田文一样，也是出身王室的公子哥，而且经历也差不多，"三去相、三复位"。哥哥赵何做赵惠文王时，他做过丞相，侄儿赵丹做赵孝成王时，他也做过丞相。细数起来，他前后做了四十八年丞相，可见，赵国的兴衰与他有很大关系。但是，长平之战中君臣失策，使得赵国元气大伤，彻底失去了争霸的能力。

这事得从秦昭王嬴则听从范雎"远交近攻"的策略说起。

这个策略的第一步便是攻打韩国。秦军攻打韩国的野王，也就是如今的河南沁阳，一打一个准儿，很快将其收入囊中。

可是，问题来了。位于山西长治的上党成了韩国的飞土，好比阿拉斯加对于美国。其实，秦国要的就是这个效果，韩王也看出来了，派人对上党太守冯亭说，你们就顺了秦国吧。但冯亭不同意，他派人对赵丹说，咱们不想跟秦国走，咱们想跟着赵国。

赵丹听了，就与大家商量，意见分为两派：一派认为，这事不妥，得了上党有祸；另一派则认为，派兵打仗费多大力气才能得到一块土地啊，现在送上门来，不要白不要。

赵胜便是"要"这一派。

赵丹一想：好吧，咱收了。于是，他派赵胜去接收上党。接着，又派廉颇进军长平，长平在山西高平。这样做的用意很明显，就是要将秦军拦在门外。

嬴则被激恼了："奶奶的，走着瞧。"

但是，廉颇在长平死守，任凭秦军怎样骚扰，就是不动，急死丫的。

坚持了三个月，纹丝不动，瞧瞧，廉颇的计谋多牛。可赵丹却看不懂：

“喂，磨蹭什么，快跟秦军打啊。”

赵丹这样要求，是因为听到了一些风声，说秦军才不怕廉颇呢，就怕赵括。

其实，这是范雎的鬼主意，他就是要赵丹小瞧了廉颇。

果然，赵丹就上当了。这娃算是一错再错，一发不可收拾了。他将廉颇从长平召回，换了“纸上谈兵”的赵括。

不用说，赵括一去，长平之战也就尘埃落定。这娃求胜心切，一到长平便派兵出击，秦军正等着呢。秦军假装败走，赵括开心得要命，赶紧追，一追追进白起的埋伏圈，这下惨了。赵军被秦军当成蚯蚓一样切成三截，然后被铁桶似得箍住。

赵括傻了眼，只好在埋伏圈里挖壕沟筑工事，等待援军。赵丹听说赵括被困，急了，赶紧派援军。嬴则自然防着这一手，派兵把援军给堵住了。

赵括在埋伏圈里苦苦挣扎了四十六天，还是没等到援军，此时已弹尽粮绝，士兵们甚至互相杀戮吃人肉。到了这一步，赵括只能硬着头皮带头冲一次，笼中鸟，还能怎样，只有死路一条，最后被乱箭射死。

主帅一死，赵军也就彻底歇火，投降。但是，白起只肯放走几百人回去报信，其余都活埋，大约四十万人。

在战场上冲锋陷阵的都是青壮年，一下死了四十多万，赵国的天也塌了。

白起想乘胜继续进攻邯郸，但嬴则听了范雎的建议，让白起先回来休息，这事搞得白起很生气，要知道，此时的赵国体力还不如一个蹒跚老人，再攻一下，也就完事了。

其实，范雎是收了赵国的贿赂，答应帮忙。再说，若是白起攻下赵国，功劳就比他大了，这也是范雎所不愿看到的。

因此，秦军丧失了攻击邯郸的最好机会。对邯郸来说，却是逃过一劫，若是让屠夫白起成功，血流成河的局面恐怕无法避免。

第二年，秦军又来了，这次带兵的是王陵。不过，邯郸经过休整，已不那么容易攻破，因此，秦军只能围住邯郸。

赵丹心急火燎，赶紧开会。商量的结果是，派赵胜向楚国求救。这骨节眼上说服楚国，可不是件容易的事。

赵胜接了这个任务，心里也没底。回去后，他决定挑选一些门客同去。预计是二十人，但挑来挑去只挑到十九人，还有一人没有合适的。

这时，毛遂站出来，说："我愿意去。"

赵胜一看，问："你来我这几年了？"

"三年。"

"三年了，我咋没听说你有啥本事？"

毛遂说，"吾乃囊中之锥，未曾露锋芒，今日得出囊中，方能脱颖而出。"

赵胜就没啥说的了："得，带你这张铁嘴去吧。"

一行人到了楚国。

赵胜与楚考烈王熊完立商谈合作事宜，哪知，熊完立东扯西扯，从早上谈到中午，也不涉及正事。

这时，十九位门客怂恿毛遂，你去搞定。

毛遂二话不说，走上前，对熊完立说："赵楚合作则生，不合作则死，这事这么明白，为何谈到现在还没谈妥？"

熊完立瞅了眼毛遂，问赵胜："这人是谁？"

赵胜说："我的门客。"

"什么玩意，滚远点儿。"熊完立的嗓门有些大。

毛遂怒了，说："你敢骂我不就仰仗楚国军队多吗？我告诉你，楚国军队再多，此刻也帮不上你的忙。"

说着，作势要抽出佩剑。

熊完立被唬住了，赶紧讨饶，有话慢慢说。

接下来，局面就被毛遂控制了，在他的主持下，两国歃血为盟，签订了合作协议。

这事办完之后，毛遂也很得意，对那十九人说，瞧瞧，因人成事吧。

很快，熊完立派春申君黄歇带着楚军支援邯郸来了。此时，魏国的信陵君魏无忌也带兵来了。

说到魏国的援军，其实还有一段插曲。

赵丹心急火燎向魏安厘王求援的同时，赵胜也给魏无忌写信求救。赵胜是魏无忌的姐夫，魏无忌是魏安厘王的异母兄弟，这层关系当然要利用。

但是，魏安厘王让晋鄙领军十万却不前往邯郸，而是驻扎在邺城看情况。

这样一来，赵丹只好急得跳脚。

赵胜没跳脚，而是继续给魏无忌写信。

魏无忌也是个包养门客的公子哥，但是，他更有意思，他听说大梁有个看门人不错，便亲自驾车迎他出山，享受门客的最高待遇，这人便是侯嬴。在邯郸这场危机中，侯嬴帮了大忙。

且说魏无忌接到信后，一筹莫展。

侯嬴便建议，能调动晋鄙的兵符在魏王卧室里，若是让魏王的小爱爱如姬偷兵符，那就十拿九稳了。当年，如姬的父亲被人杀害，悬赏三年也没有找到凶手，如姬来求你，你派出门客为她解决了此事，现在，你若是出面求如姬，如姬一定不会拒绝你的。

果然，如姬没有拒绝魏无忌的请求，将兵符盗来了。

接着，侯嬴建议魏无忌带朱亥一起去邺城。朱亥是个屠夫，力大无穷，魏无忌带上他，好比带着杀手锏。

晋鄙看到魏无忌拿着兵符前来调兵，将信将疑，这时，朱亥的作用显现了，他二话不说，拎起四十斤重的铁锤，将晋鄙击毙了。

于是，魏无忌领着魏军，浩浩荡荡向邯郸进发。

在楚魏两军的帮助下，赵国终于又活了下来。

一切终将尘埃落定

只是，所有的努力都无法阻挡历史车轮的运转，战国之间的折腾最终会因为一个人的出现而尘埃落定，他便是秦王嬴政。

说到嬴政，不可避免要说到吕不韦，作为一名商人，他的投机技巧奇高，因此非常富有。他是卫国人，在邯郸做买卖时遇见嬴异人。嬴异人是秦昭王嬴则的孙子，太子嬴柱的儿子。由于秦国经常攻打赵国，赵人看嬴异人时，基本都翻白眼，这让嬴异人煞是苦恼。但吕不韦却认为嬴异人是座金矿，他决定赌一把。

他对嬴异人说："我们合作吧。"

嬴异人一脸苦笑，只是摇头。

吕不韦微微一笑，说："莫急，我有办法。"

吕不韦的办法确实妙。

嬴柱的小爱爱是华阳夫人，华阳夫人无子女，吕不韦找到她，要她劝说嬴柱立嬴异人为继承人，当然，华阳夫人并不是白当说客，吕不韦有的是钱，重赏之下必有勇妇。另外，吕不韦还让嬴异人改了名字，叫嬴楚。华阳夫人是楚国人，名字改成这样，自然讨她欢心。这样一来，嬴异人算是从嬴柱二十多个儿子中脱颖而出了。

当然，嬴异人的收获可不止这些，除了做继承人，还娶了美女赵姬。赵姬真能干，很快便给他生下了儿子嬴政。

这么说吧，在邯郸愁眉苦脸过日子的嬴异人，被从天上掉下来的大馅饼砸中了。

但是，有八卦认为，赵姬嫁嬴异人时已怀有身孕，嬴政的生父其实是吕不韦。这倒不是空穴来风，赵姬原本是吕不韦的小爱爱。有一次，嬴异人与吕不韦一起喝酒时看到了她，登时心生爱慕，口水直流。嬴异人的举动吕不韦看在眼里，此时他可不想与嬴异人翻脸，于是顺水推舟，将赵姬送与嬴异人。

嬴异人得了赵姬，除了疼爱，哪会想温情之外的事。

嬴则做了五十六年秦王，死了。他死的时候，太子嬴柱已经五十三岁了，等了这么久，终于等到继位，嬴柱可开心了。可是，乐极生悲，嬴柱做秦孝文王没多久，便死了。

嬴柱一死，嬴异人成了秦庄襄王，他做国君的第一件事便是封吕不韦为丞相。到这，吕不韦算是赌赢了，他难抑心中兴奋，决定在秦国大干一场，于是，成了一名门客包养爱好者。还别说，《吕氏春秋》这本书便是门客们捣鼓出来的。

嬴异人做了三年国君，死了，才三十多岁。有八卦认为，嬴异人的死与嬴政的生一样，是个谜，能解开这个谜的，唯有吕不韦。

嬴异人死后，年幼的嬴政继位。

这时，吕不韦成了相国，嬴政称他为“仲父”，也就是爸爸。因此，嬴异人的死是因为他撞破赵姬与吕不韦的奸情，这个传闻变得可信起来。

赵姬是个精力充沛的女人，嬴异人死后，吕不韦就是她的男人。只是，嬴政在一天天长大，吕不韦不想自己与赵姬的事被嬴政发现，于是想出金蝉脱壳这一招，找个男人来替代自己。所谓天下之大，无奇不有，奇人嫪毐作为公鸡中的战斗机，他的出现让赵姬芳心大悦，从此，吕不韦被她甩在脑后，嫪毐成了心尖尖。

为了能让嫪毐常伴赵姬身边，吕不韦想出了个损招，让嫪毐假装太监进宫。假太监进宫能有什么好事，赵姬是快活了，但肚子不听话，大了。那时没流产手术，有了孩子只能生下来，于是，赵姬悄悄生了俩儿子，藏着。

这时，嫪毐的心思活泛了，觉得若是嬴政死了，自己的儿子不就能上位啦。

只是，他的好梦还没开始，嬴政就派人来查了。宫廷里出这种丑闻，实在太恶劣。嬴政的手段也狠，这一查，连根拔起，吕不韦也给扯进来了。这吕不韦算是完了。嬴政可不是嬴异人，这位铁腕撤了吕不韦的职不说，还写信质问，“君何功于秦？秦封君河南，食十万户。君何亲于秦？号称仲父。”

吕不韦被彻底打垮了，只好自杀了事。

吕不韦死的时候，嬴政二十五岁，这位已亲政三年的国君所显示出的铁血本质犹如屠龙刀。但是，对于如何统一天下他尚未找到有效的方法。所谓时势造英雄，李斯的出现填补了这一空白。

李斯是楚国人，原本是位看仓库的小吏，有一天，他的人生观被老鼠改变了。怎么回事呢？说来奇怪，人生轨迹犹如钟表齿轮转动一样精确，到了那个点，便会被触动。那天，他在厕所蹲坑时忽然发现，这里的老鼠不但吃不饱，还过着提心吊胆的生活，一听到响动，便仓皇逃窜。但是，仓库里的老鼠就不同了，吃得很饱不说，生活还自在。唉，“人之贤不肖譬如鼠矣，在所自处耳”。李斯发了一通感慨后，决定改变生活。

改变生活的第一步便是外出求学，也就是镀金。李斯跟着荀子学了几年，便去了秦国。至于为啥来秦国，他事先做了市场调研，七国中，秦国实力最强，若能在这里实现梦想，实在爽歪歪。

他到秦国后不久，受到吕不韦的赏识，于是有了与嬴政见面的机会。他抓住这个机会，向嬴政兜售他的计谋，也就是离间计，“诸侯名士可以下财者，厚遗结之；不肯者利剑刺之，离其君臣之计”。嬴政用了用，倒是有些效果。至于怎么取六国，李斯建议“先灭韩，以恐他国”。

但是，六国并不是砧板上的肉，任人宰割，他们也在挖空心思对付秦国。这不，韩国派了一名叫郑国的水利工程师到秦国，鼓吹修建水渠的好处，于是，一场浩大的水利工程开始了。韩国用的这招叫做“疲秦计划”，秦国为了修筑水渠，暂时放弃了对韩国的进攻。

其他几国看到后，觉得与其等秦国来攻打自己，还不如先下手为强。于是，他们开始向秦国派遣郑国这样的人。

一时间，在通往秦国的路上，挤满了各式各样的人，当然，他们并非全是间谍，也有人真心前往秦国，想建立一番功勋。但是，秦国的识别系统不够用，若是碰到一个间谍使诈，就惨了。

这时，宗室大臣便建议，把这些家伙统统赶走。

当然，这种建议只有头脑简单、四肢发达的老爷们才想得出。这样做省事是省事，但人才也会被赶走，以后，秦国靠什么发展呢？

李斯作为一个外来人员，也在被赶的行列中，怎么办呢？他够大胆，决定写《谏逐客书》，“夫物不产于秦，可宝者多；士不产于秦，而愿忠者众。今逐客以资敌国，损民以益雠，内自虚而外树怨于诸侯，求国无危，不可得也。”

嬴政看了，觉得有道理，于是，一场逐客风波平息了。

至于韩国派来的水利工程师，则继续修筑水渠，完工后，便是著名的“郑国渠”，虽说秦国因修筑水渠而暂缓攻打韩国，但水渠的建成则让干涸的田地享受到充沛的水资源，不得不说，韩国其实为秦国做了一件好事。

再说韩国费了这么大劲，其实并没能逃脱第一个被灭亡的命运。公元前230年，韩王安被俘，韩国灭亡了。

接下来，嬴政将矛头对准赵国。

王翦领着秦军出发了，赵国赶紧派李牧抵挡。两军旗鼓相当，斗了一年，没能分出胜负。

这时，王翦决定使离间计，给赵王迁的宠臣郭开送上厚礼，要他在赵王迁耳边嘀咕两句。这招好比杀手锏，一使一个准儿。果然，赵王迁相信了李牧要谋反的传言，派人叫李牧回来，换人。李牧知道自己一走，赵军也就完了，决定抗命。赵王恼怒了，居然派人杀了李牧。可怜名将李牧勇猛一世，最后未能拼死沙场，却死于君王的刀下。

此时，秦军面前再无障碍，轻而易举到了邯郸。赵王迁长叹一声，只好逃命，但是，天下之大，他又能逃往何方，没多久，他手捧赵国地图，归降秦国。

这是公元前 228 年，距韩国灭亡尚有两年。

公元前 225 年，一支由王贲带领的秦军向魏国进发了，王贲是王翦的儿子，所谓虎父无犬子，王贲确实狠，魏王假本想闭门不出，熬上一段时光，但是，王贲想出水攻的主意，大梁城墙在大水的浸泡下，轰然倒塌。“水来土掩”这个词在这会儿已派不上用场了。城墙一倒，魏王假除了投降，没有别的路可走。

至于楚国，倒不像三晋国家这样容易被收服。公元前 224 年，嬴政派出年轻小将李信攻打楚国，但是，没啥经验的李信败了。嬴政想了想，楚国这么难啃，只有找老将王翦来解决了。果然，姜还是老的辣，王翦进入楚境后，并不急于进攻，而是安营扎寨住下来，经过一年休整，秦军都快成半个楚国人了，而前来抵抗的楚军却是拖不起，决定撤走。

王翦等的就是这个，他们一走，秦军总攻的号角便吹响了，楚军被打了个措手不及，自然是一败涂地，秦军乘胜追击，杀进楚国都城，楚王负刍被俘，楚国也没了。

公元前 221 年，王贲领兵攻打齐国。

齐王田建这人没啥出息，虽说做了四十四年国君，但前四十一年全靠妈妈撑着。建妈妈确实不一般，年轻时自己选老公，后来就成了国母。

得说说燕昭王姬职命乐毅攻打齐国，乐毅可狠了，一直攻进临淄城。齐闵王田地只好逃，逃到莒。此时他没啥选择了，因为齐国只剩两块地没被燕军占领，一是莒，一是即墨。没多久，田地被淖齿杀了，淖齿是楚顷襄王熊横派来救齐的楚将，田地当他是救命稻草，封他为丞相，这娃倒好，心里盘算着与燕国合作瓜分齐国。当然，他这样做也没好下场，王孙贾将他杀了，算是为田地报了仇。

田地死后，太子田法章成了孤儿，为了混口饭吃，他只好在莒太史敫家做园丁。在这里，他遇见太史敫的女儿，两人一见钟情，好上了。但是，太史敫不同意，田法章不过是条落水狗，有什么好？哪知他女儿特有主见，老爸说什么也不听，干脆与田法章生米煮成熟饭，田建出生了。太史敫气得半死，宣布断绝父女关系。

燕昭王姬职死后，继任燕惠王姬乐资对乐毅不感兴趣，将乐毅撤了职，换了骑劫去齐国领军，乐毅没办法，只好逃到赵国。

这时，在即墨的田单抓住机会，搞反击。于是，火牛阵来了。

田单先是假装向骑劫投降，燕军听说齐军要投降，都很开心，等着喝庆功酒呢。哪知，田单使出绝招，他找来一千多头牛，披红挂绿，牛角上绑着尖刀，牛尾上绑着滴油的苇束。到了半夜，田单命齐军在城墙上凿开十几处缺口，将牛赶到城外，只听一声令下，牛尾上的苇束被点燃了，一直燃到牛尾上，牛一吃痛，发疯似的往前跑，好比一千辆坦克往前冲，很快便冲进燕营，田单带着五千名敢死队尾随牛后进入燕营，燕军哪还有还手之力，没被牛踏死，也被乱刀砍死。

齐军大胜，燕军大败，局势迅速扭转。

田法章的运气来了，他回到临淄做了齐襄王。

田法章死后，田建继位，国事由妈妈帮忙打理，齐国倒是有过一段平静的日子，妈妈死后，幺蛾子就开始乱飞了。李斯的离间计此时发生了作用，后胜虽为齐国丞相，但却贪图秦国财宝，他骗田建，秦国是咱们的友好国家，不用防着。

所以，当王贲的大军进攻齐国时，几乎没碰到什么抵挡。秦军一到临淄城下，田建马上宣布投降。于是，齐国没了。

且说赵国被灭之后，秦军的铁蹄眼看就要踏向燕国。燕王喜愁白了头，却是无计可施。这时，太子丹决定下一剂猛药，这药可谓虎狼之药，非生即死。

确实，若是嬴政死了，燕国也就能活了。

公元前227年，一群人在易水边与荆轲挥手告别。荆轲头也不回，在众人的视线中渐行渐远。但是，没人能抵挡空气中的凄苦气息，男儿有泪不轻弹，其实不是这么回事，大家的哭声甚至盖住了荆轲嘹亮的歌声，“风萧萧兮易水寒，壮士一去兮不复还”。

荆轲自然明白自己在做什么，从他认识太子丹的那天起，他就被绑在战车上了。

太子丹与田光所制定的刺杀计划不可谓不高明，找的刺客不可谓不英勇。但是，太子丹还是性急了。荆轲需要一位帮手，太子丹命秦武阳同去，但荆轲却觉得秦武阳不能胜任，他要等一位朋友。太子丹见他迟迟不动身，以为他要反悔，开始催促。荆轲恼了，便立刻动身。

秦武阳是位燕国勇士，十二岁便杀人。但是，当他与荆轲到达咸阳宫时，却因为害怕脸色都变了。众人见了奇怪，荆轲只好帮他解围："乡下人，没见过世面。"

嬴政说，那你把他手上的地图拿给我。

荆轲此行目的是来献燕督亢地图和樊于期首级，献地图表示甘愿归顺秦国，樊于期则是嬴政悬赏千金要找的人。

只是，秦武阳的退缩让荆轲成了没有帮手的孤胆英雄。荆轲手捧地图一步一步走向嬴政，到他跟前时，恭谦地为他展开，"图穷而匕首见"，说时迟那时快，荆轲持匕首刺向嬴政，可惜刺在袖子上，嬴政大惊，站起身，挣断袖子，往后退，此时他想拔剑，无奈剑太长，一时间拔不出，只好逃。

一个逃一个追，两人绕着柱子转圈。

咸阳宫里登时大乱，要知道，大臣上朝是不允许带兵器的，仓皇中，他们除了与荆轲肉搏，却没有别的办法。

此时，御医夏无且拿起药囊砸向荆轲，荆轲一个踉跄。到这，大臣们才算缓过神来，齐声叫："王，剑在背上。"

嬴政一被提醒，赶紧拔剑，刺向荆轲。荆轲左腿受伤，倒地不起。

就这样，"荆轲刺秦王"黯然收场。

嬴政受此刺激，立马发兵攻打燕国。公元前226年，秦军进入燕国都城蓟，燕王喜与太子丹逃往辽东郡。

嬴政不肯放过太子丹，命李信穷追不舍，一直追到衍水，也就是如今辽宁的太子河，太子丹匿于水中，居然逃过一劫。但是，燕王喜觉得秦军这样猛攻是因为太子丹，于是派人将太子丹杀了，将他的首级献给嬴政，以求燕国片刻安宁。此时秦军正在大举进攻楚国，嬴政得了太子丹的首级，便暂时放过燕王喜。

公元前 222 年，王贲出现在辽东，秋风扫落叶似的将燕王喜扫走了。

嬴政花了不到十年时间平定了天下，但是，为了这一天的出现，秦国的祖先们则花了几个世纪的时间。